世紀末の美神たち

高階秀爾

青土社

世紀末の美神たち　目次

* * *

世紀末の美神たち

I

幻想のミューズ

ハリエット・ベルリオーズ

1

「美しいアイルランド娘」としてフランス・ロマン派の歴史にその名を残すことになる女優ハリエット・コンスタンス・スミスソンが、哀れ深いオフィーリアの役でパリじゅうに大センセーションを巻き起こしたのは、一八二七年九月十一日のことである。場所は、リュクサンブール公園のすぐ近くのオデオン座、相手役のハムレットを演じたのは、チャールズ・ケンブルであった。

小説家のアレクサンドル・デュマは、その時の衝撃の大きさを、後に『回想録』のなかで、「血と肉を具えた生身の男女が真の情熱によって生きた生命を与えられるのを舞台の上で見たのは、この時がはじめてであった」と書き記している。また、『グローブ』紙の劇評は、狂乱の場のオフィーリアを、「哀切で優美、単純で崇高」と絶讃した。

この時のハリエットの演技があまりに真に迫って感動的であったので、観客はほとんどみな涙を誘われて、幕間にロビーに出る時には、前がよく見えないため、誰しも足許が覚束ないほどであったということ。

二日後に『ハムレット』を再演した後、九月十五日には、彼女は、当り役のロミオを演じたケンブルを相手にジュリエットに扮して、いっそうその評判を高めた。この時の最後の場面の主役二人を描き出したフランシスの石版画（挿図）が残っているが、それを見ていると、眠りから覚めたばかりでまだ夢のなかにいるようなジュリエットは、身体ぜんたいをロミオにあずけたまま、大きく眼を見開いて放心したようにじっと正面を見つめている。（この時の上演では、幕切れの場面に変更が加えられて、ロミオが死ぬ前にジュリエットが眼を覚まして、最後に二人が永遠の愛を誓い合うという筋書きになっていた。）舞台姿を描いたものであるから、その表情にはいささか誇張が見られるかもしれないが、青い大きな眼というのは、そのすらりとした長身と優雅な長い腕とともに、ハリエットのいわばトレード・マークで、当時彼女を褒め讃えた人びとは皆その点を強調している。フランスにおい

フランシス「ロミオとジュリエット」
1827年　石版画

てのみならず、本国のロンドンでも、

　スミスソンの眼を誇り得るかぎり、
　この地上の人生が暗いことはあり得ない。

と歌われたほどであった。
最初の日の『ハムレット』の舞台で、ハリエットのオフィーリアの演技に、「強烈な感動」を与えられたベルリオーズは、それに続いてこの『ロミオとジュリエット』を見た時の衝撃を、後に『回想録』のなかで、こう語っている。

　ハムレットの狂気と憂愁の後で……、イタリアの燃えるような太陽と香ぐわしい夜に身をさらし、あの壮大な愛、思考のように素速く、たぎる熔岩のように灼熱の火と燃え上り、天使の眼差しのように純《きよ》らかでしかも抵抗しがたく力強い愛のドラマを眼にすること、あの恐ろしい憎しみと、激しく陶酔的な接吻と、愛と死の絶望的な闘争に立ち会うことは、私にとってあまりにも強烈であり過ぎた……、私は完全に征服されてしまった……。

征服されてしまったのは、ベルリオーズだけではなかった。やがて『幻想交響曲』のなかに姿を変えて登場することになるこの二十七歳の「美しいアイルランド娘」は、最初からパリのすべての人びとを魅惑してしまったかのようであった。彼女がオデオン座の舞台に出場しているかぎり、サン・ジェルマン地区のすべての人が、「アイ・ラヴ・ユー」という英語の真の意味を理解することができると、『フィガロ』紙が書いている。（上演はむろん、すべて英語で行なわれた。）

彼女の名声があまりにも高くなったので、抜目のないパリのファッション界では、「スミスソン風」、あるいは「狂女風」と呼ばれる髪型が考案されて、流行したほどであるという。それは、狂乱の場のオフィーリアにヒントを得たもので、黒いヴェールと藁《わら》しべを巧みにあしらったスタイルだったそうである。

ハリエット・スミスソンのこのような人気は、彼女を売り出したイギリス劇団にとっては、いやもしかしたらハリエット自身にとっても、大きな驚きであったろう。父が劇場のマネージャーであり、母がやはり女優であったという環境から、彼女は、必ずしも自分でそれほど強く望んだわけではないにせよ、早くから舞台に親しみ、十八歳の時から、ロンドンのドルリー・レイン劇場で活躍していたが、パリ公演の時までの彼女は、必ずしもそれほど目立った存在ではなかった。この時のオデオン座でのイギリス演劇上演に参加したのは、コヴェント・ガーデンやドルリー・レイン劇場などの俳優を集めたいわば混成チームで、中心はキーンに継ぐ役者として評判の高かったチャールズ・ケンブルであったが、そのケンブルも、必ずしもハリエットにそれほど大きな期待を寄せてはいなかったようである。（もっとも、彼女としばしば共演したことのあるキーンは、パリでの彼女の成功を予言していたともいう。）

パリでの上演は、イギリス演劇の紹介ということで、シェリダンやゴールドスミスなども予定されてはいたが、目玉はやはりシェークスピアである。ケンブルが準備したのは、『ハムレット』と、『ロミオとジュリエット』と『オセロ』である。そのうちまず『ハムレット』が上演されたのは、ほとんど偶然の事情――というよりも、単純な配役の都合――によるものであった。というのは、ケンブルは、パリでの最初のシェークスピアは、自分の当り役である――そしておそらくは『ハムレット』より受け入れ易い――『ロミオ』にする予定だったからである。当時ケンブルはすでに五十二歳で、それでなおロミオを演じようというのは、相当な自負だが、しかし彼には、その自負を裏づけるだけの名声と実力があった。だが、『ロミオ』を上演するためには、ジュリエット役が要る。ケンブルは、彼の相手としてジュリエットを演じ切ることができるのは、コヴェント・ガーデンで共演したマリア・フートしかいないと信じていた。たまたま、そのマリア・フートは、ロンドンでのプログラムの都合で、九月十八日にならなければパリに来られないことになっていた。そこでケンブルは、『ロミオ』を先に延ばして、まず『ハムレット』を選んだ。ジュリエットは、舞台でロミオと対等に立ち合わなければならないが、オフィーリアなら、出番が少ないから、手許の女優でも何とかなると考えたのである。そして選ばれたのがハリエットであった。

ハリエット自身は、このような「大役」が与えられるとは考えてもいなかったので、最初は喜ぶよりむしろ当惑したらしい。彼女はむろんオフィーリア役を演じたことはあるが、それは、アイルランドの地方舞台においてであって、ドルリー・レイン劇場に来てからの九年間、つまりロンドンにおいては、一度も演じたことはない。それに彼女は、どちらかと言えば声が細くて、歌があまり得意ではなかった。当時のシェークスピアの演出では、狂乱の場でのあの「オフィーリアの歌」が見せ場のひとつで、オフィーリア役は、まるでオペラのアリアでも歌うように、そこだけ切り離して自分ののどを聞かせるというのが慣例であった。その点で自信がなかった彼女は、最初は折角の「大役」を辞退した程である。混成劇団のなかで、誰か代ってくれる人があれば、自分の一週間分の給料を提供するという申し出までしたと伝えられている。しかし結局、他に適当な人がいなかったのであろう、ハリエット・スミスソンのオフィーリアということが決められたのである。

A.ド・ヴァルモン「オフィーリアに扮したハリエット」1827年　石版画

そのような事情であってみれば、劇団の方でも彼女にそれほど大きな期待をかけていなかったとしても不思議ではない。もともと『ハムレット』は、フランスの舞台には長過ぎるので大幅に手直しされていたが、特にオフィーリアの登場部分がカットされた。ハリエットの出番は、ほとんどせりふのない「劇中劇」の場面と、狂乱の場くらいであった。

ところが、大方の期待に反して——と言うと妙だが——彼女は大成功を収めた。狂乱の場の途中で、彼女は一瞬、あたかもせりふを忘れたかのように、黙りこくってしまったという。そして、無言のまま、まるで夢遊病者のように放心した姿で舞台を歩き廻った。それから立ち止まると、長い両腕をだらりとさげ、青い大きな眼をいっそう大きく見開くと、うつろな表情でじっと立ちつくした。そして待った。オデオン座を埋めつくした観客は、かつてない異常な緊張感に捉えられて、皆息をのんだ。その張りつめた静寂のなかに、か細い、しかしよく透るハリエットの声が流れ出た。

いづれを君が恋人と
わきて知るべきすべやある
貝の冠とつく杖と
はける靴とぞしるしなる……
（森鷗外訳）

ハリエットの歌は、何の技巧も表情もなく、まるで眼の前の人に語りかけるように素朴なものであった。しかしそれは、観客ひとりひとりの胸に、じかに、染み入るように痛切に響きわたった。この瞬間、彼女は、満員の観衆も、舞台の上の仲間も忘れて、ひたすらオフィーリアになりきっていたといってよい。

役になり切るというのは、ハリエットの特技であったらしい。彼女は途中で激しくむせび泣き、ほとんど歌い続けることができないほどであったが、本当に泣いていたようである。顔を覆っていたヴェールが床に落ちたが、それにも気がつかなかった。そして、ゆっくりと舞台から歩み去った。一瞬の沈黙の後、場内は激しい歓声に包まれた。ハリエット・スミスソンの、そして芝居『ハムレット』の成功は、この時に約束されたのである。

さすがにケンブルは、この状況を的確に看て取った。彼はただちに予定を変更すると、マリア・フートの到着を待たずに『ロミオとジュリエット』をプログラムに載せた。ジュリエットはオフィーリアに劣らぬ成功で、彼女は一躍、パリの若い芸術家たちの女神となったのである。

2

だがそれにしても、ロンドンでは一流の劇場の舞台を踏んでいたとはいえ、それほどの花形ではなかった彼女が、これほど人気を集めるようになったのは、いったいなぜであろうか。

ひとつには、彼女の美しさということがあったろう。ハリエットについての同時代の証言は、いずれも彼女のたぐい稀な美貌について語っている。しかしそれは、例えばマリー・アントワネットのような大柄な、派手な美しさではなかった。彼女は、女性としては背の高い方であったが、その身体に比べて顔は小さく、必ずしも舞台栄えする顔立ちとは思われない。一八二〇年頃、ロンドンのドルリー・レイン劇場で、エリザベス・インチボールドの喜劇『奥方たちとメイドたち』に出演した時のハリエットの舞台姿が、ロイヤル・アカデミー準会員ジョージ・クリントによって描かれている（挿図）が、それを見ても、たしかにスタイルは良く、優雅な物腰であるが、顔が小さいため、全体としてはむしろ控え目な印象である。しかしその顔は、眼鼻だちが整っていて愛らしく、特に、誰もが称讃する眼は、生き生きと輝いている。

　フランスで人気を得てからは、アシール・ドゥヴェリアの石版画（挿図）や、デュビューフの肖像画（挿図）が舞台の上ではない彼女の姿を伝えてくれるが、いずれも、印象はほぼ似たようなものである。タイプからいえば、この時期より少し前、提督ネルソンとの恋で艶名を流した美女、ハミルトン卿夫人エンマを思わせるところがあり、つまりは、典型的なイギリス風の美人である。そのことが、イギリス趣味のはやっていた当時のフランスにおいて大いに人気を集める要因となったことは、想像に難くない。

　また、アイルランドで生まれて育った彼女は、その後いろいろな訓練を受けたにもかかわらず、わずかながらアイルランド訛《なま》りがずっと残っていたという。それはロンドンの舞台では、大きなハンディであったはずだが、その点、パリではまったくその心配をする必要がなかった。ドレクリューズのように、イギリスの家庭にはいり込んで正式に英語を習い、シェークスピアのせりふをいくつも憶え

左上　G.クリント「『奥方たちとメイドたち』のなかのハリエット・スミスソン」1820年頃　油彩
右上　デュビューフによる「ハリエット・スミスソン」1828年
下　A.ドヴェリア「ハリエット・スミスソン」1827年　石版画

ていたという人でさえ、彼女の訛《なま》りには気づかなかったであろう。（ついでにいえば、新古典派の代表として大いに活躍したこの批評家は、ハリエットの舞台について、きわめて客観的な、貴重な証言を日記のなかに残している。）まして大部分の観衆はほとんど英語がわからなかったはずである。例えば、最初の日にやはり客席にいた一人であるドラクロワは、すでに半年ほどイギリス滞在の経験があり、多少とも英語に通じていたが、アレクサンドル・デュマなどは、「せりふの真実さ」を称讃しながら、実は「その意味は一言もわからなかった」と正直に告白しているほどである。

しかしながら、「一言もわから」ずに「せりふの真実さ」に感動したというこのデュマの、いささか滑稽とも思える『回想録』の一節が、実はハリエットの、そしてこの時のイギリス劇団の成功の秘密の一端を教えてくれる。デュマは、英語を全然知らなかったが、「役者たちの声の抑揚や調子から」その意味を理解することができたと述べている。さらにまた、イギリスの役者たちの「身振りの自然さ」についての強い称讃の言葉も見られる。つまり、一八二七年のパリのシェークスピア劇がフランス人たちに教えたものは、言葉が通じなくてもわかるような「自然な演技」、「せりふの真実さ」であった。当時においてはまだ生まれていなかったが、それから三十年ほど後に広く使われるようになる言い方を借りるなら、芸術における「写実主義」だったのである。

事実、ひとりデュマのみにかぎらず、当時の批評はいずれも、口を揃えて舞台の「自然さ」を褒め讃えている。今日では、それはきわめて当り前のことと思われるかもしれないが、当時なお支配的であったフランス古典主義の伝統にとっては「生ま生ましい真実」をそのまま再現するという演劇観は、まったく新しいものであった。例えば、ラシーヌやコルネイユの舞台を、フランス語を全然知らずに「理解する」ことは、とても考えられないところであろう。フランス古典劇においても、演技力は当然要求されるが、「演技」そのものは極度に抑制され、言葉が何よりも重要な役割を演ずるからである。その「言葉」も、一句の中央に区切りのあるシンメトリカルな構造のアレキサンドラン詩句を重ねるという厳密な作詩法に基づいた韻文のみであり、芝居全体も、時と所とプロットの統一というい わゆる三一致の法則にのっとることが必要であった。つまり、きわめて厳しい法則に支えられた明確な秩序がその本質をなしているのである。

ところが、シェークスピア劇は、そのような「秩序」をまったく無視したかのような奔放な世界を見せている。時も所も自由に変化し、プロットは悲劇的なものと喜劇的なものが複雑にからみ合い、韻文と散文が自在に混ざり合う。そこには、人工的な秩序に対して自然の多様性があり、「真実らしさ」に対して「真実」そのものがあった。少なくとも、一八二〇年代に新しい芸術表現を求めていたフランスの若い精神にとっては、コンスタブルの風景画が自然の豊かさをそのまま表現したものであったように、シェークスピアの舞台は人間の真実を生ま生ましく、自然に再現して見せてくれるものだったのである。

逆に言えば、シェークスピアをもっぱら「写実的」――そしてそれ故に「革新的」であり「近代的」――であると捉えるこのような受けとめ方のなかに、われわれはフランスのロマン主義の大きな特質を見ることができる。政治的な大革命をついこの間身近に体験したばかりのフランスの芸術家にとって、ロマン主義は何よりも「規則」に対する「自由」の要求であり、人工的秩序に対する自然の復権の主張であった。ロマン主義は、反古典主義的ではあっても、けっして反写実主義的ではなく、逆に、写実主義はロマン主義の重要な一面をなしていた。その意味では、バルビゾンの画家たちはもちろん、クールベでさえも、ロマン主義の落し子だったのである。

とすれば、それまでの伝統的なフランス演劇の舞台ではおよそ考えられないようなハリエット・スミスソンの「演技」が、あれほどまでに人びとを熱狂させたのも当然といわなければならない。ただ単に役を演ずるだけではなく、役そのものになり切るというのは、ハリエットがしばしば舞台をともにした名優キーンから学んだことだが、同時にまた、彼女自身の資質でもあった。彼女は、ちょうど良い時に、フランスの新しい芸術が望んでいたものを与えることができたのである。

一八二七年という時期は、そのためにはまさしく最も適切な時であった。実はイギリスの劇団によるパリでのシェークスピア公演は、この時が最初ではない。その五年前、一八二二年に、一度その試みがなされている。しかし、最初のそのパリ公演は、おそらくはワーテルローの記憶がまだ強く残っていてイギリスに対する反感が生きていたために、散々な失敗であった。だが、一八二七年には、事情は大きく変っていた。わずか五年の差であるが、その五年間はきわめて大きな意味を持っている。スタンダールが『ラシーヌとシェークスピア』を公刊して、シェークスピアこそ「近代的」だと説いたのも、熱血詩人バイロンがミソロンギで客死してヨーロッパ中の若者を感動させたのも、そのバイロンの崇拝者であったドラクロワが「キオス島の虐殺」を発表して論議を呼んだのも、フランスにおける「ロマン主義宣言」といわれるヴィクトル・ユーゴーの『クロムウェル』の序文が発表されたのも、ラマルティーヌの『瞑想詩集』続編やヴィニーの『サン・マール』が刊行されたのも、いずれもこの期間のことである。パリには、たしかに新しい精神的胎動があった。ケンブルたちのシェークスピア公演は、幕を開ける前からすでに熱い期待によって迎えられていた。

もちろん、シェークスピアなど「野卑」だと見なす古典主義の信奉者たちもなお数多くいた。『ハムレット』の公演が予告された九月十一日の『クーリエ』紙は、「ジョン・ブルによる悲劇『パルナッソス、テームズ河で溺死』今晩上演」と書いた。やがて三年後に爆発する『エルナニ』の戦いは、すでに予告されていたといってよい。

それだけに、この日オデオン座に集まったのは、錚々《そうそう》たるメンバーであった。画家のドラクロワ、ポール・ユエ、ルイ・ブーランジェ、ドヴェリア兄弟、彫刻家のバリー、プレオー、詩人、文学者では、ユーゴー、ヴィニー、シャトーブリアン、サント＝ブーヴ、テオフィール・ゴーティエ、シャルル・ノディエなど、まさしくロマン派の大集会というべきものであった。そしてもちろん、そのなかに、当時パリ音楽院学生だった二十四歳のエクトール・ベルリオーズもいたのである。

3

この年、一八二七年の夏、ベルリオーズは、ローマ賞コンクールに失敗したばかりであった。「ローマ賞」というのは、アカデミー（芸術院）によって毎年一回催される公けのコンクールで、その大賞（第一席）受賞者は、政府の給費によってローマに留学することができるというものである。絵画や彫刻など、美術の分野においても事情は同じであるが、このローマ賞を獲得することは、芸術家を志す当時の若い野心的な青年にとっては、どうしても通らなければならない関門であった。しかし、審査は、アカデミーの会員たちによって行なわれるので、当然、その技法においても美学においても、伝統的でアカデミックな作品が要求される。（たとえば、絵画の部門において、新古典派のダヴィッドやアングルはローマ賞受賞者であったが、ロマン派のジェリコーやドラクロワは、この関門を通っていない。）ベルリオーズのように、従来の約束事を否定した大胆で革新的な表現を求める芸術家にとって、この関門を通過することは、決して容易ではなかった。

事実ベルリオーズは、当時パリ音楽院の学長でアカデミーの重要なメンバーであったケルビーニなどよりも、自分の方がはるかに優れた音楽家だと思っていた。彼にとって大切なのは、自分の音楽を作り、それを人びとに聴いてもらうことであって、敢えてイタリアまで出かけて型にはまった勉強をする必要などないと考えている。しかし、彼には、このローマ賞コンクールを無視することのできない理由があった。医者である父親が、息子の音楽家志望に強く反対していたからである。彼は、その父親の反対を押し切って、音楽院の学生になったのである。一応親もとから仕送りを受けてはいたが、父親の方はなお態度を変えてはいない。音楽家として成功の見込みがなければ、勉強を続けることを認めてはもらえない。そして、「成功」するということは、まずローマ賞コンクールに優勝することであった。

ベルリオーズは、実は前の年にもすでにこのローマ賞に挑戦しているが、その時は、予選ではねられてしまった。コンクールのやり方については、後にベルリオーズ自身が、その『回想録』のなかで詳しく説明しているが、それによると、三十歳以下のフランス人なら誰でも応募できることになってはいるが、予選がかなり難しく、本番のコンクールに参加できるのは、五、六人ぐらいであったという。予選は、声楽フーガの作曲で、一日のうちに書き上げて、署名をして提出することになっていた。（絵画の部門においても、やはり予選があり、与えられた課題に基づいて一日のうちに構図習作を仕上げなければならない規則であったが、審査の公平を期すため、この当時は、画面に署名を入れてはならないことになっていた。このきまりは、後に守られなくなる。）

一八二七年の予選の時の事情については、妹ナンシーに宛てて詳しく説明したベルリオーズ自身の手紙（七月二十八日付）が残っている。ナンシーは、ベルリオーズの上の妹で、彼は、三つ違いのこの妹と仲が良かったらしく、両親に言えないようなことも、よく手紙で報告したり、相談したりしている。

> コンクールの予選は、一昨日行なわれました。本選を受ける候補者を決めるためです。課題は、〈厳格な様式〉のフーガを作曲することで、これは、音楽上実際にはまるで役に立たないけれど、解決するのはなかなか難しい問題です。受けたのは四人だけで、そのうち、このフーガの眼目である〈応答〉と呼ばれる部分を正確に書いたのは、僕一人でした。もう一人、去年二位を得た男がい

て、今年はその男が大賞を取る予定だったので、〈応答〉の部分は失敗したけれど、作品全体がなかなか良くて、いわばそれで埋め合わせができるということで、彼も認められました。だから、本当なら合格したのは二人だけですが、実際には、四人とも通りました。あとの二人はベルトンの弟子で、ケルビーニとルシュウールが強く反対したにもかかわらず、結局通ってしまったのです……

この手紙は、当時のコンクール審査の実態がどんなものであったかということを知るためにも、貴重である。（なお、ルシュウールは、ベルリオーズの直接の師である。）

予選を無事通過すると、早速本選（普通は、管弦楽つきの一声または二声の歌劇的場面）の課題が与えられる。この年の課題は、「バッカントたちに殺されるオルフェウス」であった。本選の受験者は、音楽院のなかに「独房」と呼ばれる個室を与えられる。そこにはピアノが一台あるだけで、受験者は、作曲が仕上るまでそこから出ることはできない。もちろん、資料を持ち込んだり、他人と相談したりすることも許されない。（これは、美術の場合も同様であった。）

ベルリオーズも、張り切ってこの「独房」にこもったわけだが、すでに述べた通り、結局受賞できなかった。本選の時には、候補作は、（管弦楽ではなく）ピアノ伴奏で演奏されるのだが、その役目のピアニストが、ベルリオーズの作品を「演奏不可能」と宣言したからである。後にベルリオーズは、本来オーケストラのために作曲されたものをピアノで演奏するこのやり方に対して、それは管弦楽の魅力を奪ってしまうものだと言って、強く憤慨している。彼のように、オーケストラの各パートの音色の効果を極度に重視する作曲家にとって、それが一律にピアノで演奏されるのは、堪え難いことであったろう。

もともとベルリオーズは、何よりも表現効果を好む作曲家である。われわれはそこに、彼の「ロマン派的」気質を見ることができるが、その「効果」は、友人のリストの場合のように、鍵盤の上で華麗に展開されるものではなく、飽くまでも絢爛多彩で力強い大編成のオーケストラによって発揮されるべきものであった。彼は、当時の音楽家としては異例のことだが、オーケストラの指揮をする以外、自ら演奏活動というものをやったことがない。リストやパガニーニのように、超絶的な技巧で人びとを魅了したり、モーツァルトやメンデルスゾーンのように、子供の頃から天才ぶりを示したというようなエピソードは、ベルリオーズにはまったく見られない。実際、彼はピアノも満足に弾けなかったし、小さい時にいわゆる音楽教育というものをほとんど受けていない。その意味で、彼は「神童伝説」とは無縁の最初の偉大な音楽家だったと言うハロルド・ショーンバーグの言葉は当っていると言ってよい。

その代り、彼には燃えるような激しく豊かな想像力とエネルギーがあった。彼は、自己の内部から溢れ出て来るその豊麗な想像力の世界を、管弦楽という媒体を通じて表現しようとした。彼が考えた理想的なオーケストラというのは、三十台のハープ、三十台のピアノを含む総勢四六七人という途方もないものであった。(さらに詳しく言えば、弦だけで二四二人、シンバルが十二人、フレンチ・ホルン十六人等々である。)それにさらに、必要な場合には三六〇人の合唱団が加わるというのだから、まさに桁はずれとしか言いようがない。当時のオーケストラが、大きなものでもせいぜい六十人程度だったことを考えれば、ベルリオーズの構想は、狂気の沙汰としか思われなかったであろう。しかし彼は、すでに一八二五年夏（当時彼はまだ二十二歳になっていなかった）、自作の「荘厳ミサ」の演奏のため、一五〇人のオーケストラを集めている。オーケストラこそが、彼にとって何よりも重要な表現手段であり、事実、彼は、ドビュッシー以前のオーケストラ技法の最も大きな革新者となるのである。

とすれば、彼のローマ賞候補作「オルフェウスの死」が、ピアニストによって「演奏不可能」と宣告されたのは、かえってベルリオーズの名誉だったと言えるかもしれない。他の候補者たちが、まずピアノで楽想を展開させて作曲し、その後でそれをオーケストラに改めて編曲するという普通のやり方に従っていたのに対し、ベルリオーズは、その発想の最初から、オーケストラのために作曲していたからである。ということは、それが審査会の席上でピアノで演奏される時、他の候補者の作品は失うところが少なかったのに比べて、ベルリオーズの作品では、その本質的な効果が失われたということである。いや、そもそも「演奏不可能」と思われたというのは、それがどうしてもオーケストラを必要としたということを物語るものであろう。ベルリオーズは、この「オルフェウスの死」によって、はっきり自己の立場を表明したと言ってもよい。

4

しかしそれにしても、父親の承認を得るために、彼はどうしてもローマ賞に成功しなければならなかった。ハリエットへの激しい思慕の情に悩まされながら、ベルリオーズは、なお三回、この関門に挑戦する。翌年のコンクールの課題は「エルミニア」、さらにその次の年は、「クレオパトラの死」、そして、一八三〇年、遂に彼が大賞受賞の栄冠を得た時の課題は、「サルダナパールの最期」であった。

ローマ賞コンクールのためのこれらの課題は、もちろんアカデミーのメンバーによって選ばれたものである。だが、それにしては、モンテヴェルディ以来、特にバロックの時代に、音楽においても美術においても好まれたタッソーの『解放されたエルサレム』に基づく「エルミニア」を別として、他の主題は、きわめてロマン派的雰囲気が濃厚である点、当時の芸術界の精神的風土をよく示していて、はなはだ興味深い。「オルフェウス」の主題は、オペラにおいてしばしば取り上げられているものであるが、動物たちをも魅惑した優れた音楽の名手としてのオルフェウスではなく、バッカントたちに殺されるオルフェウスというのは、十九世紀も後半になってから、ギュスターヴ・モローなど、象徴派の画家たちに取り憑いて多くの作品を生み出させるようになる主題であり、「クレオパトラの死」も、十七世紀にグィド・レニの有名な作品のような先例がないわけではないが、異国的な官能性と死の匂いに包まれたドラマティックな物語として、十九世紀の画家たちの創作意欲を大いに刺戟したテーマである。すでに世紀初頭に、新古典派のジャン＝バティスト・ルニョーがこの主題の作品をサロンに出品しているが、一八三八年には、ドラクロワが、シェークスピアの『アンソニーとクレオパトラ』に霊感を得て、毒蛇のはいった果物籠を奴隷に運ばせて来る見事な作品（チャペル・ヒル、アックランド美術館）を描いた。そのドラクロワの弟子であるラッサル＝ボルドによるきわめてドラクロワ的な「クレオパトラの死」（オータン、ロアン美術館）もある。バイロンの詩劇によって一躍クローズアップされるようになった「サルダナパールの最期」にいたっては、完全にロマン派的な主題であって、一八二七－二八年のサロンに出品されたドラクロワの大作（ルーヴル美術館）が、ユーゴーの『エルナニ』に先立って激しく賛否の議論を巻き起こしたことは、よく知られているとおりである。これらの主題に見られる華麗な残虐さと血なまぐさい官能性は、一八二七年九月にオデオン座に集まった若い芸術家たちを陶酔させるのに充分なものがあった。そして、その熱狂的な雰囲気は、いつの間にかアカデミーの内部にまではいり込んでいたのである。

なお、ついでに言えば、バイロンとともにシェークスピアにも深く傾倒していたドラクロワは、『クレオパトラ』のみならず、『ハムレット』、『オセロ』『ロミオとジュリエット』その他、主としてシェークスピアの悲劇に想を得た作品をいくつも残している。そのなかには、オデオン座でのイギリス劇団の舞台の思い出を強く感じさせる作品がある。たとえば、一八三四年の石版画「狂乱のオフィーリア」（挿図）を制作した時に、彼が七年前のハリエットの舞台を思い出していたであろうことは、直接その舞台の情景を描いたドヴェリアとブーランジェによる石版画（挿図）と比較してみれば明らかであろう。

　話を再びローマ賞コンクールに戻すと、アカデミーによって課せられたこのようなコンクールの主題は、ベルリオーズのロマン派的気質にはきわめてよく訴えるものであったに違いない。しかしながら、審査員たちは、作品の様式や技法まで「ロマン派的」であるのは、認めようとはしなかった。「エルミニア」も「クレオパトラ」も、ベルリオーズに、ローマへの道を開いてはくれなかったのである。

　一八二九年八月二日、またもや失敗したベルリオーズは、その結果を知らせる父親宛の長い手紙のなかで、事情を次のように説明している。

上　E.ドラクロワ「狂乱のオフィーリア」1834年　石版画
下　A.ドヴェリアとL.ブーランジェ「オフィーリアに扮したハリエット」1827年　石版画

……その一番大きな理由は、前評判によれば今年の大賞は僕に決まっていたというので、去年のように無理をしないで、自分の感ずるままに書いても大丈夫だろうと思ったことです。課題はクレオパトラの死で、このテーマは壮大斬新な着想を次ぎ次ぎと与えてくれました。僕は、ためらうことなく、それらを書きました。それがいけなかったのです。審査員たちは、最初から僕に好意的だったのですが、作品を何も理解できない人たちでした。僕の作品は、音楽家たちにとって、まるで自分たちのやり方を皮肉っているように思われ、それで大いに自尊心を傷つけられたのです。

後に『回想録』にも語られているが、この年、ベルリオーズがローマ賞の本命と見なされていたことは、事実だったようである。彼はすでに前の年に二等賞を得ているという有力な条件があったし、他に大した競争相手がいなかったからである。したがって、彼が――自分でもかつてそう考えたように――ともかく審査員たちの気に入るような伝統的手法で応募作品を仕上げていたら、受賞は容易な筈であった。しかし、クレオパトラという主題が、彼のロマン派的想像力に火をつけた。昂奮のあまり、彼は『ロミオとジュリエット』のなかのジュリエットのせりふをエピグラフとして楽譜につけるということまでしている。審査の時、ケルビーニとオーベールは彼を支持し、画家のアングル、彫刻家のプラディエも――ローマ賞審査には、他の芸術分野の代表も加わることになっていた――ベルリオーズに好意的であった。しかし、「ベートーヴェンさえ半分もわからない」と自認するボワルデュウのような審査員たちの反対によって、この年は、結局受賞者なしということになってしまったのである。

このことは、ベルリオーズに少なくともひとつの教訓を与えてくれた。翌年のコンクールの時、「サルダナパールの最期」という絶好のロマン派的課題に対して、彼は思い切って抑制したおとなしい作品を提出して、ようやくローマ賞を得ることができたからである。

しかし、その後で、いかにもベルリオーズらしいエピソードが続く。受賞作品は、受賞式の日に、今度は完全なオーケストラで、大勢の来賓の前で演奏される慣わしになっていた。ベルリオーズは、受賞が決まると、ただちに自分の楽譜に、最後の大火災の場面をつけ加えた。彼はむろん二年前のサ

J.アングル「ベルリオーズ」1832年　鉛筆画

ロンに出品されたドラクロワの大作を見ていたはずである。奴隷に命じて大勢の美女たちを殺させ、壮麗な宮殿に火を放って自ら死を選ぶこの非道な英雄の最期は、ベルリオーズの想像力を刺戟するのに充分であった。彼は、特に最後の大火災の場面に、まずホルンが高らかに鳴り響き、ティンパニーがそれを受け、次いでシンバルがそれに応じ、さらに大太鼓が鳴って全オーケストラが応答するというきわめてドラマティックな効果を考えた。しかし、前年の「クレオパトラ」の苦い経験から、彼はこの場面を、応募作品には加えず、受賞が確定した後で、改めて書き加えたのである。ローマ賞の受賞式というのは、当時の版画を見ても、受賞者にとって栄光の舞台であるが、ベルリオーズは、その晴れの日のために、大きな爆弾を用意したのである。

前日の総稽古の時、この火災の場面は大変なセンセーションを惹き起した。彼は充分な自信を得た。ところが、いよいよ受賞式の当日、どうしたわけか、肝腎の場面でホルンが鳴らなかった。きっかけをはずされたティンパニーもシンバルも、沈黙したままであった。結局火災は起こらなかった。当日壇上に座っていたベルリオーズは、憤激のあまり、立ち上って手にした楽譜を床に叩きつけ、近くの譜面台を蹴たおしてしまった、と当時の『音楽新聞』は伝えている。彼が、自分の作品はどうしても自分が指揮しなければならないと思うようになったのは、この時からである。

しかしながら、この三年間、ベルリオーズは、ローマ賞ばかりにかまけていたわけではない。一方で彼は、激しい創作意欲に燃えて次ぎ次ぎと新しい作品を試みながら、他方で、ハリエット・スミスソンへの情熱に悩んでいた。一八二八年一月の妹ナンシー宛の手紙のなかで、「僕は英語のレッスンをやめなければならなくなった……」と語っているところをみると、彼は、ハリエットに憧れるあまり、苦手な英語の勉強も、しばらくは続けていたらしい。（オデオン座ではじめてハリエットの舞台を見た時、彼は英語はまったくわからなかった。）同じその妹宛の手紙のなかで、彼は、イギリスの詩人トーマス・ムーアの詩集を送ったから、是非読むようにと薦めている。それはもちろんフランス語訳で、彼は原文で読めないことを嘆きながら、「これこそが本当の詩だ！」と言って、わざわざ特にいくつかの詩を挙げている。やがて彼は、そのムーアの詩に曲をつけた歌曲集『アイルランドのメロディ』を一八三〇年二月に刊行することになるのだが、その歌曲を作曲しているあいだ、彼の心は、「美しいアイルランド娘」の面影で占められていたはずである。（なお、フランス語では、ドイツ語の「リート」にあたる言葉がなく、「歌曲」のことを普通には「メロディ」と呼ぶが、ベルリオーズのこの歌曲集が、「歌曲」の意味で「メロディ」を使った最初の例であるという。ベルリオーズは、もちろん、単純に英語の翻訳をそのまま使っただけである。）

これより以前、ベルリオーズは、何とかしてハリエットの心を得ようと、空しい努力を続けていた。オデオン座の舞台で彼女のオフィーリア姿に強い衝撃を受けて以来、彼はハリエットに何回となく手紙を送り、伝手《つて》を求めてイギリス劇団の人と知り合いになって自分の気持ちを伝えようとしたりしているが、無駄であった。一八二八年五月、彼はパリ音楽院の会場を借りて、自分の作品だけの演奏会を開催したが、それも、自分の存在を彼女に知って貰うためであった。この時は、校長のケルビーニの反対を押し切って、強引に演奏会を強行したのだが、新聞紙上でかなりの反響を得ることができたものの、ハリエットは何の反応も示さなかった。少なくともこの時点では、「美しいアイルランド娘」は、それほどまで熱烈な讃美者がいることを、まだ知らなかったようである。

5

ベルリオーズがハリエット・スミスソンとはじめて正式に会って話をしたのは、一八三二年十二月十五日、つまり、彼がオデオン座の舞台でオフィーリアの美しい姿に衝撃を受けてから、実に五年以上も経ってからのことである。この間、ベルリオーズの方は、何遍となくハリエットを見ている。舞台の上ではもちろんのことだが、そればかりでなく、オデオン座の周囲をあてもなく歩き廻って、楽屋入りをするハリエットの姿に、熱い視線を注いでいた。さらに彼は、ハリエットの住んでいるアパートの斜め向いに部屋を見つけて、そこに引っ越すということまでしている。その部屋の窓から、彼は愛する人の部屋のあかりを眺めることができたし、時には、アパートに出入りする彼女の姿を垣間見ることもできた。

ハリエットの方も、少なくとも一度は、ベルリオーズの姿を見ている。一八二九年二月二十五日、オペラ・コミック座での慈善公演にイギリス劇団も『ロミオとジュリエット』で参加することを知ったベルリオーズは、支配人に頼み込んで、彼自身の「ウェヴァレー序曲」をプログラムに加えて貰うことに成功した。当日、リハーサルのためにベルリオーズが劇場にやって来た時、ちょうどハリエットは、墓の場面の稽古中であった。ジュリエットがロミオの腕に抱かれているのを見たベルリオーズは、思わず激しい叫び声を挙げた。驚いたハリエットは、ベルリオーズを指さしながら、あの「眼つきのよくない紳士」に気をつけるようにと、仲間の俳優たちに警告したという。

ハリエットが気味悪がったのも無理はない。彼女は、仲間たちから、この青年の異様な行動のことを散々に聞かされていた。噂が誇張されて、彼女はベルリオーズのことを少し頭がおかしいと信じていた。彼はそれまでにも何回となく熱烈な手紙を彼女に送っていたが、彼女は一切答えなかったし、彼が来ても絶対に取り次がないように、厳しく小間使いに命じていた。

ベルリオーズの方は、そのような事情は知らない。彼は、自分の燃えるような思いが、彼女の心を動かしているに違いないと思いこんでいた。彼が知り合いになったイギリス劇団のメンバーの一人が、多少とも彼に希望を持たせるようなことを言ったらしい。想像力豊かなこの若者は、すぐにでも自分の思いが叶うと、勝手に信じていたようである。

それだけに、自分の姿を見て怖れおののいているハリエットの様子を見たことは、彼には大きなショックであった。慈善公演の当日、自分の序曲の後、ジュリエット役の彼女が舞台に登場すると、彼はひとり劇場を脱け出して、ハリエットのアパートに急いだ。そこで彼は、管理人から、彼女が絶対に彼に会おうとはしないことを聞かされた。彼は、意中のオフィーリアに「裏切られた」と思った。

「裏切られた」というのは、むろんベルリオーズの勝手な思い込みである。ハリエットは、彼女の崇拝者のその心の嵐も知らずに、やがてオランダへの巡回公演に旅立ってしまった。その出発の時の彼女の姿を、ベルリオーズは偶然、部屋の窓から、辛い思いで見ていたと、『回想録』は語っている。

そしてベルリオーズは、ハリエットのことは忘れようと努め、漆黒の髪と星のように輝く青い瞳の十八歳の美貌のピアニスト、マリー・モーク（カミーユ）との恋愛に急速に溺れて行った。

このマリーは、後にピアノ製造業者のプレイエルと結婚する女性で、ピアニストとしての技倆は大変なものであったらしい。生涯ベルリオーズの宿敵であった批評家のフェティスは、晩年になってから、彼女の演奏ほど「完璧さ」を感じさせるものはないと述べているし、マルモンテルは、彼女の演奏は、カルクブレンネルの明晰さと、ショパンの感受性と、ヘルツの優雅さと、リストの激しさをともに兼ね備えていると絶讃している。彼女はまた、リストの数多い愛人の一人としても名を残したが、しかしそれはずっと後のことである。十八歳の彼女は、ベルリオーズとの恋に熱中し、ベルリオーズは、一年後に彼女と結婚する約束をして、ローマに（ローマ賞奨学金による留学のため）出発した。

出発に先立って、ベルリオーズは、一八三〇年十二月五日、パリ音楽院で「幻想交響曲」の初演を行なった。当初は「ある芸術家の生涯のエピソード」と題されていた五楽章からなるこの記念碑的な交響曲には、ゲーテの『ファウスト』の影が色濃く認められるが、それと同時に、「美しいアイルランド娘」への彼の（ほとんど一方的な）苦しい恋の思い出が反映していることも明らかである。半年前の四月十六日付けのアンベール・フェラン宛の手紙で、彼は、交響曲の五つの部分を説明した後で、「この僕の物語、というよりも僕の歴史の主人公が誰であるか、君は容易に推測することができるだろう」と述べている。そこに、ロマン派の好んだ「自伝的、告白的」性格が著しいことは、否定すべくもない。（最初彼が考えた題名は「ある芸術家の……」ではなく、「ある若い音楽家の……」であった。）「幻想交響曲」は、ベルリオーズにとって、ちょうどゲーテにおける『ヴェルテル』と同じ意味を持っていたと言ってよい。作品を完成することによって、彼は、「失恋」の苦しみを乗り越えることができたのである。

6

しかしながら、「ある芸術家の生涯のエピソード」は、それで終りにはならなかった。もっとも、イタリアにいた間は、ベルリオーズは、あの「美しいオフィーリア」といっしょに、短い陶酔と長い苦悩の時間を共に生きることになろうとは、想像もしていなかったであろう。マリー（カミーユ）との新しい恋が彼の心をすっかり占めていたからである。

その新しい恋の破局は、突然にやって来た。一八三一年春、彼女との結婚の夢に酔っていたローマの彼のもとへ、マリーの母親から、彼女はプレイエル氏と結婚することになったという残酷な手紙が舞い込んだのである。その時のベルリオーズの反応は、いかにも彼らしい。憤激のあまり復讐を決意した彼は、女用のかつらと衣裳、それに連発式ピストルと阿片とストリキニーネを手に入れると、ただちに、フランスに向かう駅馬車に飛び乗った。女装してマリーの家にはいり込み、母親と娘を撃ち殺して、そこで自殺しようというのである。国費留学生として滞在していたローマのフランス・アカデミーの館長オラース・ヴェルネに、旅の途中から手紙を書くという慌ただしさであった。

ところが、昂奮して異様な行動を示すベルリオーズの態度が、官憲の疑惑を招くことになったらしい。彼は革命派と疑われて、馬車は海沿いの道からフランスに入るように命じられた。ベルリオーズ自身が後に語っているところによると、彼は途中で、海に飛び込んですべてに決着をつけたいという恐ろしい衝動を感じたという。その直後に書かれたオラース・ヴェルネ宛の手紙には、海から引き上げられ、「一時間ものあいだ海の水を吐き続けた」と述べられている。

しかし、暫くニースに滞在しているうちに、彼は落ち着きを取り戻し、再びローマに引き返した。彼が改めてフランス・アカデミーから許可を貰ってフランスに向かったのは、翌年の五月のことである。夏のあいだ、コート・サンタンドレの父の家で休養してから、十一月七日に、彼はパリに着いた。

それからの一カ月余りの時期は、まるで運命の女神がわざとそうお膳立てをしたかのような、不思議な偶然の連続であった。ローマに行く前に彼が借りていたリシュリュー街のアパートはすでに別の人が住んでいたので、ベルリオーズは、見えない運命の糸に引きつけられたかのように、たまたま空いていたその斜め向いのアパート、つまり、かつて彼が外からじっと眺めていたあのハリエットの部屋に落ち着くことになった。この時点では、彼はまだ、ハリエットがパリにいることを知らない。彼のオフィーリアは、永遠にフランスを去ったものと、彼は思い込んでいた。

翌日、古くからいる召使いに何気なくハリエットのことを訊ねた彼は、彼女がパリにいるのみならず、つい二日前まで、今彼のいるその昔のアパートに住んでいたという驚くべきニュースを聞かされた。ハリエットがリヴォリ街のホテルに引っ越した直後に、何も知らないベルリオーズがやって来てそのあとを借りたのである。

当時ハリエットは、かつての名声とは裏腹に、経済的苦境にあえいでいた。今になって振り返ってみれば、女優としてのハリエットの名声は、一八二七－二八年のあのパリでの熱狂的成功の時期が絶頂であり、そして唯一のものであった。その後、彼女は、ヨーロッパを巡回してから故国に帰ったが、イギリスでは、パリのような好評を得ることは出来なかった。いくつかの地方公演に加わった後、かつての華やかな夢を忘れることの出来なかった彼女は、自ら劇団を組織して、再びパリにやって来たのである。しかし、奇蹟は二度と起こらなかった。その理由はいろいろ考えられるが、ひとつには、パリの演劇界が、シェークスピアやその他のイギリス演劇に、五年前のように、新鮮な驚きを感じなくなっていたという事情がある。この五年ほどのあいだに、パリの愛好家たちは、ユーゴーの『エルナニ』や『マリオン・ド・ロルム』、ヴィニーの『ヴェネツィアのムーア人』、デュマの『クリスティーヌ』など、まさしくシェークスピアの衝撃から生まれた多くのロマン派演劇に親しんでいた。皮肉なことに、かつてのハリエットの空前の成功がフランス演劇に大きな影響を及ぼしたために、昔のままの彼女のオフィーリアやジュリエットは、新鮮さを失っていたのである。

それに、看板女優のハリエットの名声はなお人びとの間に強い印象を残していたが、彼女の劇団には、彼女以外に名のある俳優がいなかった。何よりも、優れた男優のいないことが致命的であった。さらにその上、彼女には有能なマネージャーが欠けていた。この点では、彼女は、劇団経営という仕事をいささか甘く見ていた嫌いがある。実際には、劇場の確保から切符や小道具の手配、宣伝や裏方との接渉、そして劇団員の生活の面倒まで、フランス語も満足に喋《しゃべ》れない彼女が一切引き受けなくてはならなかった。そしてその結果は、かつての彼女の成功が華やかなものであっただけに、いっそうみじめなものであった。

一方、ベルリオーズの方は、帰国早々、またもや大がかりな演奏会を企画した。プログラムは、「幻想交響曲」と「レリオ」の二つの大作である。「レリオ」は、「ある芸術家の生涯のエピソード」のいわば続編であって、「生命への帰還」という副題がつけられていた。そこでは彼は、音楽だけでは満足できず、自らせりふを書いて、俳優のボカージュに語らせるという演出を試みた。オフィーリアやジュリエットへの愛を激しく吐露するそのせりふは、文字通り、彼の青春の情熱の告白であった。つまりこの演奏会は、ベルリオーズにとって五年間にわたる「美しいオフィーリア」への愛の総決算とも言うべきものであった。

演奏会の二日前、たまたま立ち寄った知り合いの楽器店で、彼は一人の見知らぬ外国人とすれ違った。あの人は誰かという彼の問いに、楽器店の主人は、有力なイギリスのジャーナリストだと答えた。そして、ベルリオーズがまだ何も言わないうちに、「いい考えがある」と額を叩くと、彼はハリエット・スミスソン嬢と親しいから、彼女に演奏会に来てくれるように頼んでみようと言って、ベルリオーズの手から招待券を奪い取って、ただちにジャーナリストの後を追って行った。ベルリオーズは、茫然としていた。彼自身が何も手を下さないのに、運命の出会いは、着々と準備されて行ったのである。

招待券を受け取ったハリエットは、最初は出かける気はまったくなかった。劇団の心配で心が一杯だった彼女は、とても音楽会どころではなかったのである。彼女の妹が、「気晴しのために」是非行ってみたいと主張した。妹に引きずられるようなかたちで、ハリエットはパリ音楽院の会場に出かけて行った。

この時点では、彼女はまだ、演奏会がベルリオーズのものだということを知らなかったようである。プログラムを見た時にも、ベルリオーズが誰であるか、彼女は思い出さなかった。しかし、指揮者のアブネックの後ろにベルリオーズの姿を見た時、彼女は、すべての記憶を甦らせた。彼女は動揺し、狼狽し、混乱した。気がついてみれば、劇場内のすべての人びとが彼女を注視していた。そしてプログラムは、彼女ただひとりのために組まれたかのようであった。

実際、多くの人びとは、彼女の登場もまた仕組まれたプログラムだと思ったようである。皮肉なことに、五年前と二人の立場はちょうど逆であった。オデオン座では、ハリエットは舞台で華やかな喝采を浴び、無名のベルリオーズが客席にいた。今では、ベルリオーズはフランス楽壇の輝かしいホープとして舞台にあり、落ち目のハリエットが桟敷席にいた。しかし、ハリエットに注ぐベルリオーズの熱い眼差しだけは変らなかった。この演奏会ではじめてベルリオーズを見た詩人のハイネは、

「ベルリオーズは、ただ彼女ひとりしか見ていなかった」

と語っている。

それは、一〇〇人のオーケストラと、人気俳優の朗誦によるかつてない壮大な、華やかな恋の告白

であったと言ってよい。その告白の立会人も、また豪華なものであった。前記のハイネのほか、リスト、ショパン、パガニーニ、ユーゴー、ヴィニー、デュマ、ジョルジュ・サンド、ゴーティエなどが、その会場にいたからである。
演奏会は十二月九日であった。それから六日後、二人ははじめて、言葉を交わしたのである。

7

五年間の長い歳月の後でも、ベルリオーズの情熱は少しも変っていなかった。ハリエットの方も、今度はその情熱に答えてくれた。二人がはじめて会ってから三日後、十二月十八日には、彼女がはっきりと愛を告げてくれたと、ベルリオーズは友人のアルベール・デュ・ボワ宛の手紙（一八三三年一月五日付）のなかで語っている。

……それ以来、僕のすべての努力は、頭の中で燃え上るこの火山をどうやって消すかということにばかり向けられていた。僕はまるで理性をなくしてしまったようだ。そうだ、彼女が僕を愛してくれているからだ。彼女はジュリエットの心を持っている。彼女はまさしく僕のオフィーリアだ。彼女に会えない時は、僕たちは、時に一日に三度も手紙を書き合う……

このような陶酔ぶりは、当然、二人の結婚の話にまで進んだ。しかし、ここでもベルリオーズは厳しい障碍に出会わなければならなかった。彼の家族は、もちろん賛成するはずがない。父も母も叔父も、そして今は結婚している親しい妹のナンシーまで、はっきりと反対であった。何しろハリエットは、女優であり、外国人であり、年上である。息子が音楽家になることにさえ強く反対した父親は、決してこの結婚を許そうとしなかった。家族のなかでただひとり、二人の結びつきに理解を示してくれたのは、十歳ほど年下の二番目の妹アデールだけであった。ベルリオーズは、このアデールに宛てて、しばしば自分の心のなかを打ち明けている。（後に二人が結婚して息子が生まれた時、いち早くお祝いを送ってくれたのも、このアデールである。）

ベルリオーズの家族ばかりではなく、ハリエットの母親と妹も、頑強にこの結婚に反対した。友人たちも皆否定的で、親友のリストなど、わざわざ彼のところに出向いて、忠告までしている。ベルリ

E.シニョル「ヘクトール・ベルリオーズ」1832年　油彩

オーズにとって、何よりも焦立たしいことに、肝腎のハリエット自身が、なかなか決心がつかなかった。彼女のこのためらいもわからないわけではない。彼女は、自分だけを頼りにしている母親と妹の面倒を見なければならなかったし、外国での生活にも不安があった。それに、彼女には、なお舞台への未練もあった。

もともとハリエットは、当時の女優によく見られたような派手で発展的な性格ではない。どちらかと言えば控え目で、その生涯には、結婚以前も以後も、浮いた噂はひとつもない。フランス語がうまく話せないということもあって、社交的な集まりに顔を出すことも好まなかった。したがってベルリオーズとの恋愛においても、彼女は飽くまでも受身であった。彼女を承諾させるために、ベルリオーズは、なだめたり、おどしたり、時には自殺すると言って、彼女の眼の前で毒を飲んだりまでしなければならなかったという。結局、さまざまの紆余曲折の後、二人は一八三三年十月三日、パリのイギリス大使館で結婚式を挙げた。証人の一人は友人のリストであり、出席者のなかには詩人のハイネもいた。

それほどまで苦労して結婚したのに、二人の幸福は長くは続かなかった。二人でモンマルトルに新居を構え、息子のルイが生まれた頃までは、楽しい、牧歌的な生活が続いたが、間もなく、事態は急速に悪化して行く。外国で、夫ひとりしか頼るもののなかったハリエットは、絶えずベルリオーズが家にいることを望み、彼が音楽会に出かけるのさえ嫌がるようになった。ベルリオーズの方は、音楽家としてはいよいよその活動を拡げつつあったのみならず、生活を支えるために、音楽批評にも従事しなければならなかった。音楽を書くのと違って、文章を書くのは大変な苦痛だと、後に彼は述懐しているが、一時期は、四つの雑誌に同時に寄稿したりまでしている。（それにもかかわらず、彼の残した厖大な量の評論は、きわめて生彩溢れる筆致で、見事な批評となっている。）ということは、彼は毎晩のように、演奏会やオペラに出かけなければならないということである。家に帰って来ると、彼は、今では疑ぐり深く、嫉妬をあらわに示すようになった妻の嘆きや怒号を聞かなければならなかった。深夜ベルリオーズが眠っているところにはいり込んで来て、暁方まで言い合いを続けるという日が何日も続き、まるで地獄のようだと、彼は妹のアデールに訴えている。

思えば、ハリエットも哀れである。彼女は、かつてのあの華やかな栄光の日のことを、決して忘れてはいなかった。結婚後も、何回か舞台への復帰を試みているが、フランス語の出来ない彼女には、所詮無理な話であった。ある時など、他の俳優は全部フランス語で、彼女だけ英語という奇妙な試みすら企てられた。また、ベルリオーズが、妻のために、ジョルジュ・サンドに対して、わざわざ「フランス語の出来ない外国娘の登場する」芝居の執筆を依頼したりもした。しかし、すべてはうまく行かなかった。息子のルイが生まれた時、その出生届けには、彼女の職業は「演劇芸術家」と書かれていた。しかし、二十年後、彼女が世を去った時の届けでは「無職」となっている。この冷たいお役所の届けのなかに、彼女の後半生の淋しさが集約されていると言ってよいであろう。

8

事実、ハリエットの晩年は、かつての栄光と名声の華やかさに比べて、あまりにもみじめであった。パリで誰一人友だちのいない彼女にとって、頼りになるのはベルリオーズしかいない。しかし、今や夫は、しばしば留守がちであった。毎晩のように演奏会やオペラに出かけて行くばかりではなく、音楽家として多方面の活躍を続けていた彼は、ベルギー、オランダ、ドイツと、ヨーロッパの各地に演奏旅行に出かけるようになっていた。そして、駅馬車に乗って東奔西走する彼の傍らには、後に（ハリエットの死後）ベルリオーズの二度目の妻となるオペラ座のメゾ・ソプラノ歌手マリー・レシオの姿が見られるようになった。

ベルリオーズの友人のルグーヴェは、その思い出のなかで、次のような信じ難いエピソードを語っている。

ある時、ハリエットがいつものように独りで留守をしているモンマルトルの家に、若い女が訪ねて来て、ベルリオーズ夫人に会いたいと言った。ハリエットが、

「私がベルリオーズ夫人です」

と答えると、相手はもう一度同じ質問を繰り返した。そして、ハリエットが再び同じ返答をすると、叩きつけるように叫んだ。

「いいえ、あなたはベルリオーズ夫人なんかじゃありません。あなたが言うのは、もとのベルリオー

ズ夫人、棄てられたベルリオーズ夫人のことでしょう。私が言っているのは、若い、綺麗な、愛らしいベルリオーズ夫人のことです」

もしこの話が本当であったとしたら、ハリエットがひどい衝撃を受けたことは想像に難くない。ベルリオーズは、彼女が「愚かしいほど嫉妬深く」て、彼が旅行することについても反対すると嘆いているが、ハリエットにしてみれば、ベルリオーズが激しい情熱家であることを知っているだけに、不安でたまらなかったのであろう。彼女が次第にアルコールに溺れるようになって行ったのも、無理のないところだったかもしれない。

一八四四年、ベルリオーズは、ひとつには自分の仕事のために自由な時間を確保するため、もうひとつは、ハリエットの健康を憂慮して、彼女をパリ南郊のソーに住まわせることにした。つまり、一時的に別居したわけである。彼自身はモンマルトルの家にとどまって、時々彼女のもとを訪れ、旅行中は愛情溢れる手紙を送っているが、しかしハリエットの淋しさは、慰められるべくもなかった。ソーは、今ではパリの地下鉄と連絡する郊外電車が走っていて簡単に行けるが、当時においては、完全にパリから切り離された田舎である。ハリエットは、田舎でのひとり住まいの心細さを、もっぱらアルコールで紛らすようになっていった。たまに会った時に、ベルリオーズが飲酒の悪癖をとがめると、彼女は泣いてもう酒をやめると誓い、それでもなおベルリオーズが疑わしそうな顔をすると、あなたは私を信用しないと言って怒り出すほどであったが、次にベルリオーズがソーに出かけてみると、ほとんど意識を失うまでに酔っている妻を見出すという具合いであった。例えば一八四四年十月十八日、ベルリオーズは、当時すでに結婚していた下の妹のアデールに宛てて、こう書いている。

昨日僕は、予告せずにソーに出かけた。部屋にはいると、彼女は見るからにひどい状態だった。テーブルの上にはグラスがおいてあり、家じゅうにブランデーのにおいが溢れ、彼女はほとんど話すことも出来ないほどだった。ああ、僕がどんな気持ちになったか、言葉で表わすことも出来ない。何ともおぞましいかぎりだ……

かつての栄光の時代とは裏腹に、晩年の彼女の面影を伝える図像はひとつも残されていないが、それは、彼女にとっても、われわれにとっても、喜ぶべきことであるのかもしれない。右に書いた文章にすぐ続けて、ベルリオーズは「彼女はすっかり太ってしまった。ブランデーを飲むと太るというが、彼女こそその証拠だ」と語っているからである。

このような絶え間ない飲酒と心労が続いたためであろう、ハリエットは一八四八年十月、激しい発作に襲われた。右半身がほとんど不随になり、言葉も満足に喋舌れないようになったというから、おそらく脳溢血であったろう。しかし、彼女の不幸な運命は、それで終りにはならなかった。もともとあまり丈夫ではなかった彼女としては驚くべきことだが、彼女は、ほとんど寝たきりの状態で、その後なお六年間、生き続けた。その間になお、四回もの発作があり、最後には、わずかにイエスとノーだけでしか自分の意志を伝えることが出来なくなった。それは、ほとんど生ける屍《しかばね》の状態であったと言ってよい。もっとも、彼女の心まですっかり枯れてしまったわけではない。ある時ベルリオーズが、二十年以上も昔の栄光の絶頂の時代に描かれた彼女の肖像画を見せると、彼女は、寝たまま、パリじゅうの讃美の的となった若い日の自分の絵姿をじっと見つめて、さめざめと涙を流したという。

ほとんど動くことの出来なくなった彼女は、再びモンマルトルの家に戻って来た。ベルリオーズは、演奏、旅行、作曲、評論の多忙な日々を送りながら、できるだけ彼女のそばに居るように努めた。彼女が、長く辛い闘病生活に終りを告げた時も、彼がパリにいることが出来たのは「幸運」だったと、後に彼は述べている。

ハリエットが世を去ったのは、一八五四年三月三日のことである。その年の十月、ベルリオーズは『回想録』を書き上げた。（現在刊行されている『回想録』には、その後書き加えられた追補部分がいっしょに纏められている。）その最後の章の冒頭には、この年、相次いで彼を襲ったふたつの不幸——妹（ナンシー）と妻の死——のことが、悲痛な筆遣いで語られている。ハリエットの死んだ夜、ベルリオーズは、馬車でパリの町を南へ下って行った。プロテスタントであったハリエットのために依頼してあった牧師が、セーヌ左岸のカルティエ・ラタンに住んでいたからである。たまたま道路工事のため馬車は廻り道をして、オデオン座の前を通った。彼にとって、最初の運命の出会いがもたらされた場所である。

……ここで、二十六年前、私ははじめて『ハムレット』を見たのだ。私の哀れな、今は亡い妻がある夜突然、彗星のように華やかに輝いたのは、まさにこの場所においてだった。深い悲しみに我を忘れたオフィーリアの痛ましい狂乱の姿に、すべての観客が胸を打たれ、涙を流したのを私が見たのは、ここでだった。最後の幕が終った後、スミスソン嬢が再び舞台の上に現われて、その勝利の華やかさにほとんど怯えたように身をすくませながら、パリの最も優れた知的な人びとの喝采に震えながら答えていたのを私が見たのは、ここにおいてだったのだ……

このように、遠い昔の思い出を書き綴りながら、ベルリオーズは、その最後に、

「たとえ四万人の兄弟たちの
その愛を全部合わせてみても
この私の愛には及ばぬぞ」

というハムレットのせりふを、英語のまま書きつけている。

ハリエットの葬儀は淋しいものであった。ベルリオーズ自身が言うように、もし彼女が二十五年早く世を去ったとしたら、その死は、パリ中の人びとが、涙とともにその柩につきしたがったことであろう。だが実際にその葬儀に参加したのは、愛する夫以外は、ごくわずかの人びとだけであった。息子のルイさえ、そこにはいなかった。(彼は、見習水夫として、ずっとパリを離れていた。)彼女は、

ほとんどの人から忘れられたまま、モンマルトルの小さな墓所で、永遠の眠りについたのである。

しかし運命は、彼女がそのまま「永遠に」眠ることを許さなかった。それから十年ほど後、まるでシェークスピアの舞台を思わせるようなやり方で、彼女は、墓の中の「眠り」を妨げられることとなるのである。

9

ハリエット・スミスソンが世を去った時、夫ベルリオーズをはじめ、ごく身近な人びと以外からはほとんど忘れられていたというのは、必ずしも正確な言い方ではない。リストやデュマのようなベルリオーズの親しい友人たちは別としても、ハリエットの名前は――というよりも彼女のイメージは――、なお多くの人びとのなかで生き続けていた。ただしそれは、ベッドの上でほとんど身動きひとつ出来ずにいた（最後の四年間、彼女は全身麻痺に陥っていた）五十四歳の太ったハリエットではなく、舞台の上で軽やかに動き廻る若々しいハリエットの姿であった。逆に言えば、最初に登場した時の彼女の印象はそれほどまでに圧倒的であり、その後の彼女は、それほどまでに影が薄かった。それだけにいっそう、人びとは、現実の彼女を忘れて、舞台の上のその華やかなイメージだけを抱き続けた。オフィーリアや、ジュリエットや、デズデモーナと同じように、ハリエット・スミスソンも、人びとの心のなかでは、永遠に若く、美しいままだったのである。

そのイメージをいっそう永続的なものとするのに貢献したのは、一八二七年に刊行された『パリにおけるイギリス劇団の思い出』である。これは、パリの演劇界に、いや演劇界のみならず芸術界全体に、さらに広く一般の人びとにまで衝撃を与えたケンブルの劇団の公演を記録したいわば記念写真集のようなものである。ただし、まだ写真のなかった当時、写真家の代りをしたのは、アシール・ドヴェリアとルイ・ブーランジェの二人の画家（版画家）である。この本には、イギリス劇団が上演したレパートリーのなかの主要な舞台を描き出した十二点の大判版画による挿絵（と、その他の小さな挿絵）が含まれているが、その十二点のうち九点までは、オフィーリア、ジュリエット、デズデモーナ、ジェーン・ショアが、つまりハリエットが登場して来る。そのいずれにおいても、ほとんどつねに白い衣裳をまとったハリエットの姿は、うねるように波打つしなやかな身体と、彼女の特徴であった細長い表情豊かな腕を強調していて、画面の主要なモティーフとなっている。「パリにおけるイギリス劇団の思い出」と題されていながら、それは、ほとんどハリエットに捧げられたオマージュと言ってよいのである。

そのことは、もちろん、この時のイギリス劇団の驚異的な成功におけるハリエットの役割の重要性を物語るものであるが、それと同時に、ほとんど伝説的なものとなった彼女の情熱的であるとともに清楚な美しさを後世に伝える役目をも果した。

例えば、このイギリスの劇団上演の九年後に生まれた――したがってハリエットの舞台姿など見るすべもなかった――アンリ・ファンタン＝ラトゥールがベルリオーズの思い出に捧げた数多くの石版画のひとつ「舞踏会」（挿図）の画面の「恋人」の姿は、ドヴェリアとブーランジェによって伝えられたハリエットのイメージをそのまま受け継いでいるように思われる。

この版画の主題は、言うまでもなく、幻想交響曲第二楽章の「舞踏会」の場面である。画面奥の背景の部分には、眩く輝くシャンデリアの下で踊る多勢の男女の姿が見える。その雑踏から離れて、前景右の方に、右手を心臓の上にあて、背後から光を浴びて立つ若い音楽家の相貌は、まるで猛獣のたてがみのように乱れた髪、高くとび出た頬骨と深く窪んだ眼、高い尖った鼻など、紛れもなくベルリオーズのものである。とすれば、その熱っぽい眼差しを受けながら、長椅子の上に腰を下ろし、左手で身体を支えるようにして彼の方を見上げる後ろ姿の若い女性は、ハリエット・スミスソンでなければならない。事実、ゆるやかな曲線を示す白く輝く肩、細く長い腕、身体全体に比べて小さ過ぎるほ

H.ファンタン=ラトゥール「舞踏会」1888年　石版画

どの頭部などは、伝説のハリエットの特色を伝えている。ファンタン＝ラトゥールが、ドヴェリアとブーランジェの版画を直接参照したかどうかははっきりしないが、その版画や数多くの批評、そして今や国民的な音楽家となったベルリオーズの『回想録』や伝記を通じて成立したきわめてロマン派的なハリエットのイメージが、ここに色濃く表わされていることは否定し難い。

この「舞踏会」は、一八八八年、アドルフ・ジュリアンの手になる評伝『エクトール・ベルリオーズ、その生涯と作品』を飾る十四点の挿絵のひとつとして描かれたものである。もともと熱心な音楽愛好家であったファンタン＝ラトゥールは、ワグナー、シューマン、ブラームスなど、彼の愛するロマン派の音楽家たちに捧げた多くの作品を残しているが、ベルリオーズも、彼の敬愛する作曲家の一人であった。すでに、この版画の作られる十年以上も前の一八七五年、「記念」と題する石版画（挿図）を作り、それとまったく同じ構図の油絵の大作を翌年のサロンに出品しているが、それは、一八六九年に世を去ったベルリオーズを讃えるためのものであった。その画面には、音楽の寓意像などのほか、ベルリオーズの作品の登場人物たちが描かれているが、そのなかの一人、白い衣裳をまとって右手に花束を持ち、細く長い左手をロミオの方にのばしている憂れわしげなジュリエットの姿も、同じ系譜に属するイメージである。この「記念」は、やはり同じ構図のまま、アドルフ・ジュリアンの著書にも収められているが、その挿絵のなかには、さらに、夜のバルコニーに立つ「ジュリエット」の姿も含まれている。

現実のハリエットを見たことのないファンタン＝ラトゥールにまでそのイメージが伝えられている

とすれば、ベルリオーズと同世代のロマン派の芸術家たちに彼女が多くの霊感を与えたことは当然であろう。ベルリオーズの友人でもあった批評家のジュール・ジャナンは、ハリエットの死に際して『ジュルナル・デ・デバ』誌に熱っぽい追悼文を寄せて、彼女の美しさを讃えるとともに、彼女の影響を受けた人びとの名前を列挙している。

……彼女はわずか二十歳になるやならずであった。（註＝もちろん、実際には彼女は二十歳よりも三十歳に近かった。）その名は、スミスソン嬢と言った。彼女は客席のすべての人びとに新しい真理の光を与え、観客すべての心と精神を征服してしまった。自分ではそれと意識せずに彼女は新し

H.ファンタン=ラトゥール「記念」1875年
石版画

い情熱、誰も聞いたことのない詩の化身となり、ひとつの革命の体現となった。彼女は人びとに啓示を与えた。ドルヴァル夫人に、フレデリック・ルメートルに、マリブランに、ヴィクトル・ユーゴーに、ベルリオーズに……。彼女は時にジュリエットと呼ばれ、時にオフィーリアと呼ばれて、ドラクロワがあの感動的な絵を描いた時の霊感源となった……

ドラクロワがシェークスピアに熱中して、その作品に霊感を得た多くの名作を残していることは広く知られている。前にも触れた通り、彼も一八二七年にオデオン座に足を運んだ芸術家仲間の一人であったから、彼の描くオフィーリアやジュリエットやデズデモーナに、ハリエットの思い出が重なっていることは、充分に考えられるであろう。もっとも、ドラクロワの場合は、オデオン座のイギリス劇団を見る前に、一八二五年にロンドンに滞在してキーンの舞台を見ているので、ハリエットだけが霊感源だったわけではないが、例えば彼の『ハムレット』石版画集のなかの有名な劇中劇の場面（挿図）を見てみると、全体の構図がいかにも舞台そのままを写し出したようであり、特に、オフィーリアの膝にもたれかかったハムレットが扇を手にしていたりするので、オデオン座で見た『ハムレット』の思い出が強くうかがわれる。ハムレットが扇を手にして、それを巧みに使いながらクローディアスとガートルードの顔色を探るという演出は、この時の舞台の特色で、当時いろいろと話題になり、ドヴェリアとブーランジェの版画（挿図）にも、それははっきりと認められるからである。

ハリエットの亡くなった後、七カ月ほどしてから、ベルリオーズは再婚した。相手は、かつてヨーロッパ旅行の時しばしばいっしょだったメゾ・ソプラノ歌手のマリー・レシオである。マリーは歌手としてはハリエットのような華々しい栄光を得ることは出来なかったが、ベルリオーズの心を捉えることには成功したわけである。ベルリオーズにとっての二度目のこの結婚は、八年後、マリーが心臓の発作で急逝したことにより、終りを告げた。マリーもまた、モンマルトルの墓地に葬られた。その

上　E.ドラクロワ「ハムレット劇中劇の場面」1835年　石版画
下　A.ドヴェリアとL.ブーランジェ「ハムレット劇中劇の場面」1827年　石版画

後、墓があまりにも小さくて可哀想だというので、ベルリオーズの友人のオルガン製作者エドゥワール・アレクサンドルが、特に新しい墓所を買ってくれたので、マリーの遺骸は、新たに作られた納骨堂の方に移された。
『ハムレット』の第五幕、墓掘人夫の場を思わせるような不気味でおぞましい出来事がハリエットの眠りを破ったのは、その後まもなくのことである。彼女の埋葬されていた墓地が、パリ市の計画によって取り壊されるため、彼女の遺骸を掘り出して新しい墓地に移すことになったのである。ベルリオーズは、市の役人とともに、その墓掘りの場に立ち会わなければならなかった。その時の様子を、彼は『回想録』追補の部分で、こう語っている。

……墓はすでに開かれていた。私が到着すると墓掘人はただちにそのなかに飛びこんだ。柩は、ほとんど十年間も土のなかにありながら、ほとんどいたんでいなかった。ただ、蓋だけが、湿気で腐りかけていた。墓掘人は、柩全体を持ち上げる代りに、腐った蓋板をこじあけた。板はおそろしい音を立ててはがれ、柩の中身をあらわにした。墓掘人は前にかがみ、両手で頭を取り上げた。花飾りもなく、頭髪すらもなくなっていたあの「哀れなオフィーリア」の頭である。それはすでに身体からすっかり離れていた。彼はそれを、墓の縁に仮りに用意しておいた新しい柩に移した。それからもう一度かがみこむと、頭のない身体と四肢を苦労して集めた。その黒い塊りには、まだ屍衣の切れ端がこびりついていて、やにをつめた湿った袋を思わせた。それは、うつろな音を立て、おぞましい臭いが鼻をうった……

このようにして、ハリエットは、新しい納骨堂に移され、今度こそ、永遠に妨げられることのない最後の安住の地を得たのである。

II

ベル・エポックの恋人

ミシア・ゴデブスカ

1

詩人のステファヌ・マラルメは、自分の気に入った女性に、四行詩を書きつけた日本の扇子を贈るという優雅な習慣を持っていた。『ルヴュ・ブランシュ』誌の主宰者タデ・ナタンソンの妻であった時代のミシアには、マラルメは、毎年、年の初めに、特製のパテ・ド・フォワ（レバー・ペースト）と扇子をひとつ贈っていたという。現在、それらの扇子のうち、ひとつだけが残されている（挿図）が、金地に草花模様を散らしたその扇面には、マラルメの繊細な筆跡で、次の詩句が書かれている。

紙の折りなす翼よ、
大きく羽ばたけ、もしかつて、
ミシアがそのピアノの嵐と喜びを
お前に教えてくれたのなら。

マラルメが、「そのピアノの嵐と喜び」と語っているように、ミシアの演奏は、気紛れで感情の起伏の激しい彼女の性格さながらに、激越で力強いものであった。そしてそれは、単なる素人の手すさびの域をはるかに越えていた。十九世紀の末から二十世紀前半にかけて、パリの最も優れた画家、詩人、小説家、音楽家の保護者であり、ミューズであり、女神であったミシアが、もし自ら芸術の道に

マラルメがミシアに贈った日本の扇子

進む運命を与えられたとしたら、疑いもなく、彼女はピアニストになっていたであろう。何しろ、子供の頃、リストの膝の上に乗ってベートーヴェンを弾き、「ああ、自分もこの子のように弾けたら」と、リストを嘆息させたというエピソードが伝わっているほどである。もちろん、当時ヨーロッパ中に名声を響かせていたこの老ピアニストは、ミシアの家の親しい友人であったから、その褒め言葉を必ずしも額面どおり受け取るわけにはいかないかもしれないが、しかし、決してただのお世辞ではない。彼女の才能に感嘆したのは、リストだけではなく、他にも多勢いたからである。

ミシアが正式にピアノを習うために弟子入りしたガブリエル・フォーレもその一人である。リストとは正反対の繊細典雅なこのフランスの音楽家から、ミシアは何よりも、音楽に対する深い感受性を学んだ。フォーレの方も、活発で才能豊かなこの女生徒に強い愛着を抱いていたようである。ミシアがタデ・ナタンソンと婚約した時、フォーレは、結婚を思いとどまるよう、涙を流して説得に努めたという。

ミシアがナタンソンと別れて、パリでは正体不明と囁かれていた百万長者の「実業家」アルフレッド・エドワーズの五番目の妻となった頃、ルノワールが彼女の魅力の虜《とりこ》となって、彼女を作品のモデルに頼んだことがある。ジャン・ルノワールは、『わが父ルノワール』のなかで、ミシアがアトリエに通って来た時のことを語りながら、彼女について、もともと彼女は破産したポーランドの貴族の娘で、彼女の育った大邸宅にはピアノが三十台もあり、諸国の国王、王妃、貴族が彼女のピアノの演奏を聴くためにやって来たものだと述べている。

この話は、ミシアにまつわる「伝説」の典型的なもののひとつで、彼女はポーランド人であったことは事実でも、その家は貴族でも何でもなかった。(彼女が結婚した三人の男も、皆むろん貴族ではない。)だが、彼女が貴族の家柄の出身であると信じていたのは、ルノワールだけではなかったし、ミシアの方も、あえてその「誤解」を訂正しようとはしなかった。彼女の家に、ピアノが「三十台も」あったという話は、明らかに彼女がそう思わせたのである。彼女は、つね日頃、あるピアノに本当にふさわしい曲はただひとつしかない、したがって、いくつもの曲を弾くためには、それぞれの曲

ロートレック「ピアノを弾くミシア・ナタンソン」
1897年　油彩

に応じたピアノをそれだけ用意しておかなければならない、と言って、人びとを煙に巻いていたからである。
その彼女のピアノ演奏について、ジュリー・マネは、一八九六年九月十八日の日記に、こう書いている。

ナタンソン夫人（ミシア）は、短い袖にウェストを高くした明るい青いドレスに、胸をあけた白い四角い可愛らしい襟をつけて、とても魅力的だった。彼女はその綺麗な、丸い、白い頸《くび》に、首飾りをつけていた。彼女は、ベートーヴェンの八短調交響曲を、驚くべきやり方で演奏した。悲しげで、高貴で、重々しく、オーケストラのあらゆる楽器の音を暗示するような弾き方だった。彼女はいつも、力強い、堂々とした弾き方をする。およそフランス的ではない。

マラルメの言う「そのピアノの嵐」を思い出させるような批評である。
このジュリー・マネは、ベルト・モリゾーの娘、画家マネの姪で、当時十七歳、すでに両親を失って、マラルメとルノワールがその後見人になっていた。このジュリーと、その従姉妹のゴビヤール家のポールとジャンニーヌ（後のポール・ヴァレリー夫人）、それにマラルメ夫妻とその娘のジュヌヴィエーヴなどが、ナタンソンの家の常連であり、ミシアの周囲には、若い娘たちの華やかな笑い声が渦巻いていた。当時、ミシア自身も二十代の前半である。すでに結婚していたとはいえ、彼女たちの仲間のようなものであった。

しかし、彼女のピアノを、マラルメほど鋭敏な、深い感動とともに受け入れてくれる人はほかにいなかった。わざと明りを暗くした部屋のなかで、マラルメが愛用のパイプを手に、半ば眼を閉じながらミシアの紡ぎ出すピアノの音色にじっと耳を傾けていると、彼女の方も、この「夢見る詩人」の存在そのものから発する不思議な雰囲気に感染し、「束の間の深い共感に結ばれて」、ピアノを弾きながら思わずマラルメの『出現』の詩句を口ずさむのであった、とミシアは半世紀も後の回想『ミシアによるミシア』のなかで語っている。

もっとも、彼女のこの『回想録』は、かなり脚色されているらしく、必ずしも全面的に信用するわけにはいかない。少なくとも、彼女は、マラルメが彼女のピアノの良き鑑賞者であったほどには、彼の詩の讃美者ではなかったようである。ある晩、マラルメが自作の詩を朗読している時、彼女は突然途中で、気分が悪いからと宣言して、さっさと自分の部屋に引っ込んでしまった。マラルメは、悲しそうな顔をしながらも、いつもの優雅な礼儀正しさを失わず、ただちに頭痛薬を持って、遠慮がちに彼女の部屋の扉を叩くのだった。ミシアは、自分より三十も年上の大詩人に対して、まるで女王のように気儘に振舞っていたのである。

もしかしたら、彼女は、マラルメの難解な詩よりも――マラルメの詩の難解さは、当時からすでに有名であった。皮肉屋のジュール・ルナールは、彼の詩について、「とうてい翻訳不可能だ、フランス語にさえも」と言っている――、すべての人が惹かれるマラルメのデリケートな人柄にいっそう強く共感して、その交友を楽しんでいたのかもしれない。彼女は、マラルメのあの「火曜日の会」に参加することを許された数少ない女性の一人であったし、フォンテーヌブローの近くのヴァルヴァンの別荘にいる時は、やはりすぐ近くにいたマラルメとセーヌ河でボート遊びを楽しんだ。晩年のマラルメにとっても、若く美しいミシアとの交友は、大きな心の慰めであったに違いない。

一八九八年九月、マラルメが突然世を去ったことは、ミシアにとっても大きな打撃であった。その二年ほど前、彼女はヴェルレーヌの亡骸を送る葬列に加わって、マラルメと並んでサン・ミッシェル大通りを行進した。彼女はヴェルレーヌとも交友があったから、相次いで友人の死を迎えなければならなかったわけである。

ヴァルヴァンでのマラルメの葬儀に集まった芸術家仲間は、またミシアの友人たちでもあった。そこには、ロートレック、ルノワール、ボナール、ヴュイヤール、ヴァロットンなどの画家たち、詩人のメーテルリンク、画商のヴォラールなどがいた。彼らは、葬儀の後、ナタンソンの家に招かれて一晩過ごしたが、その時、ミシアは、ほとんどヒステリーに近い興奮状態を示したという。

マラルメの死後も、ミシアの文学者たちとの交友は続く。彼女の数多い讃美者のなかには、『肉体の悪魔』のラディゲがいたし、『失われし時を求めて』のプルーストがいた。（プルーストは、彼女のことを「記念碑的存在」と語っている。）若いジャン・コクトーを世に送り出したのも、ミシアであった。コクトーは、プルーストがミシアをモデルとして眩いばかりの美しいロシアの公妃ユールベルティエフを造形したように、『山師トーマ』の女主人公、「純《きよ》らかさと高貴さそのもの」であるようなポーランドの貴族ド・ボルム公妃に、ほとんど完全にミシアのイメージを与えている。さらに、コクトーは、先輩のマラルメに倣って、やはり自作の詩を書きつけた日本の扇子をミシアに贈った。一九一二年の日付けがついているその四行詩は、マラルメへの敬慕をこめて、次のように書かれている。

指先で生まれ、また凋《しお》れる日本の花よ、
跡もとどめぬお前の空中の飛翔に私は託そう、
金の紙に「ソフィーの幸福」を予言した、
あの不滅のステファヌの弟となることを。

「ソフィーの幸福」は、言うまでもなく、スキュデリー嬢の有名な小説『ソフィーの不幸』をもじったもので、ミシアがまたソフィーという名前を持っていたこととかけてある。コクトーの言うとおり、ミシアは、多くの讃美者や芸術家たちに囲まれて、「幸福」であった。

2

ミシアの魅力に惹かれてその面影をカンヴァスや紙の上に残した画家たちの数も多い。先に触れたルノワールのほか、トゥールーズ＝ロートレック、ボナール、ヴュイヤール、ヴァロットン、マリー・ローランサンなどの名前が思い浮かぶ。ナビ派の仲間のモーリス・ドニや、ランソンや、ルーセルも、彼女の抗い難い魔力に魅せられていたはずである。

これらの画家たちのうち、ルノワールだけは、他の人びとよりもひと廻りもふた廻りも年齢が上である。彼がミシアの姿を描いたのは、すでに晩年に近く、しばしばリューマチの発作に悩まされるようになっていた頃であった。ジャン・ルノワールは、彼女について、単に美しいというだけでは不充分で、彼女がレストランにはいって行くと、皆一瞬食べるのをやめてしまうほどだったと語っている。思わず見る者の息をのませるような気品と生命力に溢れていたというわけであろう。現在残されている写真を見るかぎり、なるほどつぶらな瞳と豊かな頬、そして少し尖った頤など、きわめて個性的な顔立ちではあるが、しかし一般的な標準から言って、それほどの美人だったとも思えない。おそらく、美人の誉れ高い多くの女たちがそうであるように、ミシアの場合も、その存在全体から発する強烈な精気のようなものが、人びとを惹きつけたのであろう。それに、身体つきも堂々としていて、圧倒するような迫力を持っていたようである。

ルノワールの描いたミシアの肖像は、彼自身の言葉を信ずるなら、少なくとも七点はある。一九〇六年七月三日付けのミシア宛の手紙で、ルノワールは、「次の七番目の肖像画では、今までのどれよりももっと美しい貴女を描くつもりです」と語っているからである。(そして翌年の夏、ミシアはルノワールのために、最後のモデル役を勤めている。)

ジャン・ルノワールは、さすがにそこまでは語っていないが、彼女がアトリエでポーズしている時に、ルノワールはしばしば、彼女に、上半身脱いで裸になってくれるように頼んだと、ミシアはその『回想録』で述べている。彼女がそれを断ると、ルノワールは、

「どうしてそんなに胸を隠そうとするんですか。それはまるで犯罪行為だ」

と叫んだという。

もともと、ルノワールほど女性の身体の美しさに、真珠色に輝くそのしっとりとした肌に、血色のよい豊満なその肉付きに、こぼれるような豊かな乳房に、敏感に反応した画家はほかにいない。彼は、理屈や議論を越えて、ひたすら感覚的な喜びに陶酔する偉大な美の享受者である。だいぶ以前の話だが、彼が弟のエドモンおよび小説家のゾラといっしょに、オッフェンバッハのオペレッタ歌手と

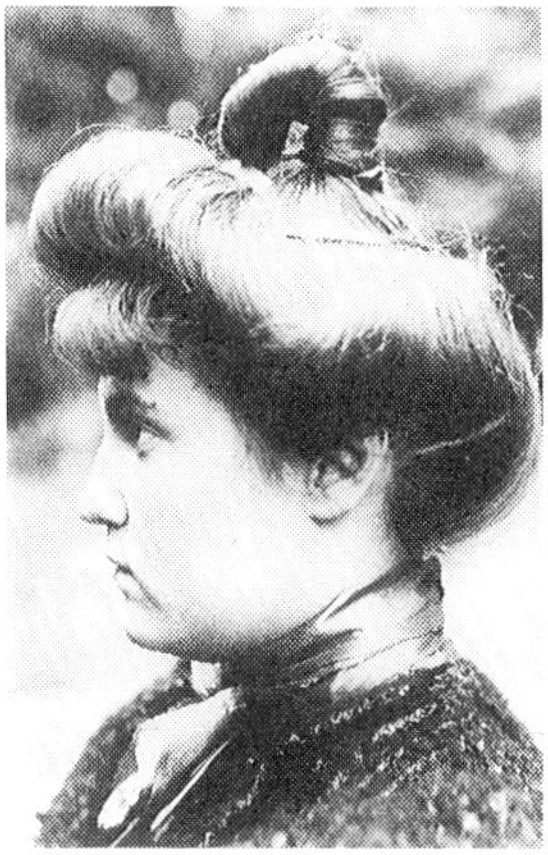

上　ミシアの写真（A.Gold&R.Fizdale, Misia）
下　ルノワール「ミシアの肖像」1904年 油彩

して評判の高かったオルタンス・シュネーデルを楽屋に訪ねたことがあった。その時、ゾラとエドモンは、絵画の主題について深遠な議論をかわしていた。その議論にうんざりしたルノワールは、わざと水をさすように、オルタンスに向かって、大声でこう話しかけた。

「この議論はほんとうに面白いですね。しかしわれわれはもっと真面目な話をしましょう。貴女のお胸はお元気ですか」

　同じように退屈していたオルタンスは、

「おやまあ大変な御質問ですこと」

とはじけるように明るく笑うと、一瞬のためらいもなく、ドレスを大きくはだけて、自慢の「お胸」が健在であることを示した。居合わせた人びとは、オッフェンバッハも含めて、皆どっと爆笑したが、ゾラだけは、真赤になって何やらもぞもぞ呟きながら部屋を出て行ってしまったという。

　そのようなルノワールであるから、身体の自由がきかなくなって車椅子の助けを借り、手に絵筆を縛りつけて制作するという状態にありながら、なおミシアに「お胸」を見せてくれるように頼んだとしても、少しも驚くにはあたらない。まして、老年のルノワールが彼女に何通も恋文を送るほどその魅力に惹かれていたとしたら、なおのことである。（ミシアに宛てたルノワールの「恋文」は、結局破棄されてしまったが、それが存在していたことは、晩年のミシアの友人兼代理人であった人が証言している。）

　ミシアは、後にその『回想録』のなかで、ルノワールの頼みに遂に応じなかったことを、痛切に悔やんでいる。それは、あらゆる点において自分の思うままに奔放に生きた彼女にとって、数少ない心残りのひとつであったようである。たしかに、ルノワールのあの艶麗な筆によって、自分の若い日の裸身に不滅の栄光が与えられていたらと、七十歳を越えたミシアが口惜しく思った心情は充分に理解できる。それに彼女は、おそらく自分の身体に自信があったのであろう。先頃日本で公開されたティッセン・コレクションに含まれているボナールの「ミシア・ゴデブスカの肖像」(挿図)を見てみれば、彼女の自信がそれほど根拠のないものではなかったことは明らかである。ルノワールに対するひそかな対抗意識――ボナールはもちろん、ルノワールがミシアの肖像を描いていたことを知っていた――から制作されたこの肖像画は、もちろん裸体像ではないが、しかし大胆に大きく胸を開けたその派手

ボナール「ミシア・ゴデブスカの肖像」
1908年　油彩

な衣裳は、彼女の肉体の豊かさをはっきりと見せている。

もっとも、ルノワールにしてもボナールにしても、たとえ彼女が同意したとしても、ルノワールがガブリエルを描いたようにミシアを描くことはできなかったかもしれない。当時の彼女の夫エドワーズは、美術にはおよそ関心を示さず、無理に展覧会に引っぱり出しても、すぐ会場から姿を消して一杯飲みに行くような人物であったが、ミシアがルノワールのアトリエに通っている時は、必ずいっしょについて来て、彼女がポーズしているあいだじゅう、隣の部屋でガブリエルとトランプをしているといった人柄だったからである。しかし、そのエドワーズが、絵の話以外のことではルノワールとすこぶるうまが合ったというから面白い。それに彼は、絵はわからなくても、ルノワールに肖像を描いて貰うことの意味は、充分にわかっていたようである。何番目かの肖像が完成した時、彼は、ミシアを通じて、謝礼として、金額の書き入れていない小切手をルノワールに贈った。どんな数字でも入れて構わないというわけである。ルノワールは、その小切手に、一万フランという数字を書き込んだ。それは、ルノワールにとっては破格の高額であったが、ミシアにはあまりにも少な過ぎると思われた。彼女がそう言うと、ルノワールは、「シャルパンティエ夫人とその子供たち」というあの大作に対してさえ、彼が受け取ったのは、三〇〇フランと昼食が一回だけだったと答えたという。(たまたま同じ頃、一九〇七年、この大作はオテル・ドルオで売立てに出され、メトロポリタン美術館が購入したが、その時の価格は、五万フランだったそうである。)

ルノワールと並ぶもう一人の偉大な女性美の愛好者、彫刻家のマイヨールも、ミシアの魅力の虜となった芸術家である。彼は、一九一二年、エクス・アン・プロヴァンス市から依頼された「セザンヌ記念モニュメント」のために、ミシアにモデルになってほしいと頼んでいるのである。マイヨールの「モニュメント」なら、セザンヌのためであれドビュッシーのためであれ、モティーフはつねに裸婦である。とすれば、それは随分大胆な依頼である。それに比べれば、胸を見せてほしいと言ったルノワールの頼みなど、まだしも控え目な方と言わなければならない。しかし、残されたマイヨールの手紙は、率直で堂々としており、少しも悪びれたところがない。

私は、今度のセザンヌ記念モニュメントのための霊感源として、貴女を使わせて頂きたいと考えています。おそらく、はなはだしく不躾で図々しいと思われるこのような考えに、どうかお怒りにならないで下さい。不滅のイメージは、貴女においては完璧です。ただそれを写し取りさえすればよいのです。自然は芸術家の霊感源であり、美はどこであれそれが見出されれば、写し取られるべきものです。ですから、私が貴女にお願いするのは、きわめて当然のことです。もちろん、実現には数知れぬ困難が伴うことでしょう。しかし二人の強い意志があれば、それらを乗り越えることができます。——特に貴女の御意志があれば……

しかしミシアには、その「御意志」はなかった。マイヨールは結局別のモデルを使わなければならなかった。(ついでに言えば、そのようにして完成した「モニュメント」は、セザンヌのイメージに合わないというので、エクス市から正式に拒絶された)。

一九一二年と言えば、ミシアはすでに四十歳である。それでいてマイヨールにこのような手紙を書かせたのは、見事というほかはない。もっとも、マイヨールは、他の多くの讃美者たちと同じように、彼女の本当の年齢は知らなかったであろう。彼女は一八七二年の生まれであるが、彼女のパスポートでは、生年は一八八二年になっている。彼女自身が、数字の7をペンで無理矢理に8に修正してしまったからである。マリー・ローランサンは生前はいつも自分の歳を二歳ほど若く語っていて歴史家たちを混乱させているが、ミシアの場合はもっと大胆である。そして彼女は、それで人びとを納得させたのである。

3

ミシアは、一八七二年三月三十日、帝政ロシアの都ペテルブルグで生まれた。正式の洗礼名はマリー・ソフィー・オルガ・ゼナイド・ゴデブスカという。ベルギーに住んでいたポーランド人の娘であるミシアが、雪に覆われたロシアの旧都で生まれたという事情の裏には、実はひとつの悲劇的なエピソードがあった。彼女の生涯は、最初からドラマティックな色彩に染められていたといってよい。

彼女の両親が結婚した時、それはすべての人に理想的な結びつきのように思われた。父親のシプリアン・ゴデブスキは、今では忘れ去られてしまったが、当時はかなり名の知られたアカデミー派の彫刻家で、パリを中心に広く国際的に活躍していた。一八六四年のパリのサロン(官展)に「ポーランドの目覚め」を出品し、一八六六年のサロンでは、作曲家ロッシーニの胸像で褒状を得ている。ワルシャワには、今でも彼の手になる国民詩人アントン・ミキエヴィッツの胸像が残っているし、ペルーのリマには、サン・マルティン将軍記念像がある。ブルターニュの海岸にも、モンテ・カルロのカジノのそばにも、彼の記念像が見られた。私は見たことはないが、ルーヴル美術館にも何点か彼の作品があるはずだという。つぎからつぎへと依頼される注文作品を手際よくこなしながら、他方では彼は、テオフィール・ゴーティエ、アレクサンドル・デュマ（息子）、アルフォンス・ドーデなどの文学者たち、あるいはリスト、フォーレ、ロッシーニなどの音楽家たちと親しくつき合い、第二帝政期のパリの芸術界を自分の海のように自由に泳ぎまわっていた。つまりミシアの父親は、当時の典型的な成功した芸術家だったのである。そのシプリアンの父も、軽喜劇やバレエ劇の作者、またオペラの台本作家として成功者であった。

一方、母親の方も、それに劣らぬ有名な芸術家一家の出身であった。母親のソフィーの父、つまりミシアの母方の祖父アドリアン・フランソワ・セルヴェは、当時ヨーロッパで最高のチェロ奏者という名声を得ていた音楽家で、作曲家でもあり、ベルギー国王やオーストリア皇帝の宮廷に招かれて数多くの栄誉を与えられた人である。ペテルブルグの宮廷に招かれた時、富裕なユダヤ系の芸術愛好家の娘と親しくなって結婚し、ベルギーのハレにイタリア風の宏壮な邸宅を構えて、音楽と社交の生活を楽しむこととなった。

十九世紀後半の裕福なブルジョワジーの生活は、今日のわれわれから見れば考えられないくらい贅沢なものであったようである。すぐ使えるようにきちんと整えられた客室がいくつもあり、地下室には何百という葡萄酒の樽やチーズの塊りやジャムの壺が並び、友人たちを招いた豪華な晩餐会が連日のように催された。召使いの数だけでも二十人から三十人はいたというから、まるで今日の高級ホテルのようなものである。事実、客人のなかには、一週間でも二週間でも平気で滞在し続ける者がいたし、主人の方も喜んでそれを歓迎した。ハレのセルヴェの邸も、そのような贅沢な、しかも豊かな音楽が絶えず流れる幸福なブルジョワジー家族のひとつであった。ジャン・ルノワールの言う「三十台」のピアノの話も、明らかに誇張されてはいるにしても、まったく根も葉もないものではなかった。祖父母の家には実際にいくつものピアノがあったし、いつも誰かが演奏していたという思い出は、彼女の記憶にしっかりと刻み込まれていたからである。

このセルヴェの邸を訪れた友人たちのなかには、リストやベルリオーズをはじめ、ピアニストのアントン・ルビンシュタイン、ヴァイオリニストのアンリ・ヴュータン、指揮者のハンス・フォン・ビューロー（リストの娘コジマの最初の夫）など、当時一流の音楽家たちがいた。そして、流行彫刻家のシプリアン・ゴデブスキも、その一人であった。もともと彼は、彫刻家としてこの邸館の装飾を依頼されたのがきっかけで家族の友人となったのだが、その生来の明るい社交的性格と、世俗的成功者によく見られる精力的で自信に満ちた態度と、そして何よりも長髪を後ろに靡かせたその堂々たる芸術家的風貌を考えてみれば、セルヴェ家の娘、若いソフィーがシプリアンに強く惹かれるようになったことも、決して不思議ではない。二人は、一八六五年、皆に祝福されて結婚式を挙げた。

このようにしてゴデブスカ夫人になってからも、ソフィーはそのままハレの両親の家に住み続けた。部屋はいくらでもあったし、夫のシプリアンは増大する注文仕事でヨーロッパじゅうを駆け廻っていたから、その方が都合がよかったのである。やがてフランツとエルネストという二人の息子があい次いで生まれた。ミシアの兄たちである。そこまでは、結婚生活は順調であった。

悲劇は突然にやって来た。もっとも、一八七一年、シプリアン・ゴデブスキが今度はロシアの宮廷に招かれた時、ソフィーは少しも心配などしなかった。彼女は三度目の妊娠中であったが、夫の不在はいつものことである。それに、ペテルブルグには母の実家があったから、他の土地よりも安心してよいはずだった。事実、シプリアンは、彼にとっては義母の実家にあたるフェギーヌ家で、大いに歓待された。ところが、間もなく彼は、フェギーヌ家にいたソフィーの母の妹オルガと親しくなって、オルガが妊娠してしまったのである。

もちろん、ベルギーに残っていたソフィーは、まだそのことを知らない。彼女は、毎日のように夫からの手紙を待ちわびながらも、平穏な毎日を送っていた。そこへ、突然、ペテルブルグから不吉な手紙が舞い込んできた。差出人は夫ではなかったが、中身は夫と叔母とのことを詳しく知らせてくれるものであった。後にミシアが『回想録』のなかに記しているところによると、ソフィーはその手紙を受け取ると、一瞬のためらいもなく直ちに決心して、その日の夕方にペテルブルグに向けて旅立ったという。

ベルギーから雪のロシアまで、若い女が、それも八カ月の身重の身体で旅をするというのは、容易なことではない。ミシアの言うとおり、ソフィーがペテルブルグまで無事旅をすることができたのは、ほとんど奇蹟と言ってよいだろう。冷たい雪のなかをようやく目指す家まで辿り着いた彼女は、家のなかから聞き慣れた大きな高笑いが響いて来るのを耳にした。ベルを押そうとした彼女の手は、そのまま凍りついたように動かなかった。彼女の肉体も精神も、ここですっかりそのエネルギーを燃え尽きさせてしまったらしい。翌日になってはじめて妻の到着を知らされたシプリアンが駆けつけた時、ソフィーはちょうど息を引き取るところであった。それと同時に、一人の女の児が生まれた。「私の誕生の悲劇は、その後の私の運命に深い影響を及ぼすようになった」、とミシアは、『回想録』で語っている。

もっとも、彼女自身が誕生の時の事情を憶えているはずがないことは明らかである。彼女の『回想録』には、たとえばゴッホの未亡人の苦境を救うため彼女から作品を買ったとか（ゴッホは生涯結婚していない）、アポリネールはプラハで学校の先生をしていたとか（アポリネールはプラハにいたことはない）、明白な誤りが随所に見られるので信頼できないとして、この雪のペテルブルグの悲劇も果して事実かどうか、疑問を呈する研究者もいる。たしかに、裏切られた母親の生命と引き換えにこの世に生まれてきた女の児というのは、話があまりにうまく出来過ぎているという感じがないわけではない。しかしミシアの『回想録』は、あらゆる回想録がそうであるように、語られた事実とともに、いや時にはそれ以上に、語った人物の性格なり心理なりを明らかにしてくれる点で、貴重なものである。その点では、記憶違いや、無意識の誇張も、さらにはあからさまな嘘でさえも、充分に意味がある。そこには、語り手の人間がおのずからあぶり出しのように浮かび出てくるからである。

ミシアが人間の心の不思議に、特に愛のドラマに惹かれていたことはたしかである。祖母の実家のフェギーヌ家の親類に、ジュリアという美しい娘がいた。彼女は、ハレのセルヴェ家の邸を訪れてそこでアレクサンドル・デュマ（息子）と親しくなり、いっしょにパリに出た。一時はコメディ・フランセーズの舞台にも立ったが、やがて、モルニー伯の愛人となり、モルニー伯がロシア駐在大使に任ぜられた時、彼についてロシアに赴いた。ところがその彼女が、帰国後間もなく、ピストルで自殺してしまった。ミシアが好んで語ったところによると、ジュリアは、愛人のモルニー伯が別の女と婚約したという話を聞いて、ピストルを構えて真実を告げるように迫った。伯爵が何も言わずに肩をすくめると、彼女はただちにみずから命を断ったというのである。しかし実際は、彼女のスキャンダルがすでにロシアにも知れ渡っていて、ペテルブルグの社交界に入れてもらえなかったことが自殺の原因であったらしい。ミシアの話には、明らかに脚色がある。しかしそれがミシアの性格であった。

彼女の誕生のエピソードにしても、この種の脚色があるかもしれない。彼女は単に愛の悲劇を好んだばかりでなく、自分をその悲劇の主人公に仕立て上げることを好んだからである。そして、彼女自身に、ドラマの主人公を演じ切るだけの資質と、活力と、才能とがあったことは、彼女自身の生涯がはっきりと示している。彼女が自分の誕生をいささかドラマティックに脚色したとしても、そこに自分の運命を読み取っていた点では、彼女は間違っていなかったのである。

それに、彼女がペテルブルグで生まれたことは事実であり、正確に同じ日ではなかったにしても、彼女が誕生後間もなく母を失ったことも事実である。彼女に人生をドラマ化しようという性向が強かったとしても、人生の方がまた、彼女のためにさまざまの材料を提供してくれたことも、否定するわけにはいかない。誕生の時の複雑な家庭の状況は、その後もさらに増幅されて彼女の少女時代に、そしてさらには彼女の生涯にまつわりつくこととなったからである。その点では、彼女の父親が大いに責任があったと言えるであろう。

4

シプリアン・ゴデブスキは、このような家庭の悲劇にもかかわらず、相変らず精力的に仕事を続けていた。ロシア皇帝アレクサンドル二世とその家族の肖像を作ったり、セバストポールに飛んでクリミア戦争の戦没者記念モニュメントを制作したり、文字どおり休む間もなかった。しかもその間、一時ワルシャワに戻って富豪のユダヤ人銀行家の未亡人マティルダ・ナタンソンと知り合い、彼女とともにイタリアに渡って結婚してしまったのだから、相当なものである。マティルダには、すでに最初の夫との間に出来た二人の子供がいたが、シプリアンと結婚してまた一人男の児を生んだ。それ以前に、ミシアの誕生と相前後して、オルガにもまたシプリアンの子供が生まれている。ミシアは最初はペテルブルグの大叔母のもとで、次いでハレの祖母の家で育てられたが、彼女自身何も知らないうちに、精力的な父親は、次ぎ次ぎと彼女の義理の兄弟、異母兄弟をつくっていたのである。

後にシプリアンが、マティルダの金でパリのモンソー公園の近くに豪奢な邸宅を構えるようになった時、ミシアはようやく父の許に引き取られたが、彼女の思い出によれば、彼女はどうしても新しい母親に親しめなかったようである。贅をこらした住居も、ミシアの心には冷え冷えとしたものに思われた。ただ異母弟のシパとは気が合ったらしく、ピアノを弾くこととシパと遊ぶことだけが彼女の慰めであったという。マティルダは、ミシアが十五歳の時に病気で世を去ったが、その後も彼女は、シパとずっと親しくしていた。後に彼女の周囲に多くの画家や詩人や音楽家たちが集まるようになった時にも、シパはしばしばその仲間に加わっている。

例えば、カールスルーエの国立美術館には、一八九七年頃にナビ派の画家ヴュイヤールがミシアとシパを描いた見事な作品（挿図）が残っている。当時ミシアはすでにナタンソン夫人となっていたか

ヴュイヤール「ピアノを弾くミシアとシパ・ゴデブスキ」1897年頃　油彩

ら、舞台はおそらくサン・フロランタン街にあったナタンソンの家の応接室であろう。画面の奥にピアノに向かっているミシアの横顔があり、左手前に、じっと立って耳を傾けているシパの姿が見える。ヴュイヤールが好んで描いた落ち着いた平和な雰囲気の室内情景であるが、微妙なニュアンスの調和のとれた静かな色調は、母の違うこの二人の姉弟の心のつながりを表現するのにふさわしい。もう一点、同じ頃に制作されたやはりヴュイヤールの手になる横長の「昼食」と題する作品は、ヴィルヌーヴ・シュル・ヨンヌにあるナタンソンの別荘の食堂を描いたものであるが、そこにも、ミシアとシパが登場してくる。ヴュイヤールは、ボナールやロートレックとともに、最もしばしばミシアの姿を描き出した画家の一人であるが、同時にまた、最もよく彼女を理解してくれた心の友でもあった。

ミシアがタデ・ナタンソンと結婚したのは、一八九三年四月、彼女が二十一歳になったばかりの時のことであった。彼女の最初の夫となったこのタデ・ナタンソンが、彼女の父シプリアンの二度目の妻マティルダの甥にあたるというのだから、話はややこしい。すでに述べたように、マティルダの最初の夫は富裕な銀行家であったが、その兄弟のアダム・ナタンソンも、成功したポーランド系ユダヤ人の銀行家で、パリで豊かな暮しをしていた。このアダム・ナタンソンにアレクサンドル、タデ、アルフレッドという三人の息子がいた。彼らはいずれも当然父親の事業を継いだが、同時に芸術に対して強い関心を抱いており、一八九〇年代のはじめから、ベルギーの友人たちに誘われて、文芸雑誌『ルヴュ・ブランシュ』の刊行に参加していた。というよりも、一八九〇年代のヨーロッパにおいて最も多彩で刺戟に富んだ執筆陣を擁していたこの文芸雑誌の発刊が可能になったのは、ナタンソン兄弟が参加することによって財政的裏付けが確保されたからである。その意味で、ナタンソン兄弟の活動は、近代における新しい芸術のパトロンの実例として、貴重なものと言えるであろう。

この三人の兄弟のうち、タデが最も芸術的才能に恵まれていたと、ミシアは語っている。「芸術的才能」というよりもむしろ「芸術鑑賞力」に優れていたと言うべきだという意見もあるが、しかし彼は決して優れたものとは言えないにしても実際に詩や小説を書いているし、それ以上に、友人の芸術家たちの人柄を語る時には、鋭い観察を軽妙な文体で自在に展開して、優れた人物エッセイを残してくれた。彼の書いた『アンリ・ド・トゥールーズ＝ロートレック』など、まとまった伝記でも評論でもないが、おそらくこの異様な天才についての最も生き生きとした人物論なのである。『ルヴュ・ブランシュ』の協力者でもあったアンドレ・ジードは、後になってこの時代の思い出を綴った文章のなかで、タデについて、こう語っている。

ナタンソン兄弟のうちで、私が最もよく知っていたのはタデである……。しかし、トリスタン・ベルナールを思わせる彼のあの豊かな頬髯が、その優しい、人の好い眼差しが誘い出す開けっぴろげの感情表現を拒否しているようであった。この髯の背後に隠そうとして完全に隠されていなかったものは、何よりも善良さではなかったかと思う。それにもかかわらず、彼はあらゆることに敏感で、あらゆることに好奇心を抱き、つねに鋭敏に反応して、どんなことにも無関心ではなかった。文学にも美術にも同じように情熱を注ぎ、彼自身の天成の本能とフェネオン（編集長）の助けによってあらゆる事情に精通し、開かれた心と精神であらゆる事業に向かった……

ジードのこの言葉に、フェリックス・ヴァロットンやヴュイヤールが描き残した彼の肖像（挿図）を重ねてみると、ミシアの最初の夫の人柄がかなりはっきりと浮かび上ってくるであろう。

父親の結婚によってミシアの新しい母となったマティルダの縁続きであったため、彼女は幼い頃にもナタンソン兄弟と出会ったことがあった。彼女は、義母とは折り合いが悪かったが、ナタンソン家を訪れて年上の従兄たちといっしょに遊ぶのは嫌ではなかった。しかしもちろん、その頃には、どちらの側にも、恋と呼べるほどのものはまだ生まれていない。それに、ナタンソン家はパリに住んでいたとは言え、それほどしばしば会っていたわけではない。ミシアは、主として父親の都合で、ベルギーの祖母と、パリの父と、そしてカトリック系の寄宿学校との間を、ぐるぐると廻されていたのである。物質的には何ひとつ不自由はなかったとしても、子供から大人に移り変ろうとする時期の少女の心に、何か鬱屈したものがたまって行ったとしても、少しも不思議ではない。

第二の母親のマティルダが亡くなって三年後、ミシアは、十八歳の時に一時ロンドンへの逃避行を企てた。この時、父親のシプリアンはすでに三度目の結婚をしている。相手は、これまた大金持の侯爵夫人であった。実を言えば、彼らはすでにマティルダの生前から愛人関係にあり、マティルダが世を去ると間髪を入れずという感じでさっさと結婚してしまったというのだから、シプリアンの奔放で旺盛な生活力には、敬服するほかはない。

ミシアの『回想録』は、彼女のロンドン滞在のことについては、沈黙を守っている。しかしそれが彼女にとって最初の、自由な、独立した生活であったことは疑いない。もっとも、後に彼女ときわめて親しくなるフランスの大女優レジャーヌの語るところによると、この時、ミシアはひとりではなかった。彼女は、ベルギーの幻想画家フェリシアン・ロップスといっしょだったというのである。この話が本当であるかどうか、今となってはわからない。あるいはそれも、ミシアをめぐる数多くの伝説のひとつであるかもしれない。しかし、ミシアには、そのような伝説を何となく本当らしく思わせるところがある。そう言えば、悪魔主義の官能的な版画家ロップスにも、どこか神秘めかしたところがある。当時ロップスは、ミシアより四十歳も年上であったはずだが、その二人がヴィクトリア朝最盛期のロンドンでひそかに秘密の生活を送っていたと考えるのは、決して無理ではない。小説家なら、

ヴァロットン「タデ・ナタンソンの肖像」1897年　油彩

そこから一篇の世紀末的物語を生み出すこともできるであろう。

いずれにしても、ロンドンから戻ったミシアは、完全に一変していた。そのような彼女に再会したタデ・ナタンソンが、たちまちその魅力の虜になったとしても、驚くにはあたらない。ミシアの方でも、「家族」から逃れることは何よりの望みであった。二人はただちに婚約した。彼女のピアノの先生であったフォーレが、結婚を思いとどまるようにと泣いて頼んだと伝えられるのは、この時のことである。しかし彼女の決心は変らなかった。それまでの少女時代に別れを告げて、彼女はナタンソン夫人となったのである。

5

華やかで多彩な世紀末のパリの芸術界に、鮮烈な知性の輝きと新しい感受性の戦慄と、そして時にけたたましいスキャンダルとをもたらした大小さまざまの文学芸術雑誌のうちで、特に目ざましい足跡を歴史に刻みつけたものを挙げるとすれば、われわれはまず『ルヴュ・ブランシュ』の名を思い浮かべないわけにはいかない。一八八九年から一九〇三年まで、世紀の変り目の豊かな混沌の時期に、芸術的に大きな役割を果したこの雑誌の重要性は、錚々たる名前を連ねたその目次を一瞥するだけでも、ある程度まで明らかとなるであろう。

例えば詩人として、象徴派の大家ヴェルレーヌがいたし、マラルメがいた。（マラルメは、詩だけではなく、評論も多く寄稿している。）ジュール・ラフォルグ、エミール・ヴェラーラン、フランシス・ジャムなどの名も見えるし、より若い世代のアポリネール、クローデル、ペギーも登場している。その他の文学者としては、前章で触れたアンドレ・ジードをはじめ、長いこと文芸時評を担当したレオン・ブルム、レミ・ド・グールモン、ピエール・ルイス、アルフレッド・ジャリなどがいる。オクターヴ・ミルボーの『小間使いの日記』やジュール・ルナールの『にんじん』も、この『ルヴュ・ブランシュ』誌に掲載された。若いプルースト（マルセル）の最初の活躍の場もこの雑誌であった。

しかし、『ルヴュ・ブランシュ』の活動の領域は、文学だけにかぎらない。誌や評論のほかに、演劇、美術、音楽など、芸術のさまざまの分野にわたって、時には雑誌の枠をはみ出す大胆な活動を展開した。その最も名高い例のひとつは、一八九六年十二月十日の夜の、あの『ユビュ王』の上演である。パリじゅうに大きなスキャンダルを巻き起こし、それと同時に新しい演劇の誕生を高らかに告げたジャリのこの芝居は、最初断片的に『ルヴュ・ブランシュ』誌に掲載されたが、やがて話は、それだけではすまなくなって、タデ・ナタンソンを中心とするこの仲間の芸術家たちによって実際に舞台にのせられることになったのである。（したがって、美々しく着飾ったパリの名士貴婦人たちを驚愕させたその総稽古の夜、もちろんミシアはタデとともに観客席にいた。）演出はタデの学校友達で当時ウーヴル座を主宰していたリュニェ＝ポウ（彼もまた『ルヴュ・ブランシュ』誌の寄稿者であった）、舞台装置はボナールを中心に、ヴュイヤール、セリュジエ、ランソンなどのナビ派の若者とロートレック、音楽はボナールと義兄弟であったクロード・テラスという顔触れである。歴史の上で、かつてのロマン派時代のユーゴーの『エルナニ』の騒ぎや、後のストラヴィンスキーの『春の祭典』

のスキャンダルと並べて語られる『ユビュ王』の上演は、まさしく『ルヴュ・ブランシュ』誌の若い情熱の成果だったのである。

美術や音楽においても、既製の価値体系に飽き足らず、新しい創造活動への積極的な姿勢を見せた点は、演劇の場合と同じである。『ルヴュ・ブランシュ』誌は、当時まだ評判の悪かった印象派の画家たちを次ぎ次ぎと紹介し、ボナール、ヴュイヤール、ヴァロットンなどに活躍の場を与えた。シニャックはこの誌上で新印象主義の理論を精力的に展開したし、アントナン・プルーストは、あの記念すべき『マネの思い出』を発表した。また、この雑誌の読者は、後に『クロッシュ氏、または反ディレッタント』に纏《まと》められることになるドビュッシーの音楽評論や、ゴーギャンのタヒチの思い出『ノア・ノア』を読むこともできた。

さらに、国際的な拡がりも、『ルヴュ・ブランシュ』誌の大きな特色であった。ストリンドベリやイプセン、チェーホフやトゥルゲーネフ、トルストイやニーチェ、ジェーン・オースティンやマーク・トゥエインなどが、次ぎ次ぎと誌上で紹介された。今では忘れられてしまったデンマークの作家ピーター・ナンセンの『マリー』（挿図）など、雑誌に掲載された後、ボナールの挿絵入りで「ルヴュ・ブランシュ社」から単行本で刊行されて、大変な評判を呼んだ。（その後ルヴュ・ブランシュは、単行本出版も精力的に続けるようになる。）ジャンルを越え、国境を越えて大きく拡がるこのような幅の広さは、まさしく、「あらゆる意見、あらゆる流派に開かれている雑誌」とうたった創刊号のマニフェストの言葉通りである。実際、「白い雑誌」という意味のその名称そのものが、後に創立者の一人であるポール・ルクレルクが語ったところによると、「白い色（の光）は、あらゆる色をそのなかに含んでいる」からという理由に基づくものだったという。

このように豪華な内容を持った『ルヴュ・ブランシュ』誌の創刊は、ベルギーのきわめてファッショナブルな温泉場スパで、たまたま二人のフランス人と二人のベルギー人の若者が出会ったことに始まる。母親の湯治のお伴をしてパリからやって来たシャルルおよびポールのルクレルク兄弟と、リエージュの若い弁護士オーギュスト・ジュノムと、やはり法律の勉強をしていたその友人ジョー・ホッゲの四人である。このうち、ポール・ルクレルクは、新しい詩の熱心な讃美者で、マラルメのあの「火曜日の会」に出席したこともある文学青年であった。二人のベルギー人も、法律を志す身でありながら、文学芸術に強く惹かれており、たちまち意気投合して、雑誌を出す話がすぐ纏まったとい

ピーター•ナンセン『マリー』（ボナールの挿絵入り）

う。「ルヴュ・ブランシュ」という誌名まで、この時に決められた。

もっとも、そこまでなら、文学青年にありがちな夢想のままで終ったかもしれない。ところが、彼らの一人、ジョー・ホッゲがナタンソン三兄弟の末弟アルフレッドと友人であったことから、夢想は急速に現実のものとなった。既に触れたナタンソン家の豊かな財力がこの文芸活動に提供されることとなったからである。そして、一八八九年十二月、『ルヴュ・ブランシュ』誌創刊号が刊行された。夏のシーズンに温泉場で若者たちが出会ってから、わずか半年後というスピードである。

もっとも当初それはたった四ページのパンフレット（毎月二回発行）に過ぎなかったから、「雑誌」と名乗るのもおこがましいようなものであった。しかし、ページ数はただちに十八ページ、さらに三十二ページと増えて、しかも第五号から月刊となったから、ようやく体裁が整って来たということになる。そして、最初のうちはベルギー（リエージュ）にあった「編集部」をパリに移す一八九一年には、九十六ページという堂々たる内容に成長した。ちょうどタデ・ナタンソンが、幼な馴染のミシアと再会してその魅力の虜となった頃である。

その頃、ミシアははじめてピアニストとして、公衆の前に登場している。当時一世を風靡したモンマルトルのキャバレー「黒猫」の創始者の一人であり、詩人、作曲家、歌手でもあったモーリス・ロリナに捧げる音楽会においてである。プログラムはすべてロリナの作品で、音楽の他に、彼の詩も、コメディ・フランセーズのムーネ兄弟や有名なコクランなどの当時の名優によって朗誦された。その詩の朗誦に参加した俳優のなかに、その華やかな才能で人びとを魅惑した名女優マルト・ムロもいた。

彼女は、しばしばロートレックのモデルとなって、例えば『ルヴュ・ブランシュ』誌と競う芸術雑誌『イマージュ』誌の表紙に登場している。後にタデの弟のアルフレッドと結婚して、ミシアのきわめて親しい友となる人である。

それはもう少し後のこととして、ロリナの音楽会でミシアが演奏したのは、彼の作曲になるピアノ曲であった。当時の『ルヴュ・ブランシュ』誌は、この音楽会の模様を詳細に報告した後、特にミシアのデビューについて讃辞を述べている。

芝生の上のミシアとタデ。左にいるのは、女優のマルト・ムロ。

音楽会の第二部の冒頭を飾るロリナの三つのワルツは、まだほんの少女と言ってよいゴデブスカ嬢によって演奏されたが、その演奏は、きわめてたぐい稀な感受性と個性を感じさせた。ゴデブスカ嬢は、あの偉大なセルヴェの孫娘にあたるという。たしかに彼女はその祖父の血を受け継いでいる。彼女が偉大な芸術家となる日が来るであろうことを、ここに予言しておく。

この手放しの称讃の言葉は、若いミシアを狂喜させるのに充分なものがあったろう。そして、その背後に、何らかのかたちでタデ・ナタンソンの意志が働いていたことは想像に難くない。当時タデは、兄のアレクサンドル、弟のアルフレッドとともに、『ルヴュ・ブランシュ』誌の常連執筆者であり、また経営者でもあったからである。つまりミシアは、タデと知り合うことによって（そして「ロリナの音楽会」の翌年、タデと結婚することによって）、当時のパリの最も華やかな、最も豊かな才能に満ちた芸術家仲間に、何の苦もなく導き入れられたわけである。

6

事実、ミシアにとって、タデ・ナタンソンとの結婚は、『ルヴュ・ブランシュ』に代表される当時の芸術家、文学者仲間との交友によって、ベル・エポックの華やかな時代の雰囲気を思う存分味わわせてくれるものであった。そして、『ルヴュ・ブランシュ』誌が終刊になった翌年、二人の結婚は破局を迎えるのだから、ミシアは、ほとんど『ルヴュ・ブランシュ』と結婚したと言ってもよいであろう。

その結婚の証人ででもあるかのように、『ルヴュ・ブランシュ』誌の仲間の画家たちは、さまざまの機会に、ミシアを、あるいはミシアとタデを、描き出した。ボナール、ヴュイヤール、ヴァロットン、ロートレックなどが最もよく知られた人びとであろう。

たとえばボナールは、一九〇二年の「ミシアとタデ・ナタンソン」（挿図）で、白い衣裳を身にまとって堂々と画面前景に立ち、まるで観客に向かって挨拶するかのように顔だけこちらに向けているミシアと、その背後で椅子に座って犬と戯れているタデの姿を描き出している。それに対し、一八九七年頃に描かれたと思われるヴュイヤールの「ミシアとタデ・ナタンソン」では、胸のところに大きな蝶結びの黒いベルト飾りをつけたミシアが長椅子にもの憂げに座り、その背後から、タデが椅子の背

上　ヴュイヤール「ミシア、ヴァロットン、タデ・ナタンソン」1899年　油彩
下　ボナール「ミシアとタデ・ナタンソン」1902年　油彩

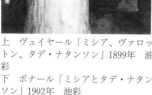

にもたれかかりながらのぞき込んでいる。そのほかにも、特にヴュイヤールは、ピアノを弾くミシア、食卓のミシア、あるいはヴァロットンやロマン・クーリュスなど、『ルヴュ・ブランシュ』誌の仲間といっしょにいるミシアとタデなどの姿を、繰り返し描き続けた。二人が結婚して居を構えたサン・フロランタン街の邸は、ミシア自身が『ルヴュ・ブランシュ』誌の「編集部別室」と呼んでいたほど、絶え間なく仲間の芸術家たちが出入りしていたが、その模様は、渋い味わいを見せるヴュイヤールの多くの室内画のなかに記録されているのである。

しかしながら、ミシアとこの文芸雑誌とのつながりをよく示す最も優れた記念作品は、ロートレックの手になる『ルヴュ・ブランシュ』誌のためのポスター（挿図）であろう。ロートレックも、ナタンソン夫妻の家の常連の一人で、時には夜遅くやって来て平気で泊って行くような間柄であった。もっとも、生涯アルコールの悪癖から逃れられなかったロートレックは、ミシアの前でも酔態を演ずることがしばしばだったという。ある夕食会の席上では、給仕をしていた小間使いに下品な冗談を浴びせかけ、それればかりか台所にまで彼女を追いかけて行って主人夫妻を困らせたと、後にタデ・ナタンソンが書いている。

しかし、いかにアルコールに溺れていても、ロートレックの腕だけは確かであった。『ルヴュ・ブランシュ』誌のポスターとしては、微妙な明暗表現を拒否して、平面的な色面、それもきわめて洗練された感覚の色面で構成したボナールの作品があるが、明るく爽やかな色彩のなかに、優雅でお洒落なパリジェンヌのスケートを楽しんでいるところを描き出したこのロートレックのポスターも、歯切れのよいデッサンと新鮮な趣味感覚とによって、忘れることのできない秀作である。普通なら突拍子もないと思われるほど大胆な飾りをつけた帽子も、ここでは少しも不自然ではない。モデルはむろん、ミシアである。

ロートレックは、このポスターのため、ミシアをモデルとしたスケッチを残している。もともと卓越したデッサン家であったロートレックは、素速い、的確な筆遣いで対象の一瞬の動きを巧みに捉えることが得意であった。しかもその際、対象の重要な部分だけに注意を集中して、それ以外のところは大胆に省略してしまう思い切りのよさも持っていた。劇場の桟敷席にいるミシアの姿を斜め後方から描き出した厚紙のスケッチ（挿図）など、わずかの力強い描線で相手の特徴をしっかりと、ほとんど暴力的なまでに力強く捉え、周囲は思い切って無視するという巧妙な表現をよく示している。ロー

上　ロートレック『ルヴュ・ブランシュ』誌のためのポスター
下　ロートレック「劇場のタデ・ナタンソン夫人」

トレックは、優れたカリカチュリストになり得る充分な素質をもっていたと言ってよい。（事実、オスカー・ワイルドの肖像など、カリカチュアと呼んでよいような特色を示す作品は少なくない。）しかし、『ルヴュ・ブランシュ』誌のポスターでは、版画としての効果も充分に考えた結果であろうが、描線の力強さよりも、色面の分割と斬新な構図に、いっそうよく彼の天才がうかがわれる。スケートを楽しんでいるモデルの姿を、わざと足の部分を切って、大きく斜めに傾いた身体だけでその軽やかな動きを暗示してみせた手法など、見事というほかはない。

ミシアとタデが結婚した一八九三年は、『ルヴュ・ブランシュ』誌の仲間たちにとっても、新しい活動への胎動を秘めた重要な飛躍の年であった。最初のタヒチ旅行から戻ったゴーギャンは、あの論議を呼んだ売立て会を催して、ふたたび、今度は二度と戻らぬ決心で南海の島へ旅立とうとしていた。そのゴーギャンに傾倒するナビ派の画家たちも、ようやく積極的に新しい美学を主張し出していた。そしてタデの友人のリュニェ＝ポウは、この年、ウーヴル座を開設して、フランスで初めて、イプセンの『ロスメルスホルム』を上演した。当時、北欧の演劇界の王者としてのイプセンの名声は、敏感な若者たちのあいだには拡まっていたが、一般にはまだ、充分に浸透してはいなかったのである。リュニェ＝ポウは、さらに続いて『民衆の敵』、『建設者ソルネス』と、イプセンの作品を次ぎ次ぎとレパートリーに加えていった。

一八九四年、結婚の翌年の夏、ミシアとタデは、リュニェ＝ポウといっしょに、ノルウェー旅行を試みた。彼らは、結婚するとすぐ、サン・フロランタン街の邸に住むようになったから、これはいわば、遅ればせの新婚旅行と言ってもよかった。リュニェ＝ポウの方は、もちろんイプセンに会い、その芝居を見るのが目的である。当時彼は、『建設者ソルネス』を演目に加えたばかりであり、その演出について、実際に「本場」の舞台に接するとともに、いろいろイプセンと意見を交換したいというのが、彼の希望であった。

もっとも、当時イプセンは、ノルウェーにおいてはすでに大家である。しかも、彼は、社交的なことが大嫌いであった。普通なら、外国からやって来た若者がそう簡単に会える相手ではない。それが、意外に容易にその目的を達することができたのは、ひとつにはリュニェ＝ポウが若いとは言えれっきとしたパリの劇場の主宰者だったからであり、また、タデが、文芸雑誌を、それもフランスで刊行していたからである。ノルウェーにとって国民的英雄とも言うべき大作家に会って、すっかり興奮したミシアは、彼のサイン入りの写真が貰えるだろうかと、そっと通訳に尋ねた。それに対する通訳の返事は、それは相当に高くつくというものであった。気難かし屋であったばかりでなく、かなり計算高い性格でもあったイプセンは、その名声が高まるにつれて、彼の自筆の署名入りの写真が人びとに熱望されていることに気づき、そこから少なからぬ額の収入を得られるようにしていたのである。事実、クリスチァニア（オスロ）の町の店々のショウウインドーには、まるで花形俳優のブロマイドのように、イプセンの写真が（署名なしで）売り出されていた。

その上、この『民衆の敵』の作者には、結構お洒落で人眼を気にするところがあった。彼は外に出る時はいつも盛装してシルクハットをかぶり、喫茶店でお茶を飲む間も、その帽子を決して手もとから離さなかった。そして、時々その帽子を手に取って中を覗きこんでは、自慢の口髭やふさふさした頭髪にそっと手をやるのであった。そのシルクハットの底には、小さな手鏡が貼りつけられていたのである。

最初そのことを知らなかったミシアは、なぜこの大作家がシルクハットを覗き込むのかいぶかしく思ったが、事情がわかってからは、その虚栄心の強さが、いささか彼女を失望させた。サイン入りの写真を高く売りつけるという話を聞いてからは、イプセンを見る彼女の眼はいっそう厳しくなった。この作家の鋭い眼差しの奥にひそんでいるのは、社会の不正に対する憤激ばかりでなく、金銭に対する貪欲な執着でもあるという感想まで洩らしている。当時ミシアは二十二歳、タデとの結婚によっていっきょに華やかな芸術の世界にはいり込んだ彼女も、ようやく名声の陰にある現実の姿を少しは見抜けるようになっていた。しかしその金銭欲や虚栄心も、実はイプセンの人間的な一面であって、彼の作品の豊かさと結びついているという認識に達するには、彼女はまだあまりに若過ぎたのである。

いずれにしても、ミシアとタデは、次第にこの気難しい天才を「征服」するのに成功した。タデがその財力にものを言わせて、彼のために豪奢な晩餐会を催した時、その種の社交をおよそ嫌っていたイプセンが、喜んでそれに出席した。そしてその翌朝、『建設者ソルネス』の稽古に立ち会うため二人を迎えに来たイプセンは、自筆のサイン入りの写真をわざわざ額縁に納めて、「ただで」ミシアに贈った。イプセンにしてみれば、稀有のことである。車が劇場に着いた時には、彼は、ミシアの手を取って中に案内したが、これも、人びとを仰天させるのに充分であった。この時彼女は、たしかに、自分ではっきりと意識はしていなかったかもしれないが、ある「勝利」の感覚を味わったはずである。パリのサン・フロランタン街に戻ったミシアは、いちだんと自信を深めたように見えた。

芸術に対する共通の情熱に結ばれたミシアとタデの結婚生活は、理想的なもののように思われた。少なくとも彼女には、二人の結婚が破れるなどということは、最後の瞬間まで信じられなかった。その点では、タデの方がずっと醒めていた。それは彼が、作家であり編集者であったばかりでなく、経営者でもあったからであろう。タデの生活のなかで、ミシアの理解の及ばない部分がもしあったとすれば、まさにこの領域であった。彼女は——あらゆる女性と同じように——金銭を消費することにかけては天賦の才に恵まれていたが、そのお金がどうして生み出されるかということについては、まったく無知だったのである。

7

ミシアがタデ・ナタンソンと離婚したのは、一九〇四年二月のことである。二人の結婚が一八九三年四月であるから、彼女がナタンソン夫人であったのは、十年と何か月かにわたる期間だったことになる。しかし、後から振り返ってみれば、この十年間がミシアにとって最も幸福な時期だったと言ってよいであろう。少なくとも、最も安定した時代であった。彼女は、当時の最も優れた芸術家たちのあいだに女王のように君臨しながら、無邪気に生活を楽しんでいればよかった。結婚した時、彼女はようやく二十二歳になったばかりである。最初の夫と別れた時には、すでに三十を過ぎていたが、その子供っぽさはまだ失われていない。この前後の彼女の行動を見てみると、まるで世間知らずの小娘のように見える。成長しないということは、幸福な女の特権である。

離婚してほぼ一年の後、ミシアはアルフレッド・エドワーズと結婚した。一九〇五年二月二十四日のことである。たまたま、二人の離婚の成立した日付けが、一九〇九年の同じ二月二十四日であるから、二人は正確に四年間夫婦だったわけである。しかしこの四年間は、タデとの十年間と違って、ミシアには辛い、苦しいものだった。ミシアの生涯の第二幕は、明るい陽光に輝く第一幕とは対照的に、嵐の日々であった。

アルフレッド・エドワーズは、ミシアより十六歳年上のイギリス人実業家である。もっとも、当時のパリでは、誰も彼のはっきりした経歴を知らない。フランス人とか、オランダ人であるとか、時には中近東の出身だというような噂が、まことしやかに囁かれた。彼の測り知れない巨大な財力も、どこか謎めいていて、人びとの話の種であった。彼の父親がトルコの大守専属の歯科医で、トルコの宮廷に義歯を大量に売りつけたのだとか、いや阿片の密輸で荒稼ぎをしたのだといった話が、詮索好きの人びとを喜ばせていたという。事実は、彼の父親は、エジプトの国王に仕えたイギリス人医師で、その妻、つまりアルフレッドの母親は中東出身の女であった。アルフレッド自身は、一八五六年にコンスタンティノープルで生まれている。

阿片の密輸によるものかどうかはっきりはしないが、彼の父親は、かなりの額の遺産を彼に残してくれた。はっきりしているのは、巧みな投資によって、彼がその遺産を何倍にもふくれ上がらせたことである。一八八四年、彼は一般向けの新聞『ル・マタン』紙を買い取って自ら経営に乗り出し、十年後には当時ヨーロッパで最も発行部数の多い新聞に育てあげたと、近年の『ミシア伝』の著者たちは語っている。もっとも、その後（一九八四年）に刊行された『逸話によるベル・エポックの歴史』の著者ギシュトーとシモアンによれば、『ル・マタン』紙が部数を伸ばしたのは、エドワーズがそれを手離した後のことであって、彼が社主であった間は、せいぜい三万部前後しかなかったという。しかしながら、脂ぎったずんぐりした体躯のなかに蛇のような執念深さと、目的のためには手段を選ばない冷酷さを秘めていたこの事業家にとっては、それで充分であった。彼は新聞の売上げによって儲けようなどというちっぽけなことは考えていなかった。新聞は彼にとっては、もっと有利な他の「事業」のために、各界の有力者に陰に陽に圧力をかけるための強力な武器にほかならなかったからであ

アルフレッド・エドワーズ

る。

一八九九年、ルネ・ヴァルデック゠ルソーが第三共和国首相になった時、エドワーズは、政府に対抗する「社会主義連合のための」機関紙『プティ・スウ』を創刊して、左派の論客を動員して政府攻撃をやらせた。別に彼が社会主義的思想を抱いていたからではない。いつも大きなトパーズをいくつもポケットに入れていて、人前でわざと見せびらかすようにそれを弄ぶのを好んだこの男は、およそイデオロギーとか思想とは縁遠い存在であった。その彼があえて反政府系の新聞を創刊したのは、ただ単に政府が——というよりももっと端的に首相が——気に喰わなかったからである。

それも、まったく個人的な問題であった。当時エドワーズは、何度目かの（おそらくは三度目か四度目の）結婚で、サルペトリエール病院の研究所所長ジャン゠マルタン・シャルコーの娘を妻としていた。このシャルコー博士は、精神医学界の大立者で、ヒステリー症の研究で歴史にも名を残しているが、今日では、フロイトの最初の師としていっそうよく知られているかもしれない。たまたまこのシャルコー博士にもう一人娘がいて、ヴァルデック゠ルソーと結婚していた。つまりエドワーズは、妻を通じて時の首相と義兄弟の関係にあった。ところが、ヴァルデック゠ルソーの方は、典型的なフランスのエリートで、教養溢れる洗練された社交家であり、エドワーズとは正反対の人柄であった。したがって、二人はどうもうまが合わなかったらしい。しかしそこまでなら、世間にはよくあることで、別に驚くにはあたらない。驚くべきことは、気に入らない親戚に嫌がらせをするためだけに、エドワーズがわざわざ新聞を創刊したことである。ミシアの二度目の夫は、そういう男であった。

それにしてもこの時代、フランスの上流市民階級のあいだの姻戚関係の複雑さは、驚嘆に値するものがある。カトリックのお国柄でありながら、簡単に離婚したり再婚したりするので、いよいよややこしくなるのである。その上、比較的かぎられた人たちの間のことだから、別れた後でも顔を合わせる機会が多い。そこには、嫌でも複雑多彩な人間関係が生まれて来ざるを得ない。

ミシアがエドワーズと結婚して二年目、夫がすでに美貌の女優ランテルムに熱を上げて、二人が別々に暮らしていた頃のことである。ミシアは、気晴しのため、ノルマンディの保養地カブールに出かけた。いつも変わらぬ誠実な友人ヴュイヤールや、親しい女優のレジャーヌとのんびりした一時を過ごすためである。しかし、パリ人たちに人気のある豪華なグランド・ホテルに滞在したのが間違いのもとであった。彼女はそこで、愛人のランテルムを連れてやって来た夫のエドワーズと、ばったり顔を合わせてしまったのである。その上、エドワーズの前妻（シャルコー博士の娘）の兄弟にあたるジャン＝バティスト・シャルコーも来ていた。いずれも、ミシアにしてみれば会いたくない相手である。しかも皮肉なことに、別れたタデ・ナタンソンまで、偶然来合わせていた。同じホテルにいる以上、知らぬ顔もできない。このような状況は、当事者にとってははなはだ居心地の悪いものであろうが、傍観者から見れば、興味しんしんたるものに思われるに違いない。たまたまこのホテルに、もう一人、この種の複雑な人間模様に誰よりも好奇心を燃やす恐るべき観察者が滞在していた。ミシアもよく知っているマルセル・プルーストである。プルーストは、大喜びで、親友のレイナルド・アーンに宛ててその状況を書き送った。

ホテルはまるで舞台装置のようだ。そこに、ちょうど第三幕といった感じで、登場人物たちが集まっている。すなわち、

エドワーズ、

ランテルム、その愛人、

エドワーズ夫人（ナタンソン）、その最後の妻で、今は夫と別れている。

ナタンソン、エドワーズ夫人の最初の夫、

シャルコー博士、前の前のエドワーズ夫人の最初の夫（このエドワーズ夫人は、四番目、彼はその前にアメリカ女二人、フランス女、ギリシア女と結婚している）。昨夜は、エドワーズ夫人（ナタンソン）が、エドワーズ（イギリス人と称しているが実はトルコ人）を殺したという噂が流れた。だが実際は何でもなかった。何ごとも起らなかった……

プルーストの浩瀚な伝記を書いたジョージ・ペインターは、この手紙の記述をほぼ事実として受け取っているが、そこには明白な間違いもあれば矛盾した部分もある。例えば、シャルコーは「前の前のエドワーズ夫人の最初の夫」ではなく、その兄弟である。つまりエドワーズとは、義兄弟になる。プルーストは、その間の事情をよく知っていながら、話を面白くするために、小説家的発想から敢えて変えてしまったのかもしれない。事実、ミシアも含めて、これらの人びとは、後に姿を変えて、

『失われし時を求めて』のなかに、再び登場して来ることになる。

8

ミシアがタデと別れてエドワーズと結婚したのは、表面的に見れば、彼女がエドワーズの財力に惹かれたためということになるであろう。事実、ナタンソン家の人びとは、そう言って彼女を非難した。いわばフランス版『金色夜叉』である。しかし、ミシアの『回想録』を読むと、事情は必ずしもそれほど単純ではなかったようである。タデは金策に苦労しなければならなかったし、ミシアの魅力の虜となったエドワーズは、「どんな贅沢でも思いのまま」だと言って彼女を口説いた。しかし、彼女は最初から、この金満家に対して、ただ嫌悪しか感じなかった。彼の家に招かれることは、その豪奢な料理にもかかわらず、彼女には苦痛以外の何ものでもなかった。そこには、『ルヴュ・ブランシュ』の仲間たちと過ごす時のような芸術的な雰囲気はおよそ欠けていた。食卓で交わされる下品な話題に適当に話を合わせるには、彼女はまだ余りにも若過ぎた。あれほど才気煥発なミシアも、無言で一刻も早く食事が終わるように祈るだけだったのである。

それほど嫌な相手との交際を彼女に強いたのは、実は夫のタデであった。当時タデは、エドワーズからの援助をあてにしていたので、できるだけ彼に「優しく」するように、妻に求めたのである。エドワーズの野心は、ミシアばかりでなく、周囲の誰の眼にも明らかであったから、タデも気がついていなかったはずはないのだが、あえて眼をつぶっていた。それほどまで、彼の財政状態が苦しかったということであろう。

エドワーズはさすがに老獪である。タデの苦境を見て取ると、ハンガリーのある「有望な」炭鉱の経営を提供することをタデに申し出た。成功すれば巨万の富が手に入ることになる。タデは、ミシアの必死の反対にもかかわらず、喜んでそれを引き受け、現地に向かった。彼女は、無防備のまま、ひとりパリに残された。

その後の経緯は、今聞いてもほとんど信じられないくらいである。夫の留守中、彼女はエドワーズの執拗な招待を無下に断わることもできず、死ぬ思いで何回か彼の邸を訪れた。ところがある時、食事の後で、同席していたエドワーズ夫人の兄弟（つまりシャルコー博士の息子）から、エドワーズの愛人になってほしいと頼まれた。エドワーズの妻も承知の上の話だという。ハンガリーでのタデの事業は無惨な失敗で、巨万の富どころか、彼はさらに多くの借財を背負ってしまったということも彼女は知らされた。今やタデを救うことができるのはエドワーズだけであり、エドワーズを納得させることができるのはミシアだけだというのである。

もう少し後のミシアなら、もっとしたたかになっていたかもしれない。しかしこの時の彼女は、気も動顚して、返事をすることすらできなかった。彼女は、涙を押さえながら、無言のまま家へ帰った。

やはり血筋というものであろうか、それから彼女がとった行動は、事情こそ違うが三十年前の母親のそれに似ていた。ミシアは、少しのためらいもなく、ハンガリーにいる夫に会うため、オリエント急行に乗り込んだのである。彼女にとって、頼れるのはやはり夫しかいなかった。しかし母親の場合と違って、彼女はハンガリーまで辿り着くことはできなかった。汽車がもう少しでウィーンに到着しようという時、ノックの音とともに客室のドアが開けられたからである。現われたのはエドワーズであった。

彼女が、言われるままにウィーンで下車してしまったのは、もう抵抗する気力をすっかりなくしてしまったからだろうか。エドワーズは、今度は正式に結婚を申し込んで来た。異国の旅の空で、彼女はどう返事してよいかわからない。彼女は、ハンガリーにいるタデと、パリのヴュイヤールに電報をうった。忠実なヴュイヤールはただちに駆けつけて来てくれたが、タデは電話で、今は行けないとだけ言ってきた。行けないから「うまくやるように」と繰り返すだけであった。だが、いったい何をどう「うまく」やればよいのだろう。

タデの方は、期待した炭鉱の経営が惨めな失敗を重ねていた。エドワーズが言うようにタデに能力がなかったのか、それとも狡猾なエドワーズが最初から見込みのない仕事を押しつけたのか、その辺の事情はよくわからない。いずれにしても、事態は以前よりいっそう悪くなっていた。タデは自分で大きな借金を背負い込んだばかりでなく、親戚や知人の金をも、無駄に注ぎ込んでいた。その後ミシアは、タデとスイスで会うが、事情は少しも改善されない。タデはひたすら、エドワーズに頼ろうとした。そしてエドワーズは、喜んで救いの手を差しのべる用意があった。ただそれには、ひとつだけ条件があった。

結局ミシアは、夫のために人身御供に供せられたようなものである。少なくとも、彼女自身はそう思っていた。もちろん、彼女の「回想」は、必ずしも客観的とは言えないかもしれない。しかし、大筋においてはほぼそれに近い状況であったことは、他の二人の当事者が、それぞれこの事件に基づいた芝居を書いていることからも容易に察せられる。事実、エドワーズの『連鎖反応』も、タデ・ナタンソンの『家庭』も、状況設定は完全なフィクションだが、いずれも、お金のために妻を別の男に「譲る」夫の話である。当時の観客は、モデルが誰であるか、容易に推察することができたであろう。

それにしても、エドワーズはともかく、タデまでが、自分にとって決して名誉ではないこのような芝居を発表したのは、いったいどういう神経なのかよくわからない。『家庭』は、オクターヴ・ミルボーとの共作であるが、一九〇八年、タデはこの芝居を、コメディ・フランセーズの演目に加えることに成功した。ただし、内容があまりにスキャンダラスだという非難が殺到したため、劇場側では、早々にレパートリーからはずさなければならなかった。すると、驚いたことに、タデはミルボーとともに、コメディ・フランセーズを契約違反で訴え、上演継続を要求したのである。裁判の結果は作者の勝訴となり、芝居は再び噂好きのパリ人たちを喜ばせることとなった。コメディ・フランセーズの支配人は辞表を提出した。

一方、エドワーズ夫人となったミシアは、暫くのうちは平穏な生活を送っていた。どんな贅沢も思いのままというエドワーズの言葉に嘘はなかった。彼が惜しみなく彼女に捧げた多くの贈物のうち、アムステルダムで特別に造らせた全長四十メートルの豪華ハウスボートが、ことの他ミシアの気に入った。グランドピアノのあるサロン、広々とした食堂、豊かに飾られた化粧室、そして来客用の客室が七つもあるこの船は、文字通り浮かぶ豪邸であった。エドワーズは、ミシアのために、この船を「エメ」号と名付けた。「愛する人」の意味である。と同時に、それは、ミシア・エドワーズの頭文字M・Eと同じ発音でもあった。

彼女自身のこの船に、ミシアはしばしばヴュイヤール、ボナールなどの友人や、弟のシパの家族を

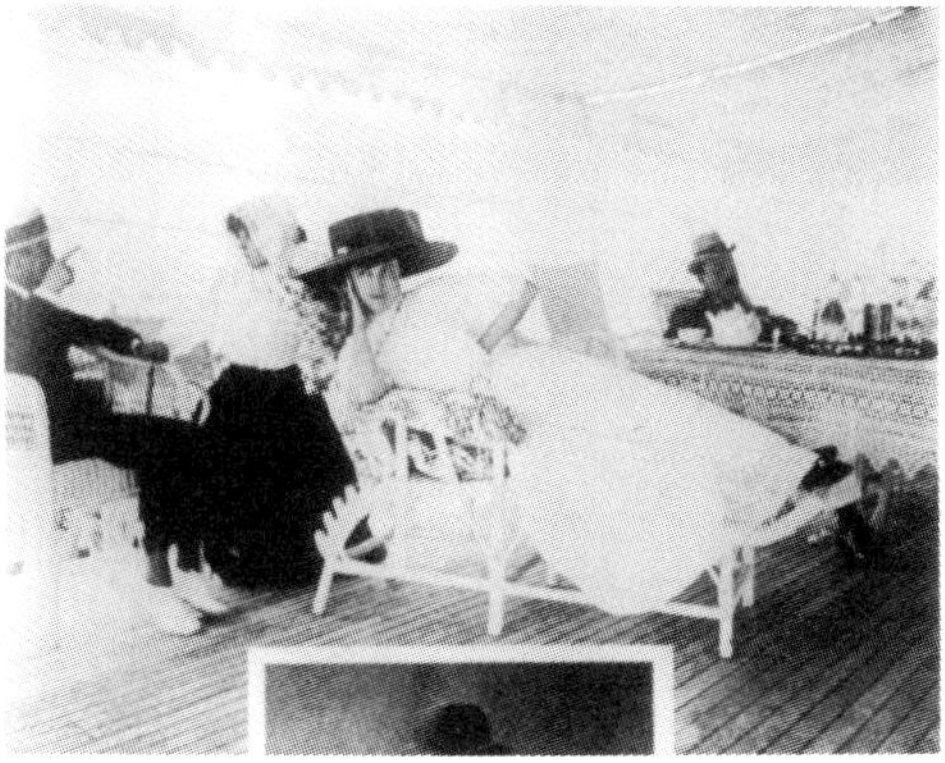

「エメ」号船上のミシア

招いた。物質的には何ひとつ不自由はなくても、やはり心のどこかに忍びこんでくる淋しさを、彼女はこんなかたちで紛らせていたのかもしれない。一九〇八年頃にボナールの描いたミシアの肖像では、彼女は豪奢な衣裳に包まれてルイ十六世式の長椅子に腰を下ろしていながら、うつむいたその表情には、哀感が漂っている。

この「エメ」号の船上で遊覧航海を楽しんだ仲間に、女優のレジャーヌとその息子たちがいるし、世紀の大歌手エンリコ・カルーソがいる。画家では、ボナール、ヴュイヤールのほか、ラプラードやフォランもいた。そして一九〇五年、当時パリ音楽院の生徒で、ローマ賞参加を拒否された若いモーリス・ラヴェル（挿図）もいた。ミシアはこの頃から、単なる芸術愛好家ではなく、芸術保護者の役割をも演ずるようになったのである。ラヴェルの才能を高く評価していた彼女は、彼がコンクールに参加できなくなったことを知ると、夫のエドワーズを動かして、『ル・マタン』紙上に激しい音楽院攻撃を書かせた。それは結局、音楽院長の辞任にまで発展した。

二十九歳のラヴェルにとって、豪華な「エメ」号船上で過ごしたドイツ、オランダの旅は、生涯忘れられない思い出であった。四つ年上の美しいミシアは、音楽院での不快な経験をすっかり忘れさせてくれた。ミシアに対するラヴェルの敬愛の念は、その「ハープと弦楽とフルートとクラリネットのための序奏とアレグロ」が、「エドワーズ夫人ゴデブスカ」に献呈されていることからも明らかである。ラヴェルは他に「白鳥」もミシアに献げているし、ずっと後に、ディアギレフのために書いた「ワルツ」を、「ミシア・セルト」に献呈している。なおついでに言えば、ルナールの『博物誌』に想を得た「マ・メール・ロワ」の献辞に書かれているミミとジャンは、シパ・ゴデブスキの子供たち、つまりミシアの姪と甥である。

しかし、「エメ」号上のこのささやかな平穏の時期は、長く続かなかった。あれほどまでミシアに執着していたエドワーズが、まるでつぎからつぎへと新しい玩具を欲しがる子供のように、今度はミシアよりもさらに若い女優のランテルムに心を移してしまったからである。不本意ではあったにせよエドワーズ夫人になったミシアは、皮肉にもかつてのエドワーズ夫人と同じ立場に立たされるようになったと言ってもよい。

それは、ミシアにとって手強い相手であった。ゾラの小説『ナナ』で知られるとおり、第二帝政から第三共和制にかけての時期のパリで、女優や歌手が放恣な生活を送った例は珍しくない。しかしランテルムの場合は、単に身持ちが悪いなどという程度ではなかった。彼女はもともと正真正銘の娼婦だったのである。ジュヌヴィエーヴ・ランテルム、本名マチルド・フォッセイは、十四歳の時すでに、

ラヴェルのカリカチュア

母の経営する娼家で売れっ子であったという。その驚くべき美しさについては、多くの証言が残っている。もっとも、写真で見るかぎりでは、なるほど美人には違いないが、特に大袈裟に感嘆すべきほどのものとは思われない。むしろ、当時の流行画家ボルディーニの手になる肖像画（挿図）の方が、洗練された気取った身のこなしのなかに、奔放で官能的な魅力を湛えた彼女の妖しい魅力をいっそうよく伝えてくれるだろう。この肖像画のモデルとなった時、彼女は、数年後の悲劇的運命についてては、もちろんまだ何も知らない。

9

ミシアは一度、この美貌の女優ランテルムの家に出かけて、正面から対決したことがある。むろんまだ離婚前のことである。彼女は夫を愛していたとは言えないが、夫が自分より年下の女優に熱を上げるのを黙って見過ごすのは、やはり彼女のプライドが許さなかった。彼女は、前のエドワーズ夫人のように、そのまま引っこむつもりは少しもなかった。しかしそれと同時に、彼女の心の奥底に、いくばくかの好奇心があったことも否定できない。もともとミシアは、相手が男であれ女であれ、華やかな才能の持主に対して、本能的に惹かれるものを持っていた。ラヴェルやジャン・コクトーに対する彼女の態度が、そのことをよく物語っている。当時ランテルムは、エドワーズの派手な後楯と彼女自身の優れた演技力によって、レジャーヌ劇場の花形女優であり、パリじゅうの人気の的であった。もしエドワーズが彼女の「パトロン」でなかったとしたら、ミシアも素直に彼女に拍手を送っていたかもしれない。ミシアには、そのようなナイーヴな一面があったのである。

それに比べると、ランテルムの方は年は若いといえ、はるかにしたたかであり、一枚も二枚も役者が上であった。自分の「パトロン」の正妻が乗り込んで来たと言えば、どんな用件かぐらいは、言われなくても容易に推察がつく。ランテルムは、ミシアに会う前に彼女が武器を持っていないかどうか召使いに検査させるだけの用心は怠らなかったが、エドワーズに与えられた十八世紀風の豪奢な応接間に彼女を招じ入れると、相手に口を開かせる余裕も与えず、大袈裟な身振りと言葉でミシアの優雅な趣味を褒め讃え、いつのまにか話を芝居や社交界の方に巧みにもって行ってしまった。つまり、最初から、ラムテルムの方がその場の主導権を握ってしまったのである。こうなると、舞台の場数を踏んでいるランテルムの方が断然強い。ミシアは、はじめて舞台に上った新人のように、考えて来たせ

ボルディーニ「ランテルム嬢の肖像」
1907年　油彩

りふも何ひとつ思い出せなくなってしまったという。

　ランテルムは、そのままこの危険な相手を、鄭重に、しかし断乎として追い返してしまうこともできたであろう。しかし彼女は、途中から戦法を変えた。どうやら、彼女自身が、ミシアに興味を抱いたようである。彼女は、それまで避けていたミシア訪問の目的にわざと話題をもって行くと、自分はエドワーズの富には惹かれるが、男としての彼には少しも魅力を感じていないから、いつでも喜んで別れる、と宣言した。ただし、そのための交換条件として、欲しいものが三つある、と彼女はつけ加えた。

「ひとつは、今貴女がしている真珠の首飾り。第二は一〇〇万フラン、そして第三は、貴女御自身です……」

　そして彼女は、かなりあからさまな言葉でミシアの美しさを讃えた。

　ミシアは動顚した。思いもかけない成行きである。彼女は、貞操堅固というわけではなかったが、何と言っても小さい頃から、祖母の許で厳しい道徳観を叩き込まれていた。ランテルムの申し出は、彼女にはショックと嫌悪を感じさせるだけであった。しかし同時にまた、心の底のどこかで、不思議な昂ぶりを覚えたことも認めないわけにはいかなかった。それに、最初は恋敵の手から夫を取り戻すつもりで出かけて来たのに、逆に夫の恋人が自分を奪うという立場に立たされたことが、彼女には必ずしも不愉快ではなかった。だがむしろそれは、後になって思い返してみた時の話である。ランテルムの申し出を受けた時は、それは口にするのも汚らわしいことのように思われた。彼女は、混乱と動

揺を必死におし隠して自分から首飾りをはずして傍らのテーブルに置くと、

「あいにく今一〇〇万フランの持ち合わせはありませんが、数日中にきっとお届けします」

とだけ言って部屋を出た。

ミシアが家に帰りつくと、追いかけるようにしてランテルムからの使いが、小さな箱と一通の手紙を届けて来た。箱のなかには、先ほどの首飾りが収められていた。そして手紙の主旨も簡単明瞭であった。

「貴女がお帰りになった後で、考えを変えました。首飾りはお返し致します。お金の件も撤回します。ただ、第三の条件だけはお守りください」

このような手紙に対して、まだ世間馴れしていないミシアにどんな返事ができたろう。彼女からは、遂にどのような返事も出されなかった。

結局ランテルムは、かつてミシアがそうしたように、「エドワーズ夫人」からこの怪物のような男を奪ってしまった。しかし彼女の勝利も長くは続かなかった。一九一一年七月二十五日、彼女は二十四歳の若さで、突然世を去ってしまったからである。原因は溺死、かつてのミシアに与えられたあのエメ号でライン河周遊中の出来事であった。

その死は公式には事故として処理された。しかしその詳細については、納得しにくい点が多い。彼女は化粧室の窓から過って河に落ちたことになっているが、その窓はわざわざテーブルの上にのぼらなければ開けられないような高い所にあった。しかも当日は土砂ぶりの雨で、のんびり窓から景色を眺めていたいような天気ではなかったこともわかっている。花形スターの不慮の死であったため、事件はパリで派手に報道された。なかには、彼女が夫のエドワーズに殺されたということを堂々と暗示するような書き方をしている新聞もあった。エドワーズは早速名誉毀損でその新聞を訴えた。この裁判は結局エドワーズの勝ちに終ったが、裁判の続いているあいだじゅう、ジャーナリズムに恰好の話題を提供し続けた。そしてそのことが、エドワーズの友人たちのあいだでも噂になっていたことは、その後この精力的な男が今度はオペラ歌手のリナ・カヴァリエリといっしょに出歩いているのを見た画家のフォランが、

「あの娘は泳ぎができるんだろうね」

と語ったと伝えられていることからも明らかである。

この間、ミシアはむろんエドワーズとは会っていない。無責任なジャーナリズムの記事のなかには、嫉妬に狂ったミシアがランテルムを船から突き落したとにおわせるものすらあったが、これも根も葉もない噂であった。彼女はただ、毎日の新聞を通じて事件のことを知るだけであった。結局、フォルテュニィ街でのあの奇妙な対決以後、ミシアにはランテルムと会う機会はなかった。エドワーズに再び会うのは、さらにずっと後、一九一四年三月、エドワーズの死んだ日のことである。もっとも、彼女は、生きたエドワーズに会うことはできなかった。知らせを受けて彼女が駆けつけた時、彼はすでに息絶えた後であり、最後まで彼といっしょにいたはずの女優のコロンナ・ロマーノも姿を消していた。（ついでに言えば、この美貌の女優はルノワールのモデルを勤めたこともある。）彼女が

到着した時、この稀代の蕩児の遺体の他、その邸で彼女が見出したのは、忙しげに電話をかけている新聞記者一人だけだったという。

エドワーズの遺産は、大部分がコロンナ・ロマーノに遺された。その遺言書のなかに、ミシアの名前はなかった。エドワーズにとって、ミシアの思い出はすでに遠い過去のものになっていたようである。しかしそれは、ミシアにとっても同様であった。それまでのあいだに、彼女の方でも、スペインの画家ホセ＝マリア・セルトとの出会い、次いで結婚があり、また彼女が情熱を傾けたロシア・バレエの華やかな活動が記録されているからである。

10

第一次世界大戦前夜、すなわち「良き時代」の最後の時期のパリの芸術界に大きな衝撃を与えたロシア・バレエの華々しいエピソードについて語るには、まず、世紀の変り目の時代のロシア芸術界に重要な役割を果した文芸雑誌『ミール・イスクーストヴァ』、すなわち『芸術世界』誌のグループについて触れなければならない。

『芸術世界』誌が刊行されたのは、一八九八年から一九〇四年まで、わずか六年間のことであった。しかしそれは、当時のロシアにおける、いやさらに視野を拡げて当時の西欧世界全体のなかに置いてみても、最も開かれた、最も新しい、最も前衛的な芸術理念を唱導した雑誌のひとつである。絵画、彫刻などの造形芸術のみならず、音楽、文学、演劇など、あらゆる領域の芸術に積極的な関心を示し、若い才能を思い切って登用し、大胆で実験的な試みに挑戦し、国際的に広く開かれていた点で、それは『ルヴュ・ブランシュ』誌のロシア版と言ってもよい。

その中心となったのは、セルゲイ・ディアギレフ、レオン・ローゼンベルグ（バクスト）、アレクサンドル・ブノワである。彼らはいずれも、洗練された趣味と豊かな文化的伝統を持つ恵まれた環境に育ち、しばしば、フランス、イタリアなどに旅行して西欧の空気にたっぷりとひたっていた。その点では、多くの仲間が地方の農民の出身で民族主義的意識の強かった一世代前の移動派の画家たちとは対照的である。当時ロシアの美術界、思想界を二分していた「土着派」と「西欧派」という分類で言えば、『芸術世界』のメンバーたちは、明らかに「西欧派」、それも最も尖鋭な「西欧派」であった。新しい芸術雑誌を創ろうという話も、一八九五年頃——と言えばちょうどミシアが、夫のタデといっしょに『ルヴュ・ブランシュ』の仲間たちと新しい芸術運動に熱中していた頃だが——、当時パリに住んでいたバクストとブノワのもとへディアギレフがやって来て、フランスの芸術界の新鮮な息吹きにじかに触れて強い刺戟を受けたところから生まれて来たのである。

彼らは、最新のフランスの絵画や文学を論じ、ロシアの芸術の現状を嘆き、その革新のためには、西欧との結びつきを強め、諸芸術のあいだの交流をはかり、新しい試みを大胆に推進するほかないことを熱っぽく主張した。パリにおけるロシア・バレエの公演もそのような考え方の延長線上に位置するものであるが、バクストもブノワも、舞台芸術に専念する前には、絵画作品において、西欧、特にフランスとの結びつきを明瞭に示していた。事実、ちょうど世紀の変り目頃に描かれたバクストの絵画は、平坦な色面の利用、豊かな曲線模様、幻想的な象徴性などにおいて、明らかに世紀末的芸術の特色を示している。ブノワの場合は、フランスとの関係はさらに密接で、彼は何回かにわたってパリに滞在し、新しい芸術に対すると同様にフランスの古典主義美術にも興味を惹かれ、熱心に歴史を研究した。後にエルミタージュ美術館の美術部長に任じられる彼の歴史的教養の広さは、この頃に養われたものである。それと同時に、彼はロシアの古い美術にも関心を抱き、一九〇一年以来、『ロシア芸術の宝』と題する雑誌を刊行し、また『ロシア絵画史』（一九〇四年）をはじめとする著書もいくつか残している。このような歴史的教養の背景の上に立って、ブノワは新しい芸術の革新を特に舞台美術の分野に求め、ロシア・バレエの公演にあたっては、ディアギレフに協力して、「シルフィード」、「アルミーダの館」、「ジゼル」、「ペトルーシュカ」その他数多くの舞台装置に活躍した。それまで、

上　E.ランセール「芸術世界」展覧会のポスター　1913年
下　A.ブノワ「道化芝居」の舞台装置のエスキース　1906年

ともすれば単に副次的なものと考えられていた舞台装置や衣裳デザインを芸術の重要な分野として重視したことは、ロシア・バレエ団の大きな特色であり、また功績であったが、ブノワはそのために、バクストとともに最も精力的に活躍したと言ってよい。事実、一九一一年のストラヴィンスキーの「ペトルーシュカ」公演にあたっては、ロシアの民衆の魂を見事に翻訳して見せたと言われた彼の装置と衣裳が、その圧倒的な成功に大きな貢献を果したのである。

この二人に比べれば、ディアギレフは、実作者というよりは優れた鑑賞力を持ったディレッタントであり、有能な指導者であり、ある意味では煽動家であり、そして何よりも卓越した組織者であり、事業家であった。最初のうちは、彼は音楽家を志して、二十六歳までペテルブルグの音楽院で学んでいたが、作曲家としては必ずしも優れた資質の持主ではなかったらしい。彼が自作の交響曲をリムスキー＝コルサコフに見て貰いに行った時の次のようなエピソードが伝えられている。リムスキー＝コルサコフは、丁寧に楽譜を眺めて、一部分削除した方がもっと良くなるのではないかと忠告した。ディアギレフがかしこまって聞いていると、さらに追討ちをかけるように、しかし一番良いのは、最初から最後まで全部削除することだと言ったという。

ディアギレフ自身も、自分の本当の才能がどこにあるか、よくわかっていたようである。二十三歳の時、義母に宛てた手紙のなかで、かなり正確に自己分析をして次のように書いている。

第一に、私は法螺吹きです。しかしなかなか見事な法螺吹きです。第二に、誰にでも好かれる魅力を持っています。第三に、こわいもの知らずです。第四に、きわめて論理的で余計な気遣いをしません。第五に、真の創造の才には欠けているようです。そのような事情を考えて、私は自分にふさわしい天職を見つけました。それは、芸術のパトロンになることです。私はそのために必要なすべてを持っています――ただしお金だけは別ですが、しかし、いずれそれははいって来るようになるでしょう……

ややふざけたような書き方であるが、彼のこの自己診断は、よく自己の資質を見抜いていると言ってよいだろう。そして事実、彼の生涯は、その「天職」に捧げられることになるのである。

当時の西欧芸術の事情に深く通暁していたディアギレフは、西欧にはロシアにないさまざまの芸術

V.A.セローフ「S.P.ディアギレフの肖像」1906年　油彩

表現があることをよく知っていた。しかしそれと同時に、ロシアには西欧の知らない豊かな芸術の富があることも、はっきり認識していた。「芸術のパトロン」としてまた優れた組織者としての彼の最初の情熱は、ロシアの芸術を西欧世界に知らしめることに向けられた。

一九〇〇年のパリ万国博覧会において、ロシアの伝統的民俗芸術を数多く展示したロシア館がパリの観客に好評であったことも、ディアギレフを勇気づけたに違いない。行動的な彼は、さっそく八方奔走して、一九〇六年のサロン・ドートンヌに「ロシア絵画・彫刻の二世紀」と題する特別展示を実現することに成功した。(この展覧会の際に、彼は画家セルトと知り合っている。)

その翌年、彼は今度は、リムスキー゠コルサコフ、ムソルグスキー、ボロディンなどのロシア音楽家の作品をパリに紹介した。

これらの活動の好評に気をよくしたディアギレフは、一九〇八年、いよいよオペラ界に進出し、ムソルグスキーの「ボリス・ゴドノフ」の最初の国外公演に取り組むこととなった。主役には世紀の歌手シャリアピンを据え、舞台装置と衣裳には年来の友ブノワと、やはり同じ『芸術世界』誌の仲間であったアレクサンドル・ゴロヴィーンとコンスタンティン・ユオンを起用して、思い切って重厚華麗なものとした。ミシアがディアギレフと出会ったのは、この公演の時である。

当時ミシアは、まだ正式には「エドワーズ夫人」である。しかし彼女はすでに夫と別居していたのみならず、前の年には、やがて三番目の夫となるホセ゠マリア・セルトと、イタリアで熱い恋の季節を過ごして来たばかりであった。彼女が「ボリス・ゴドノフ」の舞台に魂を揺り動かされるような深い感動を覚えたのも、ひとつには新しい恋を得て昂揚した状態にあったためだったかもしれない。また、彼女の血のなかにあったスラヴ的なものが本能的に共感を呼んだということもあったろう。しかし一番大きな原因は、やはりミシアが人並み優れて鋭敏な受容力を持っていたためである。彼女の思い出によると、最初から荘重でしかも激しい情熱を伝える舞台にほとんど息苦しいほどの感動に捉えられた彼女は、座席にじっとしていることができず、途中でひそかに桟敷を脱け出すと、誰もいない廊下に独りで立ち尽くしたまま、扉を通して聞こえて来るシャリアピンの詠唱に耳を傾けていたという。

「ボリス・ゴドノフ」は、このシーズンのあいだに前後七回上演されたが、彼女は毎回出かけて行って、繰り返し同じ感動を味わった。それればかりではなく、ところどころに空席があるのに気づいた彼女は、それ以後の上演の売れ残りの切符を全部買い占めて、知人や友人に是非見るようにと配ったりもした。自らそれと意識をせずに、彼女はいつの間にか「芸術のパトロン」の役割を演じていたのである。

その「ボリス」の何回目かの上演が終った時、ミシアはセルトといっしょに近くのレストランで軽い夜食をとっていた。そこへたまたま、ディアギレフもやって来た。セルトは彼と知り合いであったので、自分たちのテーブルに来るよう、彼を招いた。ミシアは、自分の受けた感動を早速彼に伝えた。讃辞を聞き慣れていたディアギレフも、これほどまで真剣に、熱心に舞台の素晴らしさを語る愛好者には会ったことがなかった。二人はたちまち意気投合していつまでも話が尽きず、翌日の昼食の約束をしてやっと別れることになったという。

考えてみれば、ミシアとディアギレフは多くの点で共通した運命の落し子であり、最初から不思議な縁で結ばれていたと言ってよい。ミシアは一八七二年三月、ペテルブルグで生まれたが、ディアギレフも同じ年の同じ月、同じ町で生まれている。しかもミシアの場合と同じように、母親は彼を生み落すと同時に世を去り、父親の再婚によって新たにやって来た義母に育てられた。二人とも早くから音楽に強い興味を示し、一時は音楽家を志したが、結局音楽家にはなれなかった。その代り、ともに豊かな鑑賞力に恵まれ、特に若い才能を見出す鋭敏な嗅覚のようなものを具えていた。そして二人とも新しい大胆な試みを積極的に支持し、芸術の革新を夢見ていた。ミシアが『ルヴュ・ブランシュ』誌に熱中していた頃、ディアギレフは『芸術世界』誌によって自分の理想を実現しようとしていた。趣味も、境遇も、教養も、驚くほど似ていた二人は、いずれどこかで出会う運命であったのかもしれない。ただ違うのは、ディアギレフには相変らずお金がなかったが、エドワーズ夫人ミシアは、少なくともこの時点では少しもお金に困らなかったという点だけである。

といって、二人のあいだには、友情以上の何かがあったというのではない。何よりもディアギレフは、そのような意味で女性にはおよそ興味を持たなかった。ニジンスキーに対する彼の「愛情」は周知のことであり、彼もそれを隠そうとしなかった。二人は、「芸術のパトロン」としての同志であり、その結びつきから、ロシア・バレエの活躍が生まれて来ることになったのである。

11

ディアギレフとの出会いは、ミシアの世界をまた大きく拡げた。第一次世界大戦の時期から一九二〇年代にかけて、ロシア・バレエを中心として、画家、詩人、音楽家、舞踊家、演劇家、その他さまざまの分野の才能が、眩いほどの光芒を放っていたことはよく知られている。ミシアは、その輝かしい星座のなかでも、つねにひときわ大きく輝く星のような存在であった。

たとえば、一九二四年、ラリオノフによって描かれた「著名人仲間」（挿図）と題するカリカチュアがある。ラリオノフはロシア生まれの画家で、ディアギレフとともにパリにやって来て、詩人、批評家アポリネールの熱烈な支持を得て「レイヨニスム」（光輝主義）と呼ばれる大胆な抽象絵画を推進した先駆的芸術家である。大戦勃発とともに一時ロシアに戻ったが、健康上の理由で兵役を免除されると、生涯の伴侶であるナタリー・ゴンチャロヴァとスイスに移った。大戦中、ミシアとセルト、ディアギレフとレオニード・マシーンの二組の「カップル」がイタリア旅行の後しばらくスイスに滞在していた時、ちょうど同じ場所にいた。ロシア・バレエのためには、リムスキー＝コルサコフの「夜の太陽」やストラヴィンスキーの「狐」をはじめ、多くの舞台装置や衣裳のデザインに協力している。そのラリオノフのカリカチュアは、ディアギレフを中心に、当時の革新的な芸術家仲間を、犬の集まりに見立てて描いたものである。画面の中央に特に大きく、帽子をかぶったブルドッグのような姿で登場して来るのが、ディアギレフである。東奔西走、休む間もなく精力的に活動を続けていたディアギレフは、それにもかかわらず年とともに体重が増えて、この頃には堂々とした貫録をそなえるようになっていた。カリカチュアのなかでも、彼は他の仲間たちよりずっと大きく、威圧するように描かれている。

そのディアギレフ犬のすぐ後に、小犬のようなレオニード・マシーンがいる。マシーンは、ニジンスキーに継ぐディアギレフの「愛人」で、当初は、ニジンスキーの記憶があまりにも強烈であり過ぎたためか、必ずしも評判が高かったとは言えないが、この頃には、すでにロシア・バレエの踊り手として、また振り付け師として、最も重要な存在になっていた。もちろん、彼をそこまで育て上げたのは、ディアギレフである。ディアギレフは、かねがね、「どんな人でも半年間預からせて貰えれば、世界一の踊り手に仕上げてみせる」と豪語していたが、マシーンの場合は、まさしくこの言葉を実証するものであった。その意味で、この優れた踊り手その人がディアギレフの作品であったと言ってよい。

ラリオノフの画面には、さらに、ストラヴィンスキー、アポリネール、スイス生まれの指揮者エルネスト・アンセルメなどの姿が見える。第一次大戦中に歿したアポリネールは、この時すでに世にないが、頭上に円光をつけた姿でこの集まりに加わっている。アンセルメは、第二次大戦後、その著『人間の意識における音楽の基礎』（一九六一年）において、十二音階やセリーの音楽などの前衛的試みを「死んだ理論でしかない」と激しく攻撃して話題を呼んだが、第一次大戦中は、ロシア・バレエに参加して、やはりディアギレフの仲間であった。ストラヴィンスキーの「兵士の物語」、「狐」、

「結婚」、ラヴェルの「ワルツ」、ファリャの「三角帽子」など、彼の指揮によってはじめて紹介された作品は少なくない。

さらに、画面の上部には、パイプをくわえた大きな眼のピカソがいる。そしてその前で、首飾りをつけてちょこんと座っているただ一人の女性がミシアである。もう一人、ディアギレフの尻尾のところにいる青年が誰であるかよくわからないが、尖った鼻と顋が特に目立つように描いてあるところを

M.ラリオノフ「著名人仲間」1924年　デッサン

見れば、才気煥発の詩人ジャン・コクトーでもあるのだろうか。

早熟の才能に強く惹かれるミシアは、かつてラヴェルに対してそうであったように、コクトーのはじけるような才気をも愛して、保護者の役割をつとめた。コクトーが先輩のマラルメにならって、自作の四行詩を扇子に書いてミシアに贈ったことは、すでに述べたとおりである。さらにコクトーは、劇場の桟敷席にいるミシアや、ピアノを弾くミシアの姿を、省略された素速い筆遣いのデッサンに残している。高い襟を立てて豊かな頬髯を半ば隠すようにしたセルトと、オペラグラスで見物客を眺めているディアギレフとの間にいて、プログラムを手にしているミシアを描いたスケッチもある。ミシアのすぐ後方にいるのは、レオニード・マシーンである。

彼らの仲間のあいだには、早熟のコクトーよりもさらに若い、そしていっそう早熟なもう一人の詩人がいた。彼が、マックス・ジャコブに連れられてミシアのところにやって来た時、ようやく十四歳だったというから、ほとんどまだ子供と言っていい。若い才能に敏感なミシアは、小柄な身体を父親のだぶだぶのコートに包んだこの少年に強く惹かれるものを感じた。顔色は蒼白く、癖のある巻毛はくしゃくしゃのままだったが、切れ長の眼だけは深く澄んでいた。少年の名は、レイモン・ラディゲと言った。

何ごとにも物怖じしないコクトーとは逆に、ラディゲは神経質で人見知りをする性格だった。それだけに、かえってそのきらめくような才能が多くの人びとに愛されたのかもしれない。「一度も髪を刈ったことがなく……、ほとんど家に帰らず、地面でも、テーブルの上でも、モンパルナスやモンマルトルの画家たちのアトリエでも、どこでもところ構わず寝ていた」（コクトー）というこの少年は、ミシアの仲間たちにとって、まるでペットのような存在であった。ミシアとその友人のココ・シャネルは、ほとんど母親のように彼のことを気づかった。「六人組」の仲間の作曲家オーリックとプーランクは、彼の詩に音楽をつけた。マックス・ジャコブ、アポリネール、ポール・モーランなどの文学者たちも、彼の紡ぎ出す詩句の新鮮さに舌を巻いた。アポリネールは、必死になって言葉と格闘するラディゲに対して、

「まだ絶望するのは早いよ、ランボーだってやっと十七歳になってから傑作を書いたのだから」

と語ったという。（これは、ラディゲが十六歳の時のことである。）

だがなかでも、ラディゲの才能と人間に最も強く魅せられたのは、コクトーであった。彼はラディゲを公然と「子分」にして、その才能を世に出そうと努めた。その結果生まれたのが、あの『肉体の悪魔』である。（奇しくも、ランボーの場合と同じように、この傑作は作者が十六歳から十八歳の時に執筆された。）コクトーは、早速その発表会を、友人のジャン・ユーゴーの家で催した。その席には、ミシアとセルトはもとより、数年前に結婚したばかりのピカソとオルガ、エティエンヌ・ド・ボーモン伯夫妻も加わっていた。鋭い心理分析を硬質繊細な文体で展開してみせたこの小説は、人びとを讃嘆させるのに充分なものがあったが、ボーモン伯爵夫人は、途中で眠り込んでしまった。ラディゲが、遺稿となった『ドルジェル伯の舞踏会』でモデルとしたのは、このボーモン伯夫妻である。

だがラディゲは、この二番目の小説が刊行されるのを、自分の眼で見ることはできなかった。神々

に愛された人びとは、早くそのもとに召されるという。彼は、一九二三年の冬、わずか二十歳の若さで腸チフスのため世を去った。コクトーが「二人の天使」と呼んだミシアとシャネルは、しばしば見舞いに病院を訪れた。コクトーももちろんその傍らについていたが、あまりにラディゲが苦しむのを見るに堪えず、家に帰ってしまった。その苦しみ様は、看護婦でさえも思わず部屋から出てしまうほどだったという。その葬儀の世話をしたのは、ココ・シャネルであった。（なおずっと後のことになるが、ミシアの葬儀を取りしきったのもシャネルである。）彼女は、すべてを白い薔薇の花で埋めつくし、純白の柩の上だけに、いくつかの赤い薔薇の花を置いた。激しい苦しみの後で、その死顔はすっかり穏やかな平和なものだったと、ミシアは後に回想している。なお、ラディゲの父親から、ミシアに宛てて書かれた礼状が残っている。

ロシア・バレエの活動について言えば、それが世に送り出した数多くの舞台のうちで、最も記念すべきもののひとつが、コクトー、ピカソ、サティのコンビによる「パラード」であったことは、おそらく誰しも異論のないところであろう。それは、後にコクトーが誇らしげに語ったように「エリック・サティの最初の交響的作品と、パブロ・ピカソの最初の舞台作品と、レオニード・マシーンの最初のキュビスム的振付けと、そして言葉によらないで自己表現しようという詩人の最初の試みとをひとつに統合したもの」で、「粗野な人形芝居の外観の奥に詩情を隠している作品」であった。

「パラード」は、一九一七年五月十七日、戦争の真最中に、パリのシャトレー劇場で幕をあけた。この前衛バレエ誕生の大きな陰の力となったミシアも、むろん客席のなかにいた。ピカソがこの舞台のために描いた垂れ幕は、キュビスムの手法が随所に使われているとは言え、アルルカンやサーカスの人びとが舞台裏で一時を過ごしている和やかな情景を写実的にわかり易く描き出したもので、その雰囲気は、「アヴィニョンの娘たち」以前の「サーカスの時代」を思わせるものがあった。このピカソにしてはおとなしい楽しげな垂れ幕は、いったいどんなものを見せられるかと漠然とした不安と期待を抱いて集まって来た観客たちを、安心もさせ、同時に当惑もさせたようである。しかし、その垂れ幕が上がると同時に、事態は一変した。それまで陰鬱な調べを流していたサティの音楽は、突如激しく調子を変えて、サイレンの響きや、急行列車や、飛行機の爆音や、タイプライターの音が入り混じる巨大な騒音を奏で始めた。その騒音のなかに、背の高さが三メートルにも及ぶような「マネージャーたち」が登場した。その「衣裳」もむろんピカソのデザインになるものだが、がらくたを利用して作り上げたような巨大な角張った被りものをすっぽりとかぶった踊り手たちは、脚だけしか見えず、まるで摩天楼の怪物のようであった。この「マネージャーたち」と四人の踊り手とで舞台は進行するが、レオニード・マシーンの演じた中国人奇術師は、踊るというよりも、「髪のなかから卵を取り出して食べたり……、火を吐き出して自分自身を燃やしたり」、ありとあらゆる思いがけない演技で、観客の度肝を抜いた。そして、奇術師といっしょに登場した少女は、「舞台を走り廻り、自転車に乗り……、チャップリンの真似をし、ピストルを持った泥棒を追いかけ、ボクシングをやり、ジャズ・ダンスを踊り、寝込み、崩れ落ち、四月の朝の草の上を転がり、コダック・カメラで写真を撮る」(コクトー『鶏とアルルカン』)という具合いであった。

コクトーやピカソが予期したように、観客はこの喧騒をきわめた「バレエ」に憤激した。終演後、愚弄されたと怒った観客たちが舞台に押しかけ、一時はかなり険悪な雰囲気であったという。この事態を救ったのはアポリネールであった。プログラムに序文を寄せてこの大胆な試みに全面的な支持を表明していた彼は、ちょうど負傷して戦場から帰って来たばかりのところで、頭に包帯を巻いた彼の姿が、人びとの怒りを和らげたのである。チューリッヒで、『ダダ』と名乗る雑誌が創刊される二カ月前のことである。

12

ロシア・バレエとの出会いは、ピカソの芸術に大きな転機をもたらした。コクトーの強いすすめによって、彼ははじめてイタリアを訪れ、古代やルネサンスの古い芸術に直接肌で触れることになったからである。キュビスムの大胆な探求の後、古典的な表現へ復帰する兆しは、それ以前からある程度現われていたが、このイタリア旅行が彼のいわゆる「新古典主義時代」の幕開けとなったことは否定出来ない。

このピカソの様式上の変化は、彼の生涯におけるもうひとつの大きな変化とちょうど重なっていた。ピカソは、それまでの長い間の放浪生活に別れを告げて、ロシア・バレエ団の踊り子オルガ・コクローヴァとの結婚生活に移って行ったからである。オルガは、ロシアの将軍の娘で、バレリーナとして特に優れていたわけではないが、ディアギレフの厳しい注文に応じて、四人組の踊りの一人を務めるぐらいの技倆は充分に持っていた。しかしピカソが彼女に惹かれたのは、おそらくその整った端正な容貌の故であったろう。そのことは、残された写真を見てもわかるが、ピカソ自身の描いたオルガの肖像、例えばピカソが自分の母親に贈った「マンティーリャをまとったオルガ」や、先頃パリに開館されたピカソ美術館所蔵のソファに座る「オルガの肖像」などで、いっそう強調されている。ここではピカソは、空間の把握や画面の構成にはキュビスムの思い出を残しているが、モデルの顔の表現は、まったく古典的な画法で、新しい恋人の姿をわれわれに伝えてくれている。なおついでに言えば、このロシア・バレエとの協力関係にあった時期が、ちょうどピカソの古典復帰の時代と重なっていたことは、われわれにとって喜ぶべきことであったろう。そのおかげで、ディアギレフや、ストラヴィンスキーや、アンセルメや、サティの風貌が、アングル風の見事なデッサンで生き生きと伝えられているからである。

ピカソとオルガの結婚式は「パラード」上演の一年余り後、一九一八年七月十二日に、パリ第七区の区役所で行なわれた。この時ミシアは、コクトーやアポリネールといっしょに、立会人となっている。出席者はほとんどピカソの友人ばかりだったというから、ロシアと縁の深いミシアがそばについていてくれたことは、オルガにとっても心強かったであろう。さらに、二人のあいだに最初の息子ポールが生まれた時には、ミシアは名付親の役目も務めた。

二人の結婚後間もなく、ロシア・バレエ団は、ロンドンで公演を試みた。ピカソは、オルガとともに同行し、「パラード」のほかに、ファリャの「三角帽子」の舞台装置と衣裳デザインを担当した。

この時に知り合った仲間の一人に、当時ロジャー・フライとともに新しい美術運動の紹介に努めていた批評家のクライブ・ベルがいた。後にレスター画廊でピカソが個展をした時に、カタログに序文を書いたのがこのベルである。ベルは、「ブルームズベリー・サークル」と呼ばれたロンドンの急進的な知的グループの一人であり、その頃は、ケインズといっしょに、ゴードン・スクエアのアパートに住んでいた。ベルがピカソたちを自分の家に招いた時、オルガの友人のバレリーナ、リディア・ロポコーヴァがいっしょに招かれた。リディアは、ロンドンの舞台で大いに人気を集めていたが、この時の縁で、後にケインズ夫人となった。

ミシアはその後ずっとピカソとの友情を保ち続けた。しかし、晩年のミシアは、衰えを知らぬ巨人のようなエネルギーで次ぎ次ぎと制作を続けていくピカソの作品に対して、かつてロシア・バレエの時代に覚えたような精神の昂揚を感じられなくなっていた。第二次大戦が終った後、パリのグラン・ゾーギュスタン街のピカソのアトリエを訪れた時、彼が見せてくれた数多くの作品のうち、どれひとつとして、自分の好きなものはなかったと、彼女はその『回想録』のなかで告白している。

残念ながら、彼がこの時期に描いた作品のなかには、私が手もとに置きたいと思うようなものは何もなかった。私は自分の感情を偽るには、あまりにも彼を深く愛していた……

彼が私を見送るために戸口まで来て私を抱擁した時、彼の澄んだ眼に涙が浮かんでいるのに私は気づいた。「あの作品が好きだ」と本気で言えるのだったら、私はどんな犠牲でも払っただろう……

ミシアは、自分でパスポートの生年月日を書き変えてしまったから、公式には実際よりも十歳若い年齢で通していたが、この時、すでに七十を越えていたはずである。世紀末から第一次大戦後の時期まで、つまりパリの前衛芸術運動の最も華やかな時代に、女王のように芸術家のあいだに君臨していた彼女は、あまりにも長く生き過ぎたのかもしれない。

晩年のミシアは、なおココ・シャネルやポール・クローデルのような友人たちに囲まれてはいたが、その生活は淋しく、みじめなものであった。三番目の夫のセルトは、ミシアとの情熱的な歳月の後で、若いロシア娘に心を移すようになっていた。最初のタデ・ナタンソンの時といい、二度目のエドワーズの時といい、ミシアの運命は、どうしても彼女に落ち着いた家庭を許さないもののようである。芸術家とは言いながら、処世の才にたけ、その巧みな社交術と華やかな弁舌で上流階級の人びとに取り入り、大いに世間的な成功を博し、人眼を驚かすような大作を次ぎ次ぎと発表する傍ら、疲れを知らぬ発展家でもあったという点で、ミシアの父親のシプリアン・ゴデブスキとそっくりであったセルトは、おそらくそれ故にミシアの心を捉えたのであろうが、しかしまた同じ理由によって、遅かれ早かれ彼女から離れて行く筈であった。

セルトの新しい相手は、ルッサダーナ・ムディヴァニ、通称ルッシーと言い、ゲオルギアの貴族の末裔で、ロシア革命の際、難を逃れて亡命して来たという触れ込みであった。貴族の末裔というのはかなりいかがわしいが、亡命者の家族であったことはたしかである。パリに現われる前に、しばらくコンスタンティノープルにいたことがあったが、その時ルッシーは、小遣銭を稼ぐため、華やかに着飾ってにこやかに観光客に話しかけ、隙を見て相手の靴に唾を吐きかけるという「仕事」を考え出したという。ちょうどそこへ、弟が靴磨きの道具を持って現われるというわけである。つまり、いわば浮浪児に近い存在だが、彼女の肉体的な魅力の上に「貴族の娘」というのが大いにセルトの気に入ったのである。

ミシアは、むろん大いに悩んだが、やがて彼女と知り合うようになると、セルトとの関係を知りながら、ミシア自身がこの娘の魅力に強く惹かれるようになった。ここらあたりが、ミシアの性格である。一時期は、三人でいっしょに住んでいたことさえあった。結局一九二七年十二月、ミシアとセルトは離婚することになるのだが、その時ルッシーは、「私たちは二人とも貴女を愛しているのだから、どうか泣かないで頂戴」と慰めた。そして驚いたことに、ミシアが死の間際まで身につけていた首飾りには、愛らしいルッシーの写真が収められていたという。

ミシアが世を去ったのは、一九五〇年十月十五日、七十八歳であった。駆けつけたシャネルは、すべての人を部屋から追い出すと、一時間ほどかけて、ミシアに最期の化粧を施した。真白な花に埋もれた彼女の遺体は、純白の衣裳に包まれ、その胸にかけられたリボンには、奔放華麗でありながら最後まで純な心を失わなかった彼女の生涯を象徴するかのように、一輪の淡い薔薇の花がとめられていたという。

III

切れた鎖

コンスタンス・ワイルド

1

一八八四年五月二十九日は、コンスタンス・メアリー・ロイドにとって、生涯の最も記念すべき日であった。この日、ハイド・パーク公園に近いロンドンのパディントン教区にあるセント・ジェームズ教会で、彼女はオスカー・ワイルド夫人となったからである。

教会の前には、大勢の人びとが集まった。そのなかには、新聞や雑誌の記者も少なくなかった。花嫁はともかく、花婿はすでに有名人である。それも、奇抜な警句や人眼を驚かすような奇矯な服装で注目を集めていたということになれば、有名と言っても、必ずしもつねに好意的に見られていたわけではない。むしろ悪名高いと言った方があたっているかもしれない。少なくともその名声は、今日のマス・メディア時代のはしりとも言うべきヴィクトリア朝ロンドンのジャーナリストたちの好奇心を刺戟するには充分なものだったと言えよう。

もっとも、結婚式そのものはごく内輪のもので、招待状を持っていない人は教会にはいれなかったから、一時は入口のところでもみ合いになったほどだという。それほどまで人びとが関心を寄せた大きな理由のひとつは、かつてのロマン派の詩人たちの場合と同じく、平素のワイルドの「型破り」な振舞いにあった。裏の世界は別として、表面的には堅苦しいまでに型にはまった体裁を何よりも大切にしたこの時代においては、長髪に半ズボン、絹の靴下といったようなワイルドのいで立ちは、それだけで人びとの眉をひそめさせるものであり、そしてまたそれ故に、評判を呼ぶものでもあった。彼がアメリカで講演旅行をした時には、その風変りな服装をひと目見ようというのでやって来た観客が少なからずいた。ボストンでは、血の気の多い学生たちが、講演会妨害デモまで企てた。彼らは、会場の真中の席六十人分を買い占め、全員が長いかつらと派手なネクタイ、半ズボンに絹の靴下という服装で気勢を挙げた。つまりワイルドのトレード・マークのような衣裳をいわばパロディ化することによって、逆に笑いものにしようとしたわけである。もっとも、ワイルドの方が流石《さすが》に役者が一枚上

オスカー・ワイルドの肖像

で、事前にそのことを察知してごく普通の服装で登場したため、かえって学生たちの方が引き立て役になってしまったという。

つまり、花婿は、良くも悪くも話題の人物である。ジャーナリストたちが殺到したのも無理はない。そして、彼らの期待は裏切られなかった。式を終えて教会から出て来た花嫁の姿は、普通のウェディング・ドレス姿ではなく、凝りに凝った華やかなものだったからである。それは、後にワイルドの友人がまとめた記録によると、次のようなものであった。

花嫁の豪奢で艶やかな繻子のドレスは、デリケートな黄水仙の花の色であった。胸もとは四角くやや深くえぐれ、襟から、メディチ風の高いカラーがのびていた。袖は豊かなふくらみを見せ、あっさりしたスカートは幾重にも襞をなして見事な細工の銀のベルトでおさえられていた。このベルトはオスカー・ワイルド氏の贈物である。ヴェールは、サフラン色のインド・シルクの薄布で真珠がちりばめられており、メアリー・スチュアート風に頭部を覆っていた。白い輝くような花を覗かせる天人花の葉の冠が美しく波うつ髪を飾っていた。そしてドレスのいたるところに、天人花の飾りがつけられ、花嫁の手にする大きな花束は、鮮やかな緑と白の輝きを見せていた……

コンスタンスは、栗色の髪に菫色の眼をした愛らしい娘で、残されている写真を見ても整った顔立ちを見せているから、この豪奢で洗練された花嫁衣裳をまとった姿は、文字どおり輝くように見えたであろう。この時彼女は、二十六歳であった。（なおついでに言えば、ワイルドは間もなく三十歳になろうというところであった。もっとも、セント・ジェームズ教会の記録では、花婿の歳は「二十八歳」となっている。気取り屋のワイルドは、いつもひとつかふたつ若く言うのがつねであった。）

この派手な花嫁衣裳は、ワイルドのデザインによるものである。この時ばかりではない。その後も、コンスタンスは、ワイルドの「歴史趣味」のおかげで、ギリシア風、ヴェネツィア風、中世風、その他さまざまの派手な、目立つ衣裳を着せられることになった。結婚後間もなく、宮廷拝謁の機会があった時、ワイルドは、ヴィクトリア女王への敬意を表明するため、女王即位時代に流行した服装をコンスタンスに着せた。ということは、当時の流行から言えば半世紀も前のオールド・ファッションで堂々と宮廷に伺候したということである。当然、人びとの好奇の視線がコンスタンスに集まった。ワイルドは平気であったが、コンスタンスははなはだ居心地の悪い思いをしたという。

コンスタンスが、夫と同じように目立ちたがりやで、しかも当意即妙の会話術を心得ていれば、それ故に社交界の人気者になれたかもしれない。ワイルドは人眼に立つことを何よりも喜んだし、からかわれても自分でそれを面白がるユーモアの感覚の持主でもあった。ある時ワイルド夫妻が、例によって奇抜な服装でチェルシー地区のキングス・ロードを歩いていた時、近所の悪童の一人が聞こえよがしに、

「何だこれは、ハムレットとオフィーリア様が散歩にお出ましか」

と叫んだ。それを聞いたワイルドは、つかつかと彼の方に歩みより、

「そうだよ、坊や、僕たちのことがよくわかったね」

と言ったので、相手は毒気を抜かれてしまった。こういう芸当は、コンスタンスには期待できない。ワイルドと出会う前の彼女は、パーティの席でもほとんど何も喋舌《しゃべ》らず、なるべく目立たないようにしているというごく控え目な娘であった。後に息子のヴィヴィアンが、彼女がいつもワイルドの言う通りの服装をしていたという世間の評判に抗議して、彼女はそんな自主性のない人間ではなく、ちゃんと自らの趣味を持っていたと母親を弁護しているが、それはそのとおりであるとしても、少なくとも結婚前の彼女の「趣味」がそれほど派手なものでなかったことは、たしかである。後にワイルドは、なぜコンスタンスと結婚したかときかれて、「彼女が一言も喋舌らない女だからさ」と彼一流のひねった返答をしているが、その答に嘘はない。それだけに、夫によって嫌でも人びとの注目を浴びる姿をさせられることは、苦痛とは言わないまでも、かなり気骨の折れることであったに違いない。

事実、結婚後も、社交界で人気者であったワイルドの家の女主人として、大勢の、それもしばしば一筋縄ではいかないお客を接待することは、コンスタンスの得意とするところではなかった。ワイルドの家の客間は当時最もよく知られた社交場のひとつであったが、その人気はもっぱらワイルドの鋭い才気と巧みな話術に負っていた。何かの都合でワイルドの帰りが遅れたりすると、コンスタンスは何とか座をもたせようと努めたが、それは決してうまく行かなかった。そしてワイルドが戻って来ると、それまで沈んでいた一座の空気が、急に活気づくのであった。

アンナ・ド・ブレモン伯爵夫人は、ワイルドの家に招かれてはじめてコンスタンスに会った時の印象を、次のように語っている。

……その次に私の視線を捉えたのは、黄水仙の薄黄色と薄緑色の美しいギリシア風テュニックをまとった若い女の姿だった。その豊かな赤褐色の髪は、うっとりするほどよく似合う黄色いリボンで根本を結んで長くうなじのところまで垂れ、前の方は額の上でたっぷりとした渦巻きの形にとめられていた。この見事な髪に囲まれた顔は、ほとんど子供のように若々しく、明るい肌と深く沈んだ眼を見せていた。このいささか派手過ぎる、しかし魅惑的なテュニックを着た女は、かなり臆病で、控え目で、居心地が悪そうに見えた。その態度は、出番を間違えた俳優のようで、私はとっさに、彼女は招宴で何か芸を披露するために呼ばれた若い女優で、この高級な観客を前にして神経質になっているのだろうと考えた。とすれば、彼女がこの家の女主人だと紹介された時の私の驚きがどれ程大きかったたか、充分想像がつくであろう……

そして伯爵夫人はさらに続けて、ワイルドが「コンスタンス、君はとても美しいよ」と言葉をかけると、彼女は顔をぱっと輝かせ、おどおどした態度が消え失せて元気になったが、それでも、「自分にはまったく似合わないこの借物のスタイルで何とか役をこなそうという苦労で、疲労と焦立ちは隠せなかった」と述べている。明らかに派手な社交は、コンスタンスの苦手とするところであった。

2

しかしながら、ワイルドと結婚したコンスタンスは、決して不幸ではなかった。それどころか、彼女は幸福の絶頂にあった。パリで新婚の二人を迎えたワイルドの友人のロバート・シェラードは、三人で馬車に乗っていた時、

「君たちがあまりにも幸福そうなので、この仕込杖を抜いて君をつき殺したいくらいだ」

と口走ったというエピソードが伝えられている。その時コンスタンスは、慌ててシェラードの杖を取り上げ、その後もずっとそれを記念としてとっておいたという。何しろワイルドは、シェラードと散歩に出かけた時でも、花屋を見つけると、すぐはいり込んで、今出て来たばかりのホテルの部屋の彼女宛に、カードを添えて大きな花束を届けさせるほどだった。後年の彼女の大きな悲劇は、この時はまだその影も見せてはいなかった。

ロンドンに戻った二人は、暫くしてから、チェルシー地区のタイト・ストリートに新居を構えた。新しい家は、建築家のゴッドウィンの協力によって、図書室は黄色と赤が主調であり、書斎は白い壁に緋色の家具という具合いに、ホイッスラーばりの華やかな色彩の交響楽が奏でられていた。当時ホイッスラーは、「耽美派」の一方の雄と見なされており、ワイルドとも親交があったが、コンスタンスもまたホイッスラーが好きであった。パリで展覧会を訪れた時、彼女が興味を示したのは、友人の彫刻家ドナヒューのブロンズ以外には、ホイッスラーの「灰色と緑のハーモニー、シスリー・アレク

サンダー嬢の肖像」と、「灰色と黒のコンポジション第二番、トーマス・カーライルの肖像」の二点だけだったという。もっとも、この時、彼女はすでにワイルドに感化されていたのかもしれない。「アレクサンダー嬢の肖像」（現在ロンドンのテート・ギャラリー蔵）（挿図）も、「カーライルの肖像」（現在グラスゴー・アート・ギャラリー蔵）（挿図）も、ともにホイッスラーの代表作で、当時パリにおいても評判であったが、しかしそれは必ずしも好評ばかりではなかった。しかしワイルドは、自分より二十歳年長のこの画家を深く敬愛し、講演においても、しばしばその仕事を称讃していた。少なくとも、後に二人が決定的に仲違いをするまではそうであった。しかも、トーマス・カーライルは、ワイルドの傾倒していた作家で、彼はタイト・ストリートの自分の書斎に、カーライルの愛用していた机を買い入れて据えていたほどだから、ホイッスラーの「カーライルの肖像」は、ワイルドにとっても感銘深い作品だったはずである。

上　ホイッスラー「カーライルの肖像」1872-73年　油彩
下　ホイッスラー「アレクサンダー嬢の肖像」1872-74年　油彩

しかし、二人の交友関係はそれほど長くは続かなかった。ホイッスラーは、自分でも認めているように、敵を作ることにかけては天才的であった。それは何よりも、彼が極端なエゴマニアだったからである。もちろん、芸術家には誰しも、多かれ少なかれ自己中心的なところがあるが、ホイッスラーの場合はそれはあまりにも徹底していた。彼は、他の芸術家と比べて自分の方が優れているなどという考えすら持っていなかった。彼にとっては、芸術家とは自分以外にいなかったからである。「彼は自分以外の誰にも何の興味も示さなかったし、人びとにもまた同じことを要求した。そしてもし人びとがそうした時には、激しく罵倒したり攻撃したりした」とある伝記作者は語っている。

もっとも、この点においては、ワイルドも相当なものである。彼はアメリカ旅行中、税関で、「何か申告するものをお持ちですか」ときかれて、

「何もないね、僕の天才以外には」

と答えたというエピソードの持主である。また、ある新聞社が作家たちに「世界の名著十選」のアンケートを求めた時、彼は自分の作品ばかりを並べ、「残念ながら私の著書はまだ五冊しかない」と返答したという。ただワイルドの場合、その自己顕示欲の表現には、人びとの喝采を博するだけの才気とユーモアが含まれていた。ホイッスラーはもっと直接的で、誰かが彼の作品について少しでも批判めいたことを言えばすぐ反撥し、それればかりか、自分のことが話題にならなければたちまち怒り出すという具合いであった。これほどまでに自己中心的な芸術家二人が、長いこと親しい交際を続けるのは難しい。

当初二人を結びつけていたのは、ホイッスラーに対するワイルドの尊敬の念に加えて、この共通の自信、ないしは自負心であったかもしれない。世の人びとには芸術などわからないと信じている点では、二人は奇妙に一致していたからである。しかしその時でも、二人のあいだにひそかに競争意識が働いていたことは否定できない。一八八三年秋、つまりワイルドが結婚する前の年に、『パンチ』誌が、芸術や人生について語る二人の架空の会話を掲載したことがあった。ちょうど旅行中であったワイルドは、早速ホイッスラーに、次のような電報を送った。

「『パンチ』誌は何もわかっていない。君と僕がいっしょの時に話題になるのは、君と僕のことだけだ」

ホイッスラーは、このワイルドのメッセージを自分の返事といっしょに『ワールド』誌に送ったが、ホイッスラーの返事は、「いやいやオスカー、君は忘れているのかね、僕と君がいっしょの時に話題になるのは、僕のことだけだ」というものであった。それに対しワイルドはさらに「まったくそのとおりだね、ジミー、われわれは君のことばかり話していた。しかし僕は僕のことばかり考えていた」と書き送ったという。

セント・ジェームズ教会でのワイルドの結婚の際には、ホイッスラーも招待を受けた一人であった。しかし彼は出席しなかった。いよいよ式が始まろうという時になって、ホイッスラーからの電報が舞い込んで来た。それは、「式ニ間ニアワヌ。待タズニ始メラレタシ」というものであった。

結婚して新居に落ち着いてからも、ワイルドはしばしば旅行に出かけた。浪費家のワイルドは、外見上の華やかさにもかかわらず、あるいはそれ故に、経済的にはきわめて苦しい状態にあり、収入を確保するために各地での講演を引き受けなければならなかったからである。内情を知っている友人たちのあいだでは、ワイルドが、自分とはおよそ正反対の、地味で控え目なコンスタンスと結婚したのは、彼女の財産をあてにしていたからではないかという噂まで流れた。事実、コンスタンスの両親はすでにいなかったが、彼女の祖父の遺産を相続するはずになっていた。（この時、祖父はまだ健在で、病床にあったが、コンスタンスの結婚の話を聞いてすっかり元気になってしまったという。）しかし、婚約中や結婚後に旅行先からワイルドがコンスタンスに送った手紙を見てみれば、ワイルドが真剣に彼女を愛していたことは明らかである。それは、皮肉屋のワイルドには珍しく、素直な、率直な愛の表現である。例えば、結婚後、スコットランドに旅行中に、エディンバラから出した手紙が残っている。

　心から愛するいとしい人へ
今僕はここにいて、君は遠く離れた反対側にいる。僕たちの魂がしっかり結ばれているというのに、口づけを奪われているなんて、何と呪わしいことだろうか。
手紙ではいったい何を伝えることができようか。ああ、僕の伝えたいことはとても言い表わせない。神々は、お互いの心を通じ合うのに、ペンとインクなど使いはしない。だが実のところ、君が実際に今ここにいてくれたとしても、今以上に強くこの存在を感じることはないだろう。なぜなら今僕は、僕の髪に触れる君の指や、僕の頤と触れ合う君の頤を生ま生ましく感じているからだ。空気は君の優しい声で満ち溢れ、僕の身体も心ももはや僕のものではなく、一種の法悦のなかで君とひとつになってしまっている。君と離れていると、自分がまるで不完全なものと思えてくる。

心から、永遠の愛をこめて

オスカー

僕は日曜日までここにいる。

平素のワイルドにはおよそ似つかわしくないこのぎこちないまでの正直な告白は、コンスタンスに寄せるワイルドの思いの深さをよく物語っている。

コンスタンスの方も、それ以上にワイルドに夢中であった。婚約時代に書かれた彼女のワイルドへの手紙のひとつは、そのひたむきな思いをわれわれに伝えてくれる。

……どうかお信じ下さい、私が私の心と魂のすべての力をこめて、深く深くお慕い申し上げていることを。あなたが私にお望みになることなら、どんなことでも致します、あなたに信じて頂くために、そしてあなたを幸福にするために。そしてあなたが私の夫になった時には、あなたが決して私から離れないように、そして私があなたを愛し続け、あなたの慰めであるかぎり決して他の誰をも愛することがないように、私はあなたを、愛と献身の鎖でしっかりと私に結びつけたいと思います……

コンスタンスのこのいじらしいほどの愛情は、結婚後しばらくの間は報われたように見えた。二人の結びつきはまさしく理想的なもののように思われた。だがそれならなぜ、ワイルドは、それから何年も経たないうちに、苦い思いを噛みしめなければならなかったのだろうか。「結婚のための最も大事な基礎は、お互いの誤解だ」とか、「人はつねに愛していなければならない、だからこそ結婚してはいけないのだ」というような言葉が、なぜ出て来るようになってしまったのだろうか。コンスタンスの「愛と献身の鎖」は、なぜ切れてしまったのだろうか。

3

ワイルドがコンスタンスといっしょに住んだのは、一八八四年の結婚からあの忌まわしい裁判によって断罪されるまでの、ほぼ十年あまりのことである。もっとも、ワイルドは、講演や創作のための霊感を求めてしばしば旅行に出かけていたし、特にコンスタンスにとって最も嫌悪すべき「敵」であるアルフレッド・ダグラスが登場してからは、ワイルドは長いこと家を空けるのが普通となったが、しかし二人は飽くまでも正式の夫婦であり、ワイルド自身、派手な社交生活を続けながら、家庭を否定したことは一度もない。ワイルドは妻を深く愛していたのみならず、大勢の客の前ではとかく気おくれを感じがちな彼女に対して、つねに細かい配慮を忘れなかった。

ある伝記作者は、ワイルドが結婚後ももっぱら一人で社交的な集まりにしばしば出かけて行った事実を指摘して、もし彼が夫人同伴でない招待は断乎ことわるようにしていれば、誰しもコンスタンスをいっしょに招くようになったに違いないと述べている。だが、もしそうなったとしても、果して彼女がそれを喜んだかどうかはわからない。彼女は、その華やかな美しさにもかかわらず、むしろ家庭に落ち着いている方を好んだからである。それに、結婚後間もなく、シリルとヴィヴィアンという二人の息子が相次いで生まれたことも、彼女を家庭に引き留めておく大きな理由であった。

一方ワイルドの方は、人前で喝采を博することが何よりも好きな性格であった。お洒落で、目立ちたがり屋で、しかも才気煥発、人びとをあっと言わせる機智と当意即妙の才に恵まれていた彼は、ま

コンスタンスと息子シリル
(Madame Oscar Wilde,Paris,1983)

さしく社交界のために生まれて来たような人物であった。ヴィクトリア朝時代最盛期の社交生活がどのようなものであったかを知るためには、ロイヤル・アカデミーの人気画家であったウィリアム・パウエル・フリスの描いた大作「一八八一年のロイヤル・アカデミー展内覧会」(挿画)を見てみればよくわかる。ロイヤル・アカデミー展は、美術界のみならずロンドンの社交界にとって重要な年中行事で、その特別招待日には、各界の貴顕淑女が、贅を凝らした服装で集まって来た。フリスの画面を見ても、人びとはゆっくりと絵を鑑賞するよりも、お互いに挨拶をかわしたり噂話に興じたりするのにいっそう忙しい。そのなかに、当時の画壇の大御所であったレートン卿やジョン・エヴァレット・ミレーなどの姿が見えるのは当然として、その他にも、政治家のグラッドストーン、詩人のブラウニング、小説家のトロロープ、女優のリリー・ラングトリーなどの姿も描かれている。侯爵夫人とか男爵夫人などの肩書を持った貴婦人たちとともに、各界の名士たちが集まって華麗さを競うのが社交界であった。そして、フリスの画面では、やや右手の方に、山高帽の下にトレードマークの長髪を肩まで波うたせ、服のボタンホールに花をさした長身のワイルドが、大勢の讃美者たちに囲まれている姿も描かれている。この時、ワイルドはまだ独身であったが、その社交好きは、結婚してからも少しも変らなかった。

　ワイルドが特に好んで親しく交わった人びとのなかに、サラ・ベルナール、リリー・ラングトリー、エレン・テリーなどの女優たちがいた。いずれも、当代一流の人気女優で、舞台の上のみならず、社交界においてひときわ目立つ存在であった。サラ・ベルナールのことは今さら説明するまでもないであろう。リリー・ラングトリーは、ジャージー島の牧師の娘で、たまたまこの僻地にヨット旅行にやって来た富裕な中年男の眼にとまって結婚し、一躍ロンドンの社交界にその花を開かせることになった。彼女の美貌は伝説的で、ある時ヴィクトリア女王でさえ、部屋にはいって来た彼女の美しさに思わず玉座から立ち上りそうになったという話が伝わっている。何よりも彼女を有名にしたのは、プリ

W.P.フリス「1881年のロイヤル・アカデミー展内覧会」

ンス・オヴ・ウェールズ（皇太子）がその美しさに惹かれて、彼女の「パトロン」となったことである。画家のミレーは「ジャージーの百合」と題する彼女の肖像画を描いているし、ワイルドも彼女の美しさを讃美する詩を贈っている。当時の劇場招待日の華やかな観客席を描き出したアルフレッド・ステヴァンスの「パレス劇場の初日の夜」（挿画）の画面前景でにこやかに笑っているのも彼女だと言われている。（ただし、これは確証はない。）

「英国女優のなかでの貴婦人」と呼ばれたリリーがはじめて舞台に立ったのは、もう三十歳に近くなってからのことであった。それに対して、奔放なエレン・テリーは、子供の頃から女優であった。一時イギリスの美術界の大立者ジョージ・フレデリック・ワッツと結婚して、彼の名作「花選び」のなかにその愛らしい姿をとどめているこの子供っぽい大女優については、いずれ第八章で詳しく述べることになるが、世紀末の時代における彼女の人気は、大したものであった。一八八八年十二月、リシアム劇場でのアーヴィングによる新しい『マクベス』公演の初日の舞台を見た流行肖像画家ジョン・シンガー・サージェントは、エレンのマクベス夫人にすっかり魅せられて、早速彼女の肖像を描くことを申し出たほどである。豪奢な衣裳をまとって、ダンカン王の王冠を誇らしげに自分の頭上にかざすこの「マクベス夫人に扮したエレン・テリーの肖像」は、翌年、ニュー・ギャラリーに展示されて、一大センセーションを巻き起こした。この時のアーヴィングの演出も、誰よりも「マクベス夫人」を目立たせようとするもので、その点、彼は人気女優の価値をよく知っていたというべきであろう。この時ワイルドは、マクベス夫人ばかりが華やかなのを見て、いつもの皮肉な調子で、晩餐会の場面の舞台から見るかぎり、マクベス夫人は、なかなかしっかり者の倹約家の主婦のようだ。彼女は、御亭主の服や召使いのお仕着せも、近所の店で間に合わせている。ただ、自分の買物をする時だけは、コンスタンティノープルまで出かけて散財して来るらしい。

と語っている。

しかしもちろん、ワイルドはエレンその人を皮肉ったわけではない。それどころか、彼は彼女の熱烈な讃美者で、リリー・ラングトリーの場合と同じように、その美しさを讃えるソネットを彼女に贈っている。

A.ステヴァンス「パレス劇場の初日の夜」

あゝ黄金の髪、あゝ真紅の唇、男の心を捕え、
男の愛を得るために作られた花の容顔、
君の姿を見る時、私の心は、この世の悩みも憂いも、
安らぎを知らぬ旅路の辛さも、すべて忘れてしまう。

エレンの方も、ワイルドとの友情を生涯大切にしていた。エレンは、その長い生涯において、それこそ数知れぬほどの男たちから讃美の言葉を捧げられたが、ずっと後になってから、「自分の知っていた男たちのなかで最も素晴らしかったのは、ワイルドとホイッスラーだった」と語っているからである。

しかしながら、といってワイルドとエレンの間に、何か色恋沙汰か、あるいはそれに似たような感情があったというのではない。その点では、当時ワイルドとの仲が大いに噂になったサラ・ベルナールやリリー・ラングトリーの場合も、同様であったろう。世間では、一八七九年、サラ・ベルナールがイギリスにやって来た時、ワイルドがその足もとに百合の花束を捧げて派手に讃美の念を表明したので、二人の間に何かあるのではないかと取沙汰されていたし、リリー・ラングトリーにも、毎日の

ように百合の花を届けさせ、彼女の家の玄関でその帰りを待ち受けたりしていたから、人びとの格好の噂の種を提供していた。伝記作者のなかには、サラやエレンの場合はともかく、リリーに対しては彼は本当に恋していたとする考えもあるが、必ずしもそうとは言い切れないところがある。

大体、オスカー・ワイルドという男は、世間で評判の高い有名人でその上美女なら、すぐに花や詩を捧げる癖がある。アメリカに旅行した時など、やはり女優のメアリー・アンダーソンに傾倒して早速詩を捧げたが、その時には、たまたま彼女がやはり金髪だったので、図々しくも、以前エレンに捧げた詩句をもう一度利用したりしている。つまり彼にとっては、それは愛だの恋だのという以上に、むしろ遊びであり、ゲームであり、スポーツであった。そして何よりも彼自身のショウであった。目立ちたがり屋の彼にとって、有名女優との噂話は、迷惑どころかむしろ望むところであった。そればかりでなく、火のないところに彼自身が煙を立たせようとした形跡すらある。

コンスタンスが、このような派手な夫の行状に対して不平も言わず、心配もしなかったのも、実はそれがそれほど深刻な話ではないということを、本能的に感じ取っていたためであったろう。彼女は、どんな時でもはしたない真似は見せないというヴィクトリア朝時代の女性教育を受けていたには違いないが、やはり女である。一度だけ、夫の様子が怪しいと本気で思いこんだ時、派手な騒ぎを巻き起こしたことがある。だがその相手は女優ではなかった。リリーやエレンは、タイト・ストリートのワイルドの家を訪れた時は、いつもコンスタンスの好意ある歓迎を受けた。特にエレンは、単なる社交相手以上に、親しい友人となった。

後にワイルドが不名誉な「罪」で逮捕され、激しい非難を俗びた時も、エレンの友情は変らなかった。ワイルドの保釈期間中、彼女は、大きな頭布で顔を隠して、ひそかにワイルドの家を訪れている。当時ワイルドは、人眼を避けてホテルを転々としていたから、彼に会うことは出来なかったが、彼女は、馬の蹄鉄をひとつと、「幸運を祈る」と書き込んだ名刺を預けて行った。その頃、友人たちの間で、ワイルドをイギリスから脱出させる計画が進められていたからである。ワイルドは結局この計画を拒否するが、エレンの友情は、コンスタンスにとっても、大きな慰めであったに違いない。

実はコンスタンスも、少なくとも一度だけ舞台を踏んだことがある。リリー・ラングトリー主演の「トロイのヘレン」で役を振られたのである。しかし、彼女の控え目な性格は、およそ舞台には向かなかった。

その点では、彼女がエレンと親しくなったのは、二人がおよそ正反対の性格だったからかもしれない。彼女は社交好きのワイルドとも正反対である。彼女は、自分からいわば陰の存在になることを選んだ。しかしそれにもかかわらず、彼女の存在は、ワイルドにとって大きな意味を持っていた。それも、彼の生活のみならず、その芸術にとっても、重要な役割を果したのである。

4

「自然は芸術を模倣する」という有名な警句や、「私にとって、芸術こそ基本的な現実であって、生活は単に想像の産物に過ぎない」という逆説の故に、ワイルドの芸術は、しばしば現実の生活とはまったく別の、人工的な世界と考えられて来た。たしかに彼は、その派手な服装やことさら世間の話題を呼ぶような行動をも含めて、ありのままの現実よりも「作りもの」の世界を好んだと言えるだろう。だがそのことは、現実世界が彼の芸術に及ぼした影響を否定するものではない。ワイルドの作品のいくつかのものは、意外に深く彼の家庭生活と結びついている。例えば、『幸福な王子』をはじめとするあの精巧な宝石のような童話は、自分の子供のために書かれたものであるし、ロンドン中を湧かせた風俗喜劇『ウィンダミア卿夫人の扇』にはコンスタンスの影が色濃く感じられる。

事実、この芝居の主人公であるウィンダミア卿夫人は、人柄も置かれた状況も、コンスタンスに酷似している。若く美しい人妻で、生まれて間もない子供があるという設定や、内気で、無邪気なまでに世間知らずだというその性格は、まさしくコンスタンスそのものである。もともとこの戯曲は、最初は「貞節な妻」という題であった。だが、ワイルドの母がその話を聞いて、「貞節な妻」など、誰の関心も惹かないから題名を変えるべきだと手紙を書いて寄越したので、現在の題名になったという。ウィンダミア卿夫人を創造している時に、ワイルドが妻のことを考えていたのは、ほぼ間違いない。（ついでに言えば「コンスタンス」というのは「貞節」の意味である。）

さらに、夫が素姓のよくわからないいかがわしい女のもとに通っていることを知ってウィンダミア卿夫人が激しい嫉妬に苦しめられたという、この芝居のそもそもの発端も、おそらくは現実から借りて来たものである。ワイルド自身、一時、リージェント・パークに住む正体不明の女のもとに出入りしていたことがある。彼女は、ビビディ・レオナールというフランス女で、いわゆる「ドゥミ・モンデーヌ」（高級娼婦）であったらしい。（芝居のなかでは、アーリン夫人がまさにそれにあたる。）先に、コンスタンスが一度だけ家庭争議を惹き起こしたことがあると言ったが、それは、このフランス女との関係をめぐってのことである。もちろん、戯曲ではプロットがひとひねりもふたひねりもしてあるが、そもそもの発想は、自分自身の体験に基づいているのである。

だいたい、一八八〇年代の後半から九〇年代前半にかけて、ワイルドが多くの「風俗喜劇」を書いたこと自体、おそらく彼の結婚生活と無関係ではなかったであろう。この世紀末の鬼才の華やかな活動におけるコンスタンスの陰の役割は、もっと見直されてもよいように思われる。

しかし、その多彩な戯曲創作活動の最後に、それまでの「風俗喜劇」とはおよそ異なったまったく新しい異色劇が書かれる。言うまでもなく、『サロメ』がそれである。ワイルドの作品のなかでも最も良く知られており、その影響力も大きかったこの芝居の女主人公サロメは、あらゆる点において、ウィンダミア卿夫人と、すなわちコンスタンスと対照的である。それは、単に遠い昔の聖書の物語を題材としているということだけによるものではない。むしろこの戯曲の持つ衝撃力は、サロメが、その妖艶な肉体と美貌を武器として男を破滅させる残忍な「宿命の女」として造形された点にある。このサロメの性格づけは、ワイルドだけに見られるものではなく、モローやムンクなどにも共通して見られるいわば「世紀末的」なものであるが、そのなかでも、ワイルドの『サロメ』は、その劇的な緊張感と鮮烈華麗な文体とによって、忘れ難い印象を与える。ビアズリーのあの見事な版画や、リヒァルト・シュトラウスの楽劇『サロメ』が直接ワイルドに霊感を得たものであることは、改めて指摘するまでもないであろう。

しかし、この傑作は、同時にまた、ワイルドのつまずきの始まりでもあった。あらゆる男を破滅させずにはおかない「宿命の女」サロメは、ヨカナーンだけではなく、ワイルドにも不幸を招き寄せたかのようであった。

第一に、この作品にすっかり熱中したサラ・ベルナールが大いに気を入れて準備したロンドンの上演が突如中止させられたことが、けちのつき始めであった。この時は、さすがのワイルドも、いつもの冷静さを失って、イギリスに絶望したからフランスに帰化するなどと口走ったがそのことは事態をいっそう悪化させただけだった。(当時のイギリスには、聖書の物語を題材とした芝居は上演してはならないという規制があり、『サロメ』はそれに引っかかったのである。結局『サロメ』の初演は、『ルヴュ・ブランシュ』誌の仲間のリュニェ＝ポウによってパリで行なわれたが、その時はワイルドは

A.ビアズリー「ヨハネとサロメ」
(『サロメ』挿絵)

すでに獄舎につながれる身であった。）

第二にそれは、英訳本とその挿絵の刊行をめぐってワイルドとビアズリーの間に、深刻な確執をもたらした。もともとこの戯曲は、不思議なことに最初はまずフランス語で刊行された。それを読んで創作意欲を刺戟されたビアズリーは、血の滴るヨハネの首に接吻するサロメの姿を描いた版画を『ステュディオ』誌に掲載した。この時ワイルドは、その見事な表現に感嘆して、讃美と感謝の言葉をビアズリーに書き送っている。しかしその後、『サロメ』の英訳本をビアズリーの挿絵入りで刊行するということになってから、雲行きがおかしくなって来た。ワイルドに劣らぬ自信家であったビアズリーは、挿絵のみならず翻訳まで自分でするとと申し出たが、ワイルドがビアズリーの訳稿を拒否したからである。ワイルドにしてみれば、異様なまでに強烈な個性を持ったビアズリーの影があまりにも濃くなり過ぎることを虞れたのであろう。一方、訳文を拒否されたビアズリーは、深く自尊心を傷つけられた。

さまざまの紆余曲折の後、結局英訳本は、ビアズリーの挿絵入り、アルフレッド・ダグラスの翻訳で刊行された。ワイルドの破滅をもたらした忌まわしい名前が、この時はじめて、公けに登場して来るのである。（もっとも、ワイルドとアルフレッドの「交友」は、もちろんその前から始まっている。）

ワイルドとこの金髪の美青年との間の「スキャンダル」については、すでにワイルド自身の『獄中記』をはじめ、多くの伝記作者によって詳しく語られている。ただ、それらの証言を読んでみても、最終的に、ワイルドがなぜあれほどまでアルフレッドに入れあげたかという点については、もうひとつ納得がいかない。アルフレッドは、なるほど美青年であったには違いないが、その性格は、およそ自己中心的で自制心がなく、我儘《わがまま》で、浪費家で、典型的な貴族のどら息子だったからである。ある伝記作者は、ワイルドは「外見の美しさ」に敏感であったと同時に、言葉に対して鋭い感覚を持っていたから、詩人の才能に強く惹かれるところがあり、その上、貴族の家柄に強い憧れを抱いていたと指摘している。彼の周囲には、多くの青年たちが集まっていたが、美貌と詩才と家柄を兼ね備えていたのは、不幸なことにアルフレッドしかいなかったというわけである。

いずれにしても、この「スキャンダル」は、コンスタンスにとっては文字通り晴天の霹靂《へきれき》であった。彼女のすべての夢と幸福は、一瞬のうちに崩れ去ってしまった。タイト・ストリートの住居から

上　コンスタンス・ワイルド
下　オスカー・ワイルドとアルフレッド・ダグラス（Madame Oscar Wilde, Paris,1983）

は債権者たちによって追い立てられ、友人たちは皆そっぽを向くようになった。「ワイルド」があまりにも有名であったため、子供たちのために、彼女は自分の名前すら変えなければならなかった。しかし、恐ろしい衝撃にもかかわらず、彼女は最後までワイルドを愛していたようである。別居承認の書類にワイルドの署名を貰うため、弁護士が獄舎を訪れた時、コンスタンスは、許されていないのに弁護士に同行して、窓の外からワイルドの姿をひそかにじっと見ていたという。その時の獄吏は、彼女の様子があまりにも真剣だったので、規則では許されないことだが、見て見ぬふりをしていたと後に語っている。だがワイルドの方は、この妻の訪問を知らなかった。

結局コンスタンスがワイルドと訣別することを決意したのは、何よりも二人の息子のためであった。しかし、彼女のその健気な努力も、長くは続かなかった。一八九八年四月、彼女は以前に家の階段で転んだ時の背骨の傷がもとで世を去ってしまったからである。ようやく四十歳になったばかりのことであった。この夜、ワイルドは、夢でコンスタンスがやって来るのを見たという。

彼女の墓は、彼女の最期の土地となったイタリアのジェノヴァにある。墓石には、当初「ホレース・ロイドの娘、コンスタンス・メアリー」とだけ刻まれていた。彼女の一族がワイルドの名前を嫌ったからである。現在では、その上に、「オスカー・ワイルドの妻」と記されているがこの一句がつけ加えられたのは、ずっと後のことであった。

IV

嵐のミューズ

アルマ・マーラー

1

西欧では、結婚やその他の事情によって名前が変った時にも、旧姓を残しておくことがある。例えば女流画家のベルト・モリゾーは、エドゥワール・マネの弟と結婚してベルト・マネとなったが、時にベルト・モリゾー＝マネと名乗った。この伝で行くなら、アルマは、正式には、「アルマ・シントラー＝モル＝マーラー＝グロピウス＝ヴェルフェル」と呼ばなければならないであろう。彼女は、八十五年の生涯のあいだに、実に五つの苗字を持ったからである。（一九六四年、彼女が世を去った時に対して、『ニューヨーク・タイムズ』紙は、「作家の未亡人、アルマ・M・ヴェルフェル」の死と報じた。それに対して、『ニューヨーク・テレグラフ』紙は、「アルマ・マーラー・ヴェルフェル夫人」と呼んだ。）

この五つの名前のうち、最初のふたつは彼女に与えられたものである。彼女が、オーストリアで名の知られた風景画家ヤコブ・エミール・シントラーの娘として生まれたのは、彼女にとっては、当然のことながら与えられた運命であった。父親の死後、母がシントラーの一番弟子であったカルル・モルと再婚したことも、彼女の意志とは関係がない。モルはシントラー一家と親しく、しばしば家を訪れていたから、アルマもむろん彼のことをよく知ってはいたが、それだけに彼が自分の父親となることには、大きな抵抗を覚えた。

アルマの母親のアンナは、もともと女優志望で、端役で舞台に出ていた時にシントラーに見初められて結婚したというだけあって、華やかな美貌の持主であった。だが、彼女は必ずしも貞節な妻ではなかったらしい。アルマが二歳の時、グレーテという妹が生まれたが、父親は別人であった。二人はいっしょに育てられたが、後にアルマは、この異父妹に対して、きわめて冷ややかな態度を示すようになる。父親の死後、次第に家のなかにはいり込んで来るようになって来たモルに対しても、やがてそのモルと結婚した母親に対しても、彼女は冷酷なまでに冷たかった。モルその人は、決して意地の悪い継父ではなく、アンナとの間に自分の娘が生まれてから後でも、アルマに対してできるだけの愛情を示そうとしたが、彼女の方は、少女らしい潔癖さで、母親の新しい結婚相手を拒否した。

「彼は私に対し、教育者としての才能を発揮しようと努めたが、しかしそれは、私の中に彼に対する憎しみを呼びさますものでしかなかった」

と、後に彼女は『わが生涯』のなかで述べている。さらに、

「私の父は偉大な一個の人格であったが、私の母が結婚した相手は、単にその影に過ぎなかった」

という一句も見られる。

それは、典型的なエレクトラ・コンプレックスの例と言えるかもしれない。後に彼女が、十九歳も年上のマーラーと結婚するようになるのも、少なくともその理由のひとつに、彼女のこの父親願望が

あったと推測することは不可能ではないであろう。ついでに言えば、すでに述べたように、父親は名の知られた画家であった。(彼女自身、若い頃に熱心に絵の勉強をしている。)「マーラー」というのは、ドイツ語では、スペルがわずかに違うが、「画家」という意味である。彼女がマーラーに惹かれたのはそのためではないかという人もいる。

いずれにしても、マーラー以後の三つの名前は、アルマが自分の意志で選び取ったものである。マーラー=グロピウス=ヴェルフェルという名前は、そのなかのどれかひとつだけでも、彼女の存在を歴史の上にとどめるのに充分であったろう。だが、アルマが「あらゆる天才たちのミューズ」と呼ばれるのは、音楽、建築、文芸のそれぞれの分野におけるこの三人の「天才たち」のためばかりではない。彼女が正式に結婚したのはこの三人だけであるが、彼女がかかわりを持った他の「天才たち」のリストは、さらに長く、しかも同じように輝かしい。

先に触れた『ニューヨーク・テレグラフ』紙は、彼女の訃報と経歴を、次のように述べている。

今世紀初頭に〈ウィーンの最も美しい娘〉であり、作曲家グスタフ・マーラーの未亡人でもあったアルマ・マーラー・ヴェルフェル夫人は、昨日、自宅で世を去った……。オーストリアの風景画家エミール・シントラーの娘で少女名をアルマ・シントラーと言ったヴェルフェル夫人は、また建築家ワルター・グロピウスの妻でもあり、次いで、作家・詩人のフランツ・ヴェルフェルの妻となった……。一九一一年にマーラーが世を去った時、未亡人は、表現主義の画家オスカー・ココシュカを、〈自分の巣に加える次の羽根〉として選んだと宣言した。一九一五年グロピウスと結ばれた彼女は、彼と正式に結婚した。二人の間に生まれた娘マノンは、若くして世を去った。建築家と結婚している間に、彼女はフランツ・ヴェルフェルと出会い、恋に落ちた。

グロピウスは離婚を承諾し、離婚した妻はその恋人といっしょに住むことになったが、やがて一九二九年、二人は正式に結婚した。ヴェルフェルは一九四五年、五十四歳で世を去った。その時彼女は、六十五歳であった。

しかしそれまでの歳月の間にも、他の男たちが彼女の生活にはいり込んでいた。ヴェルフェルの語るところによると、そのなかには、ドイツの詩人で劇作家のゲルハルト・ハウ

アルマ・マーラー (Gustav Mahler,Paris, 1985)

プトマン、生物学者パウル・カンメレル、ロシアのピアニストで指揮者のオシップ・ガブリロヴィッチなどがいた……

この新聞記事は、決して無責任な想像でも誇張でもない。それどころか、彼女自身の語る思い出を読めば、これだけでもまだまだ足りない程である。『わが生涯』によれば、彼女に最初に愛を教えてくれたのはグスタフ・クリムトであり、若いアルマが真剣に結婚を考えたのは、作曲家のアレクサンダー・フォン・ツェムリンスキーであった。たとえば、彼女は、クリムトとの出会いについて、こう書いている。当時クリムトはウィーン分離派の総帥として、最も華々しく活躍している時であった。アルマは、義理の父のモルが分離派の仲間であったところから、クリムトのみならず、ヨーゼフ・オルプリッヒ、ヨーゼフ・ホフマン、コロマン・モーザー、ヨーゼフ・エンゲルハルトなど、分離派の錚々たるメンバーと相識るようになった。

私が彼〔クリムト〕と識り合うようになったのは、まだ私がうんと若かった頃、彼らの秘そかな集まりの機会においてであった。彼は仲間のうちで最も豊かな才能に恵まれ、三十五歳でその活動力の絶頂期にあり、すでに有名であった。彼の美しさと私の輝くような若さ、彼の天才と私の才能、音楽に対する二人の共通の愛着などが、われわれを結びつけた。当時私は、愛に関する事柄については、嫌になるほど無知であった――一方彼の方は、その点においてもきわめてよく通じていた。

事実、その頃のクリムトは、正式に結婚もせずに洋裁師のエミリー・フレーゲとともに住み、あえてそれを隠そうともしない奔放な生き方によっても有名であった。そのクリムトと娘がいつのまにか親しくなり、人目を忍んで接吻をかわすまでに至っていることを娘の日記から知った母親が、二人の交際を厳しく禁じたのも当然であったろう。しかしクリムトは諦めなかった。アルマの家族がイタリア旅行に出かけた時、クリムトはその後を追って、家族の厳しい監視にもかかわらず、二人は何回か慌ただしい出会いの時を持つことができた。ヴェネツィアのサン・マルコ広場の雑踏のなかで、観光客の間に紛れながら、恋人たちは将来を誓い合った。

「それは二人だけの秘密の婚約と言ってもよいものだった」

と、アルマは回想している。

『わが生涯』には、その他にも、彼女が親しく交際した天才たちの名前が数多く出て来る。フーゴー・フォン・ホフマンスタール、アルトゥール・シュニッツラー、アルノルト・シェーンベルク、アルバン・ベルクなど、まさしく、あるジャーナリストが語ったように、それは「天才たちのギャラリー」と呼ぶにふさわしいものであった。人づき合いの悪いことで知られるホフマンスタールが突然彼女の家にやって来て、二時間も話し込んで行くことがあったし、シュニッツラーは妻オルガとの離婚話の悩みを彼女に訴えた。シェーンベルクは生涯を通じて彼女の心の友であったし、ベルクはその革新的なオペラ『ヴォツェック』をアルマに献げた。彼女の『わが生涯』を読んだある評論家は、「彼女がつかまえ損なったのはトーマス・マンだけだ」と述べたという。

もちろん、晩年になってから書かれた思い出には、無意識の自己美化や思い違いもあるであろう。しかしアルマが、これらの天才たちの心のなかで大きな場所を占めていたことは確かである。そしてそれによって、彼女は、二十世紀の芸術の歴史のなかで忘れることのできない存在となったのである。

2

芸術家の家に生まれて幼い時から多くの著名な芸術家と交わる機会を得たこと、そのため、早くから豊かな感受性を発達させて、たとえ人びとの眉をひそめさせるような新しい試みであっても、優れた作品の美質を的確に見抜く直観力を備えていたこと、自らも天分に恵まれて、特に音楽家として、その気になれば充分活動出来るだけの技倆を身につけていながら、芸術の使徒となるよりも芸術家仲間の女神となる道を選んだこと、そして何よりもその美貌と優れた感性によってさまざまの分野の多くの天才たちに霊感を与えるミューズとなったこと等において、アルマ・マーラーは、同時代のミシア・ゴデブスカと好一対である。そう言えば、これは偶然の結果であるかもしれないが、二人とも生涯に三度結婚し、ともにふたつの世界大戦を生き抜いて、晩年には生涯の思い出を書き残している。

だが多くの点で共通するものを持っていながら、アルマとミシアは、少なくともひとつの点では大きく違っていた。パリの芸術界に君臨したミシアが、ペテルブルグで生まれてベルギーで育ち、その後にパリにやって来た異邦人であったのに対し、ウィーンに君臨したアルマは、ドナウのほとりのこの町で生まれ、育った生っ粋のウィーン子であった点である。（もっとも、彼女の母親のアンナ・フォン・ベルゲンは、ドイツのハンブルクの生まれで、音楽と演劇の勉強のためにウィーンにやって来た人である。）

そのことは、十九世紀の末から二十世紀にかけてのあの熱っぽい豊かな混沌と変革の時代におけるパリとウィーンとのふたつの町の性格の違いを反映するものであろう。この時代、パリは芸術の都として、世界で最も開かれた町であった。ミシアだけにかぎらず、芸術に野心と憧れを抱く若者たちが、世界じゅうからその町にやって来た。そしてその新しく流れ込んで来た才能が、パリを活気づけていたのに対し、ウィーンは、もちろん音楽の都として国際的に広く知られてはいたが、文化的には、ハプスブルグ家の豊かな遺産をしっかりと保ち続け、それを濃縮させて持っていた閉ざされた町であった。ピカソやシャガールがパリの魅力に惹かれながら、それと同時にパリにそれまで知らなかったような新しい活力をもたらしたのに対し、ウィーンで新しい芸術創造を目指した分離派の運動を担ったのがほとんどウィーンの人びとばかりであったのは、そのためである。考えてみれば、ウィーンが、ピカソやシャガールのパリのように開かれた町であったのは、モーツァルト、ベートーヴェンの時代のことであった。ウィーンの町は、現在でも「リング」（環）と呼ばれる巨大な環状道路が都市の形態を決定しているが、もともとバロック時代の都市構想の産物であった城砦を取り壊して道路を作り、この「リング」に沿った建物をすっかり新しくして、町の面目を一新しようとしたのは十九世紀後半のことである。ちょうど第二帝政期のパリがそうであるように、今日のウィーンの町の相貌は、この時に出来上ったと言ってもよい。だが、オッスマン男爵の強引な指導力によるパリ改造計画が、見通しのよい放射状道路を強調し、城壁を否定してパリを開かれた町たらしめようとしたのに対し、ウィーンの「リング」整備計画は、あたかも町を新たに囲い込もうとしているかのようであった。

カール・ショースキーは、その著『世紀末ウィーン』のなかで、特に「リングシュトラーセ――その批判者と近代的都市計画の誕生」という一章を設けて、この新しい都市改造事業が――それに対する反撥をも含めて――世紀末ウィーンにとって重要な意味を持っていたことを論じている。それは一口に言って、かつての宮廷文化の栄光の名残りをなお強くとどめている都心部を、新興市民たちの価値を担った新しい記念建造物で包み込もうとするものであった。この巨大な環のなかで、世紀末ウィーンの爛熟した濃密な雰囲気が醗酵《はっこう》して行ったのである。なおついでに言えば、一九〇一年、アルマも含めてモル一家は、分離派の建築家ヨーゼフ・ホフマンの設計になる新しい邸宅に移ったが、それは「リング」の外側の小高い丘の上にあった。

このウィーンの町の長い音楽文化の伝統を象徴するウィーン宮廷歌劇場の芸術監督として、ボヘミア生まれのグスタフ・マーラーがやって来たのは、一八九七年、アルマが十八歳の時のことである。

もっとも、二人の出会いは、それからさらに四年ほど後のことになる。当時マーラーはすでに三つの交響曲を完成しており、ブダペストの王立歌劇場音楽監督やハンブルク市立歌劇場主席指揮者を歴任していた。三十七歳の働き盛りである。

マーラーは疑いもなく偉大な天才であったが、同時に気難し屋で激しい気性の持主であり、他人に対しても自己自身に対してもつねに完璧さを求める厳しい性格でもあった。しかも彼は、子供の頃から病弱であった上、八人の弟妹を次ぎ次ぎに失うという不幸を体験し、生涯、暗い死の想念に取り憑かれていた。その点では、精神的に不安定なところがあり、彼のことをはっきりと神経症だったと断定する批評家もいる。例えば彼は、「九」という数に対して、異常なまでの恐れを抱いており、第九交響曲を完成させれば、死がやって来ると信じていた。ベートーヴェンも、シューベルトも、遂に第十交響曲を完成させることができなかったのがその証拠である。この危険な数を通り越してしまえば、後は大丈夫だと彼は考えた。そこで彼は、運命の女神を出しぬくために、第八交響曲の次の作品は、番号をつけずに単に「交響曲」という副題をつけるだけにした。有名な『大地の歌』がそれである。これが彼にとっては、実は「第九」であった。そして翌年、ただちに十番目の交響曲の作曲にとりかかった。今日、彼の「第九交響曲」とされているものは、実はこの十番目のものである。だがその時点で、彼はやはり運命につかまってしまった。その後の「第十交響曲」（実は十一番目）は、スケッチのままで完成されることはなかったのである。

生前のマーラーは、作曲家としてよりも、むしろ指揮者としてよく知られていた。アルマも、彼と出会う前にすでに彼が自作の交響曲を指揮した演奏会に行っていたが、その時、曲は嫌いだったが、指揮者としての彼には、何かえたいの知れない魅力を感じたと告白している。事実彼は、最晩年にはほとんど指揮棒の動きすら感じさせないような抑制された指揮振りに変ったが、それ以前は、指揮台の上でまるで踊り狂うように派手な身振りを見せることで有名であった。その彼の華やかな動きを描きとどめたカリカチュア（挿図）も、いくつか残っている。

彼はまた、練習の厳しさによっても知られている。彼は、オーケストラがどれほど見事な演奏を見せた時でも、決して満足することはなかった。完璧主義者の彼は、つねにもっと良い演奏を求めた。彼にとっては、どんなオーケストラでも、完全なものはなかった。ウィーン・フィルハーモニーでさえ、そうである。彼はほんの少しの調子の狂いでも容赦なく怒鳴りつけ、何回でも繰り返し練習させた。そのため、彼は楽団員からひどく嫌われた。

もともと指揮者というものは、自分で音を出すわけにはいかないから、演奏を成功させるために、何よりも楽団員との信頼関係を大切にするものである。優れた指揮者は、皆多かれ少なかれ、楽団員の心を捉える術を知っている。だがマーラーは、およそそのようなことには気を配らなかった。リハーサルの最中、ほんのわずかでも調子の落ちた演奏をする団員がいると、彼の鋭敏な耳はただちにそれを捉え、演奏を中止させた。そして、その気の毒な団員を立ち上らせて、全員の前で罵倒しながら、何回でもひとりでそのパートを演奏させた。このようなやり方は、決して団員から慕われるための最良の方法ではない。「このような仕打ちを受けた団員は、間違いなく指揮者を殺してやりたいと思うものである」とある批評家は語っている。とすれば、そのマーラーがウィーンの宮廷オペラ劇場の責任者として十年間もその地位にとどまることができたのは、ほとんど奇蹟と言ってもよい。（もっとも、同じ頃に就任したウィーン・フィルハーモニー協会の主席指揮者の方は、三年ほどでやめさせられている。）それは、何よりも、彼の厳しさも罵倒も、優れた演奏のためであることが明らかだったからであろう。その点では、彼は極端なまでに良心的な監督であった。一九〇八年、シャルパンティエのオペラ『ルイーズ』を初演した時には、舞台装置もリハーサルもすっかり出来上った段階で、パリから招いたシャルパンティエが、舞台装置について不満を申し出た。マーラーは、早速予定

上　O.ベーラー「指揮台のマーラー」の影絵
下　A.シェーンベルク「マーラー」油彩

を全部繰りのばして、すべてをシャルパンティエの望む通りに改めた。強引と言えば強引だが、音楽に何よりも忠実であろうとするのが彼の信念であった。

しかし、それが極端になれば、病的と言われても仕方がないであろう。自己の神経症的性格について、マーラー自身も自覚していたらしい。晩年彼は、フロイトから精神分析の治療を受けている。その時のフロイトの診断は、彼には強度の母親固着があり、また強い聖処女コンプレックスが見られるというものであった。彼の父親のベルンハルトは、無一文から苦労してボヘミアで醸造所を経営するまでに成功した人物であっただけに、頑固で専制的で、一家において絶対的な支配者であった。彼は息子のグスタフがピアノに天才的才能を持っていることを知ると、神童として彼を売り出すことに熱中し、作曲をやりたいという息子の望みには一顧も与えなかった。ちょうどアルマが強い父親崇拝の念を抱いていたように、マーラーにとっては父親への反撥が、フロイトの言う「母親固着」と「聖処女コンプレックス」となったのである。そのマーラーが、アルマに惹かれたのも当然であったろう。二人が出会った時、マーラーは四十一歳、アルマは二十二歳であった。

3

アルマとグスタフ・マーラーは、一九〇二年三月九日、身内の人びとだけというわずかな参列者に見守られて、結婚式をあげた。二人が、共通の友人であるベルタ・ツッケルカンドルの家の夕食会ではじめて出会ったのが前の年の十一月七日、婚約したのが十二月二十三日というのだから、この恋の進行はきわめて早い。しかし二人は出会った途端にたちまち恋の虜になったというのではなかった。もちろん、音楽の都ウィーンのオペラ座の総監督と、「ウィーンで最も美しい娘」とは、お互いにその名前は知っていた。しかし二人は、ほとんど親子と言ってよいほど年齢が離れている。最初の出会いからたった四カ月後にもう結婚することになろうなどとは、どちらも想像もしなかったであろう。もともとアルマは、マーラーの才能を尊敬してはいたが、少なくともそれまで彼女が聴いたかぎりではマーラーの音楽をそれほど好きではなかったし、マーラーの方も、後に友人のマックス・ブルクハルトに向かって、

最初に会った時は、彼女は私にむしろ反感を抱かせた。彼女は要するに人形のようなものだと私は思った。それも当然のことだろう。だいたいあんなに若くて、あんなに美しい娘は、普通誰も真面目に相手にしないものだ……

と告白している。

このブルクハルトは、世紀末ウィーンの文化のもうひとつの中心であったブルグ劇場の支配人で、やはりアルマに魅かれていた一人である。ベルタの家での夕食会の時、彼もやはり招かれていて、アルマの隣の席にいた。彼女の反対側の隣は、クリムトで、マーラーは、ちょうどその三人と向かい合う席だったという。ベルタは後にこの時のことを回想して、自分は「アルマの過去と未来をひとつの

テーブルに集めた」と語っているが、彼女の言う「過去」とは、クリムトとブルクハルトのことである。(「未来」とは、言うまでもなくマーラーである。)ということはアルマをめぐるさまざまの噂は、虚実とりまぜて、友人たちのあいだでもよく知られていたということであろう。

だが、おそらくベルタは知らなかったであろうが、当時のアルマは、「過去」と「未来」のみならず、「現在」も持っていた。彼女が作曲を習っていた音楽家のアレクサンダー・フォン・ツェムリンスキーがその人である。ツェムリンスキーは、アルマの語るところによると、「背が低くて、顎《あご》がなく、歯は欠けており、一度も顔を洗ったことがなくていつもお酒の臭いをふりまいている」ような醜男であったが、きわめて鋭い感性と透徹した知性の持主で、アルマとは、あるパーティで出会った最初からお互いに意気投合した。その時、二人は、パーティに出席した人びとを片端からこきおろし、もしほんとうに尊敬に価する芸術家がいたら、その人のために二人で乾杯しようなどと軽口を叩いていたが、次の瞬間、眼を見合わせて、同時に「マーラー」と叫んだという。

このようにして、われわれ二人の相互の愛が始まった。「愛」というのは、それはすでに最初の時から、友情を越えたものだったからである。その夜ただちに、私はツェムリンスキーに、私の作曲の師となってくれるように頼んだ。その頼みに、彼は大喜びであった。私の方も同様であった

……

アルマは、後にその回想録『わが生涯』のなかで、こう語っている。もちろん、この自伝は多くの思い出がそうであるように、かなり美化されているかもしれない。少なくとも伝記作者のなかには、この二人の関係は、ツェムリンスキーの方がほとんど一方的に熱を上げていたので、アルマは比較的冷ややかだったのではないかと見る人もいる。だが、溢れるほどの豊かな情感に満ちた二十歳を越えたばかりの若い娘が、特にアルマのようにさまざまの優れた芸術家たちと身近に接することのできる恵まれた環境にいれば、大きな感情の揺れを体験したであろうことは、想像に難くない。そして、長い年月のあいだには、そのうちの最も昂揚した瞬間だけが、輝く宝石のように思い出のなかに残されたとしても、当然のことであろう。『わが生涯』のなかでは、アルマはつねに、才気と魅力に溢れる女王である。

それにしても、彼女が一時ツェムリンスキーに強く惹かれていたことはたしかである。マーラーと知り合って間もなく、一九〇一年十二月三日の日記に、彼女は次のように書き記している。

　私は恐ろしいディレンマに悩んでいる。私は、ひとりでそっと〈私の愛しい人〉と呟く。そうするとすぐに、〈アレックス〉という名が続いて飛び出して来る。私はマーラーをほんとうに彼に価するようなやり方で愛することができるのだろうか……。自分の心のなかに何があるのか、自分でもよくわからない。ほんとうに彼を愛しているのか、いないのか、私が愛していると思っているのは、総監督であり、華やかな指揮者だけなのか、それとも彼の人間そのものなのか、自分でもわからない。

この日記は、マーラーがアルマと知り合ってまだひと月とたたないうちに、彼女を愛し始めていたことを物語っている。アルマの周囲では、すべてが普通よりも二倍も三倍も速いスピードで動いているかのようであった。一時的にもせよツェムリンスキーに惹かれていたアルマは、結局マーラーを選ぶことになるのである。なお、音楽家としてのツェムリンスキーは、その最初のオペラ『サレマ』が好評で、作曲家としても活躍したが、今ではむしろ、二人の弟子の故にその名を残している。一人は言うまでもなくアルマであり、もう一人が後にアルマと生涯友情を保ち続けることになるアルノルト・シェーンベルクである。章楽史上におけるツェムリンスキーの功績は、結局シェーンベルクを育て上げたことにあると言ってよいであろう。

マーラーと運命をともにすることを決めてから後でも、アルマの心は決して平静になったわけではなかった。というよりも、その時から彼女の「天才との闘い」が始まったと言ってよい。後にココシュカとの場合がそうであるように、彼女は人並み優れた天才にどうしようもなく惹かれるものを持っていたが、同時に、やはり人並みはずれた強烈な個性と自己主張の持主であった彼女は、それ故につねに、同じように自己主張の強い相手との葛藤に苦しまなければならなかった。もしかしたら、アルマの激しいエネルギーそのものが、そのような闘いを呼び寄せずにはいなかったのかもしれない。

いずれにしても、マーラーとの結婚は、必ずしもスムースに運んだわけではなかった。年齢が十九歳も違うということは、普通に考えても似合いの組合わせというわけには行かない。義父のカルル・モルは、アルマが毎晩遅くまで出歩くようになっても、その相手がマーラーだとはどうしても信じようとしなかったほどである。しかもマーラーは、音楽にすべての情熱を注いでいただけに、世俗的なことにかけては、およそ疎かった。当時彼は、妹のユスティーネといっしょに住んでいたが、家のなかのことは一切妹に任せきりであった。アルマにマーラーがはじめて自分の心を打ち明けた時、二人

マーラーと娘のアンナ　1909年（「夢と現実」展図録）

はウィーンの町をどこまでも歩き続けて、いつの間にか時間が過ぎてしまった。マーラーは、夕食には帰らないということを妹に電話で知らせようとしたが、自分の家の電話番号をどうしても思い出すことができなかった。結局彼は、わざわざオペラ座に電話して、自宅の番号を教えて貰わなければならなかった。それに彼は、その俗事に疎い性格の故に、借金に苦しんでいた。その状況は、後に彼が名声を得てアメリカに招かれるようになるまで続く。マルマは、結婚によって、そのような世俗的な苦労も背負いこむことになるのである。

しかし、アルマにとって最も大きな問題は、彼が、天才にありがちな自己中心的性格から、アルマに絶対の献身を要求したことであった。ということは、アルマが当時本気でそう考えていたように、音楽家になることを断念せよということである。ロベルトとクララのシューマン夫妻のように夫婦がともに音楽家であるのはナンセンスだとマーラーは考えていた。彼にとっては、自分の音楽だけがすべてであった。二人が知り合ってまだ婚約までにいたる前に、ある時アルマが、マーラーの手紙に対する返事に、何気なく、今日はこれから作曲の課題の勉強があるからあまり長い手紙は書けないと書き送ったところ、マーラーは早速、自分に手紙を書くことが何よりも大事なことだから、その妨げとなるような作曲などやめてしまえと言って来た。随分勝手な話だが、マーラーにとっては、それが当然であった。婚約中も、結婚してからも、アルマはマーラーからただの一度も普通の恋人のように宝石や装飾品を贈って貰ったことはなかったと後に語っているが、マーラーは、そのようなことにはおよそ気がまわらない人である。彼が自分の作品をアルマに捧げることを思いついたのは、ようやく第八交響曲になってからであった。

その上、マーラーがウィーンにやって来る前、ハンブルクのオペラ監督だった頃、プリマ歌手のアンナ・フォン・ミルデンブルクときわめて親しい仲であったことは、ウィーンにも聞こえていた。アルマは、後に、自分と結婚するまで、マーラーはほとんど女性を知らなかったと書いているが、この「ほとんど」のなかには、意識的にか無意識的にか、アルマの願望がこめられている。ウィーンでもいろいろ取沙汰されていたマーラーの噂のことをアルマが知らなかったはずはない。

このような多くの不利な条件にもかかわらず、アルマがマーラーの愛を受け入れたのは、結局のところ、音楽家としての彼の偉大さに魅せられたからである。

4

たしかにアルマは、天才を見抜く天才であった。それも、激しい、強い、そして時に暗い影を背負った偉大な天才に、彼女の心はつねに熱っぽく共鳴するのである。同じ天才でも、例えばリヒァルト・シュトラウスのように明るく華麗な天才は、彼女の讃嘆を呼び起こすにしても、彼女の心も精神もすべてを揺るがすほどに虜にしてしまうことは難しい。その意味では、アルマは、「苦悩する魂」に憧れたロマン派の落し子であったと言ってもよいかもしれない。

したがって、アルマが、不器用なまでに自分の音楽と苦闘しているマーラーに強く惹かれたのも、不思議ではない。音楽に対して鋭い理解力を持っていたアルマは、リヒァルト・シュトラウスの天才も充分に尊敬していたが、それはシュトラウスが魔術師のように軽妙華麗に音を操るからではなく、その軽妙自在さにもかかわらず、そこに疑いようのない偉大さを感じさせるものがあるからであった。そして、シュトラウスの音楽に対する彼女のこの評価は、おそらくきわめて正確なものである。マーラーが世を去ってからずっと後のことだが、シュトラウスの『影のない女』を聴いた時に、彼女は日記にこう書き記した。

『影のない女』。リヒァルト・シュトラウスは何という巨匠だろう！　その豊かな旋律の喚起する魂のない甘美な顔付きの人物たちは、何とティエーポロを思い出させることだろうか。リヒァルト・シュトラウスにおいては、天才が軽妙さを越えて表われるのだ。

それは、彼が自分でそう望んだからではない。だが突如彼は偉大な存在となる。彼の天才がそうさせるからだ。彼はティエーポロのあの燃え上るような多彩な色合いを持っている。しかし彼には、この偉大な画家の持っている偉大さは欠けている。

この点で彼は、マーラーとまったく対照的である。マーラーはどんな時でもつねに偉大さを目指していたが、必ずしもいつもそこに到達したわけではない。

たしかに、マーラーとシュトラウスは、ともに偉大な作曲家であり、また二人とも優れた指揮者でもあったが、性格は——したがってその作品や仕事振りも——まるで正反対であった。マーラーは俗事にまったく疎くて借金を重ねたが、シュトラウスはけちで計算高いことで有名であった。指揮振りも、マーラーが（晩年になってから大分変ったが）まさに音楽のなかにはいり込んでそのめくるめく激しい流れに身をまかせるかのように、壇上狭しと大きな身振りで動き廻るのに対し、シュトラウスはつねに冷静で、あたかも必要以上に余計な動きを示すのは損だとでも思っているかのようであった――そして事実そのとおりだと言う人もあった。何しろ、片手をポケットにつっ込んだまま指揮をしたという話が伝わっているほどである。また、シュトラウスの場合、テンポも速かった。そのため、報酬が安い時には、一刻も早く切り上げるためにテンポを速めるのだと言われたりもした。実際、ベートーヴェンの第九を「汗ひとつかかずに」四十五分で振り終えたという実績すらある。

だがそのシュトラウスにも、一人だけ、どうしても対抗出来ない相手がいた。妻のパウリーネである。アルマは、マーラーの伝記のなかで、皆の前でパウリーネに散々罵倒されながら何ひとつ答えることができず、しょんぼりしていたシュトラウスの姿を伝えている。パウリーネは天才的な歌手であったが、同時にまた大変な気紛れ屋で、しかも自分の気持ちを一瞬たりともおさえることの出来ない性格であった。機嫌の悪い時には、どんな場所であろうと大声でシュトラウスを怒鳴りつけた。彼の『花火』の初演の時、パウリーネはマーラーの桟敷に招かれていたが、虫の居どころが悪かったのか、上演の間中、散々に舞台をけなし続けた。シュトラウスは、一言も答えなかったが、遂にパウリーネが途中で立ってもうホテルに帰ると言い出した時、おずおずと、ではいっしょに帰ろうと申し出た。パウリーネは、ついて来てもよいが、十歩以上後ろからでなければいけないと言った。シュトラウスは、言われた通り、十歩以上近寄ろうとはせず、黙って妻の後をホテルまで歩いて行った。

アルマの語るところによると、シュトラウスとパウリーネの関係は、最初からそのようなものだったという。二人が結ばれたのは、シュトラウスの若い頃のオペラ『グントラム』のリハーサルの時のことであった。パウリーネがプリマ歌手で、シュトラウスが指揮をしていた。練習の途中で、シュトラウスはパウリーネにある箇所を繰り返させた。パウリーネが歌い直した時、シュトラウスはもう一度演奏を止めて、注意を与えようとした。だが彼が一言も発しないうちに、憤激したパウリーネは、ピアノ用の部厚い総譜をいきなりシュトラウスに投げつけ、口汚く罵った。もともとパウリーネには、育ちの悪いところがあって、歌は見事だが平素の言葉遣いは決して上品とは言えなかった。たまたま同じ舞台にいたバリトン歌手のシュヴァルツが、見兼ねて、彼女の品の悪さをかなりきつい調子でたしなめた。ところが、シュヴァルツが驚いたことには、その日の夕方、シュトラウスから、介添人を通して決闘の申し込みがあった。仰天したシュヴァルツが理由を尋ねると、「婚約者を侮辱した」というのである。よくきいてみると、シュトラウスとパウリーネは、その日、リハーサルの後でただちに婚約したのだという。

アルマは、このエピソードを伝えた後で、しかしシュトラウスにとっては、パウリーネのような人が必要だったのではないかと語っている。シュトラウスについての彼女のこの観察はおそらく正しい。シュトラウスにかぎらず、多くの友人や芸術家たちに対するアルマの見方は、鋭い批評家の眼を感じさせる。

彼女はまた、自分のこともよく知っていた。つねに沸騰し、溢れ出ることを求めてやまない彼女の内部のエネルギーが、どんな場合でも自らを表現せずにはいられないことを、彼女自身、はっきりと認識していた。おそらくその恐ろしいほどのエネルギーが、彼女の奔放なまでの生涯となったのである。

自分の生涯を振り返った思い出のなかで、ココシュカとの嵐のような数年間を回想しながら、アルマはこう述べている。最初の夫マーラーが世を去ってから間もなくのことである。


今になってようやく、人びとはグスタフ・マーラーをまるで聖者のように讃美している。何という卑怯な人びとだろうか。もはや彼はほとんど現実の存在ではないというのに。

私にとっては、明日の日に現実となるものしか存在しない。

昨日に属するものは、公衆と批評家に任せてしまう。

私はとどまることが出来ない。

人間は強ければ強いほど、それだけ激しく所有することを望むものだ。人は時に、自分の願いに反するものまでをも含めて、すべてを取り込み、所有しようとする。

そして私は、自分自身が強い人間であることをはっきりと感じている。……

どんな人も、その運命が前もって決められているわけではない。

どんな人も、魅力のない人はいない。すべての人にとって、でき得るかぎりその魅力を輝かせ、誘惑し、魅了することが義務なのだ……

O.ココシュカ「風の花嫁」1914年　油彩

この一節は、彼女自身の生涯を要約していると言ってよい。しかしそれほど自信に満ちた、「強い人間」であるアルマも、ココシュカとの出会いでは、徹底的に自分を痛めつけないわけにはいかなかった。「オスカー・ココシュカは、私の生活を充実させたと同時に破滅させた」と、後に彼女は語っている。もちろんそれは、彼女自身が望んだことでもあったろう。

二人が出会ったのは、一九一二年の春、アルマがマーラーを見送ってから一年後のことである。アルマの義父のカルル・モルが、若い、貧しい、しかし才能に満ちたこの放浪画家に、自分の肖像を描かせるため、ホーエ・ヴァルテにある邸に彼を招いた。二人は、出会うなり、たちまち激しい情熱に捉えられた。その状況は、ちょうどツェムリンスキーの場合と似ている。後にココシュカは、二人の愛の思い出を「風の花嫁」(挿図)――別名「嵐」――と題する記念すべき作品のなかに描き出したが、その画面では、二人の恋人たちは、まるで激しい嵐に翻弄されて空中に漂っているかのように見える。それはたしかに、恐ろしい情熱の渦巻く嵐の時期であった。

5

アルマと出会った時、ココシュカは二十六歳、アルマより七歳年下であった。最初のマーラーの場合は別にして、その後彼女の生涯に重要な役割を演ずる「天才たち」は、グロピウスにしてもヴェルフェルにしても、いずれも彼女より年下である。そこに彼女の保護者的な――別の言葉で言えば、支配者的な――性格が表われている、と言えるかもしれない。

事実アルマは、野獣が本能的に獲物の存在を嗅ぎつけるように、並はずれた「天才」を的確に選び出し、ただちにその創造力の根源に触れて行く鋭い直観力を持っていた。それは、「天才」の創造力を刺戟し、その最良のものを抽き出すという点において、霊感を与えるミューズとなることであったが、同時にまた、彼女にとっては、それこそが、彼女自身の内部に渦巻いていた強烈なエネルギーにはけ口を与えることでもあった。つまり、アルマの保護者＝支配者的態度は、彼女自身の自己表現にほかならなかったのである。

とすれば、彼女と「天才たち」との関係は、パトロンと芸術家、あるいはミューズと詩人という以上に、多かれ少なかれふたつの強烈な個性の対決という側面も示さざるを得ない。対決は時に血みどろの闘争ともなる。その闘争が最も激しかったのが、おそらくココシュカとの関係においてであった。もちろん、その闘争が激越であっただけにいっそう、それだけ濃密な陶酔の瞬間が二人の間にあったであろうことも、疑うわけにはいかない。

互いに自己主張の強いふたつの個性の対決は、すでにその最初の出会いの時から見られる。というよりも、もう少し正確には、最初の出会いについての二人の記憶の喰い違いのなかに見られる、と言うべきであろう。アルマは、初めてココシュカに会ったのは、カルル・モルの紹介で彼が彼女の肖像を描くためにやって来たからだとして、その時の様子を、『わが生涯』のなかで、次のように語っている。

彼は目の粗い画用紙を持参していて、早速デッサンを始めた。しかししばらくしてから、私は、このようにただ眺められるだけでは落ち着かないから、彼が仕事をしている間ピアノを弾かせてほしいと頼んだ。彼はまたデッサンにとりかかったが、その仕事は、しばしば咳のために中断された。そして、彼が口にあてたハンカチをそっと隠そうとするのを見ると、そこには血の痕がついていた。彼の靴には穴があいており、その服はすり切れていた。われわれはほとんど話はしなかったが、それにもかかわらず、彼はほとんどデッサンを続けることができなかった。われわれは立ち上った。その時彼は、突然、激しい情熱をこめて私を抱きしめた。そのような抱擁は、それまでの私の知らないものだった……。私はまったく何の反応も示さなかったが、そのことが彼をひどく驚かせたようだった……。

この一節を読むと、肖像を描くために訪れながら、彼女の美しさに魅せられて思わず我を失った情熱的な、いささかぎこちない若者の姿が浮かび上って来る。しかしココシュカ自身は、やはり後年の

上　オスカー・ココシュカ
下　アルマ・マーラー（Oskar Kokoschka,a Life,New York,1986）

回想のなかで、まったく違った状況を語っている。それによると、彼がアルマに出会ったのは、彼女を描くためではなくて、義父のカルル・モルの肖像を依頼されてその邸に赴いた時のことであり（この時の「モルの肖像」は現在も残っている）、また、アルマの肖像を頼んだのは彼女自身だったという。

マーラーの葬儀の後、彼女はしばらくの間は、人前に出ないようにしていた。しかし彼女はまだ若く、やがて仲間をほしいと思うようになった。そして、私に会いたいと望んだのだ。

食事の後で、彼女は私を、ピアノのある隣の部屋に連れて行った。そしてピアノの前に座ると――私ただひとりのために、と言って――「イゾルデの死」を弾きながら歌った。私はすっかり魅せられてしまった。彼女は若く、悲しみのなかに驚くべき美しさを湛え、多くの人と交際しながら孤独であった。その後で彼女が、自分の家に来て肖像を描いてほしいと言い出した時、私は、大きな喜びと同時に不安も感じた。第一に、私は、最初に会った時から私への恋の虜になってしまったように思われる女性の肖像など、それまで描いたことがなかったし、その上私は、いささかの気おくれと後ろめたさを感じたからである。一人の男としてつい最近死んだばかりの別の男の後にはいり込んで幸福を味わうなどということが、いったいどうして出来るだろうか……。

つまり、二人とも、その思い出のなかでは、自分の方が受身であったように語っているのである。

実際のところ、一九一二年四月十四日の夜、ウィーンのホーエ・ヴァルテにある壮麗なモル邸の一室で、二人の間にどのようなことが語られ、どのようなことが起こったか、今となっては正確に知る術はない。ただ、最近ココシュカの伝記を書いたフランク・ホイットフォードは、当時ココシュカが貧乏であったことは事実としても、彼は身だしなみに気を遣う方で、「穴のあいた」靴や「すり切れた」服など決して身につけなかったこと、また、彼は、風邪くらいはひいていたかもしれないが結核であったことはないから、ハンカチに「血の痕」などつくはずがないことを指摘して、アルマの言うことは「ほとんど信用出来ない」と断定している。

事実、たしかにアルマには、芸術的才能に恵まれた多くの女性たちがそうであるように、自分を何かドラマの主人公に仕立てあげようとする強い欲求があった。それも、かなりロマンティックなドラマの、である。つまり彼女は、若い情熱的な天才から熱烈に恋い慕われる存在でなければならなかったし、その若者は、燃えるような創造力の持主でありながら、貧困に苦しみ、病魔に侵された芸術家でなければならなかった。そして、ロマン派の時代、最も恐れられた、それ故に——もしそう言ってよいなら——最も望ましい、魅力的な病気は、糖尿病のような不粋なものではなく、肺結核であった。テオフィール・ゴーティエは、その『青春の回想』のなかで、若いロマン派の仲間たちが髑髏の盃で酒を飲み廻すという戦慄に満ちた秘密の会合の思い出を語っているが、しかしその頭蓋骨は「肺病で死んだ乙女のもの」ではなかったと、残念そうにつけ加えている。すなわち、スーザン・ソンターグ風に言えば、結核こそ「時代の病い」だったのである。

ココシュカは、若い頃は随分無理な生活をしていたが、しかし生涯、身体は頑健であった。実際、彼は一九八〇年まで、九十四歳の長寿を保った。もしアルマがそう望んだであろうように、若い頃「胸の病い」に侵されていたとしたら、一世紀に近い歳月を生き抜くことはできなかったであろう。だが、だからと言って、ココシュカの思い出の方が真実に近いとは、必ずしも言えない。アルマの回想に多くの創作、あるいはかなりの脚色が混ざっていることはたしかだとしても、少なくとも、二人が出会ってただちに、若いココシュカが彼女の魅力の虜になったことは、一九一二年四月十五日、つまり、二人の出会いの翌日の日付けを持つココシュカの手紙が残されていることから明らかだからである。

彼はまるで狂人のようにあわただしく立ち去った。それから一時間ほど後、私は最も美しい恋の手紙を受け取った。

先に引いた回想の文章に続けて、アルマは、まるで狩人が自分の獲物を誇らしげに掲げてみせるようにこう述べて、ココシュカの手紙を全文収録している。それは、「私の親しい友よ」という呼びかけで始まり、最初のうちは（当然のことながら）「あなた」という代名詞を使って書かれているが、最後には、情熱の赴くまま、いつの間にか「君」という言い方になってしまっている。

それからさらに数日後に書かれたと思われる（日付けのない）二番目の手紙では、最初から「君」

という親密な言い方で、彼は自分の情熱を吐露してみせた。

アルマ、今日十時頃君の家まで出かけた時、君が相変わらず多勢の取巻きに囲まれて僕を遠ざけたままにしておいたのを見て、僕はほとんど大声で叫び出すところだった……、恋しい人よ、君は、これまでまだ僕を知る前に君が作り上げた考えや、他人から与えられた忠告を全部捨て去らなければいけない……。僕は君がありのままの君であること、僕が側にいるために平静で自由な君であること、そういう君の姿を何よりも強く望んでいる。もし君が過去を振り返ったり、時機が熟さないことに焦立ったりしたら、君は殉教者の苦しみを味わうことになるだろうと君に警告しておく。そのようなことにならないようにと、君のために僕は強く願っているのだ。だから今はっきり言うけれど、君は僕から逃れて自由になりたいのか、僕といっしょに自由を享受したいのか、どちらかに心を決めるべきだ。僕は、誰の想像も及ばないくらい激しく君を愛し続けるつもりだ。

アルマ・オスカー・ココシュカ

わざわざアルマの名前を自分の名前とひとつにしたこの署名は、これ以後ココシュカがアルマ宛の手紙でしばしば使用するもので、精神分析的に言えば、相手と自分をひとつに結びつけようとする彼の強い意志の表われと見てよいであろう。以後ココシュカは、絶え間なくアルマに手紙を——そして手紙ではまどろっこしいと思った時は長文の電報を——送り続けることになるが、そこに見られるココシュカの強引なまでの情熱は明らかである。

しかしながら、だからと言ってココシュカの方が一方的にアルマに惹かれていたというのも必ずしもあたらない。彼の手紙に、若者らしい性急な情熱がうかがわれるのはたしかであるとしても、アルマの方でも、かなり積極的にその情熱に応えていたはずである。少なくとも、例えば右に引いたココシュカの手紙などは、そう推測させるのに充分なものがある。だが残念なことに、ココシュカに宛てて書かれた（はずの）彼女の手紙は、ひとつも残っていない。一九一五年、二人が嵐のような三年間の恋愛生活の後、遂に別れることになった時、アルマの提案で、互いに自分が受け取った手紙をそっくり相手に返すことに決めたからである。ところが、ココシュカは正直にその約束を守ったがアルマの方は、結局約束を守らず、愛の記念としてココシュカの手紙をずっと保存し続けた。われわれはそこに、彼女の性格の一端を読み取ることができるかもしれない。

6

二人が出会う以前から、アルマがココシュカの名を知っていたことはほぼたしかである。アルマのみにかぎらず、ウィーンの芸術関係者のあいだでは、良くも悪くも彼は注目の的であった。ダニューブ河に沿った小村ペッヒラルンに生まれたこの若者は、早くも二十代半ばで、ある人びとからは早熟の天才と讃えられ、他の人びとからは、手のつけられようのない反逆児と見なされていた。一九一三年には、ライプツィヒのクルト・ヴォルフ書店から、それまでの彼の主要作品と彼の書いた三篇の戯曲をあわせて収めたパウル・シュテファンの『オスカー・ココシュカ』が刊行されている。この出版の背後には、おそらくアルマの尽力があったと思われるが、それにしても、まだようやく二十七歳の新進画家が評伝の対象となるというのは、やはり異例のことと言ってよいであろう。

家が貧しかったため、美術学校に学ぶことができず、奨学金制度を利用することのできる工芸美術学校の生徒となったココシュカは、すでに在学中から、ウィーンの芸術界で頭角を現わす存在であった。その機縁となったのは、一九〇八年、彼が二十二歳の時に開催された「ウィーン芸術展」である。

十九世紀末から二十世紀初頭にかけて、長い歴史と伝統を持つこの森とワルツとワインの都にも、パリ、ロンドン、ベルリンなどにおける新しい芸術運動に刺戟された世紀末芸術の波が押し寄せていた。しかもその芸術革新の気運は、「リング」（環状道路）が象徴する出口のない閉鎖空間に閉じ込められて、いっそう沸騰し、燃え上るように見えた。この時期のウィーン芸術界の状況を年譜によって辿ってみると、その目まぐるしいまでの移り変りの激しさは、巨大な台風の襲来を思わせるものがある。その台風の眼となったのは、クリムトである。

まず一八九七年、クリムトを会長としてウィーン分離派が創設された。過去からの「分離」を高らかに宣言したこの分離派は、翌年から一九〇四年にかけて前後十九回の分離派展を開催し、大きな成功を収めている。その結成当初から、画家のみならず、ヨーゼフ・ホフマンやオルブリッヒなど、建築家、デザイナーと密接な協力を保ち、クノップフ、ホイッスラー、ホドラー、ゴーギャンなど、広く国際的な新しい芸術家たちの参加を求め、機関誌『ヴェール・サクルム』（聖なる春）を発刊して積極的に自己の主張を世に訴えるなど、この分離派の活動は、あらゆる点で他のヨーロッパ諸国の世紀末芸術運動と共通する特色を示しているが、その革新的活動が大きな反響を呼んだということは、とりもなおさず、伝統を重んずる保守派との激しい対立を招いたということでもあった。一九〇〇年、第七回分離派展に出品されたクリムトのウィーン大学装飾のための「哲学」が大変なスキャンダルを巻き起こし、遂に政治問題にまで発展したことは、そのよい例証である。

しかし、その分離派も、一九〇五年には、内部での複雑な対立抗争から、クリムトを中心にその仲間たち十八名が脱退して新たに「オーストリア芸術家同盟」を創設するという騒ぎが起こった。すでにその二年前、ホフマンやコロマン・モーザーなどは、新しい工芸デザイン運動の拠点としての「ウィーン工房」を設立していたが、クリムトたちは、このウィーン工房と協力して、分離派とは別に新しい展覧会を計画し、一九〇八年に第一回、翌年に第二回の「ウィーン芸術展」を開催した。（さらにつけ加えれば、その第二回展の行なわれた一九〇九年には、エゴン・シーレがウィーンの美術学校を退学して、仲間たちと「新芸術集団」を結成している。）

つまり、「ウィーン芸術展」は、分離派よりもさらに尖鋭な、前衛的芸術家たちの集まりだったのである。（もちろんそれは、例えば印象派グループ展やアンデパンダン展などの場合と同じように、主要なメンバーについての話であって、実際の展覧会には、さまざまの傾向の他の作家たちも参加していた。）美術工芸学校の学生であったココシュカが、はじめて一般公衆の前にその作品を開陳して見せたのは、その第一回展においてである。

この展覧会の時でも、ココシュカらしいエピソードが伝えられている。彼は、その特異な才能を認められて、特別に一室を与えられていたが、あまりにも型破りで大胆なその表現は、「前衛」を以て任じる仲間たちの間でさえ、疑問の声が挙がるほどであった。ココシュカは、展覧会が開会される前に、仲間たちから拒否されて撤去させられたりすることがないように、自分一人で陳列をすませると、その部屋に鍵をかけて、開会の日まで誰も入らせなかったというのである。もっとも、この話は、後になってココシュカ自身が語っているだけで、必ずしも事実であったかどうかは、はっきりしない。アルマと同じように、ココシュカにも強い自己劇化の傾向があって、彼の思い出には、しばしば誇張や創作が混ざっているからである。少なくともこの最初の「ウィーン芸術展」の時には、その中心であったクリムトが、ココシュカを「若い世代のなかでも最も偉大な才能」として強く支持していたから、展観を拒否されることなど、まずなかったはずである。ただ、大いに論議を呼んだことは事実のようで、ある批評家がクリムトに向かって、ココシュカはたしかに才能はあるだろうが、「およそ趣味のかけらも持ち合わせていない」と非難したところ、クリムトは、「趣味など、ワインの鑑定家には必要だが、芸術とは何の関係もない」と答えたという話が伝えられている。

しかしその最初のデビューの時よりももっと話題になったのが、第二回展での彼の活躍である。この時、ココシュカは通称「ピエタ」と呼ばれるあのどぎつい色彩の忘れ難いポスター（挿図）を描いているが、まるで骸骨のような骨ばった不気味な女が、大きく身体を捩りながらぐにゃりとした屍体を抱きかかえている構図のこのポスターは、もともと展覧会の機会に上演されたココシュカの芝居『殺人者、女たちの希望』のためのものであった。このむき出しの性の欲望と残酷な死の陶酔の官能劇は、スキャンダルを惹き起こすのに充分なものであった。その初演の日には、客席に野次と怒号が渦巻き、観客同士の間になぐり合いの喧嘩がはじまり、遂に警官隊が呼ばれて、ココシュカはもう少しで逮捕されるところを、アドロフ・ロースの仲介でようやく助かったとか、しかしそのためにただちに美術工芸学校を除籍になったというエピソードは、この異様な舞台がもたらした反響の大きさをよく物語っている。(ただし、広く語られているこれらのエピソードも、ココシュカ自身の思い出にもとづくもので、どこまで事実であったか、疑問を呈する研究者もいる。少なくとも美術工芸学校の記録には「除籍」の記録はないという。)

O.ココシュカ「ピエタ」1909年
(「殺人者、女たちの希望」のためのポスター)

もっとも、実際のところ、この時の舞台がどのようなものであったかは、はっきりわかってはいない。現在知られている戯曲のテキストは、後にココシュカが改めて書き直したもので、最初のものとはかなり違うようである。何しろ、台本が出来上ったのが上演の前の日で、それぞれの役者には自分のせりふだけをなぐり書きした紙が渡されただけだったというから、稽古も何もあったものではなく、要するに滅茶苦茶なものであったらしい。

しかし、その主題だけは誰の眼にも明らかであった。多くの不可能な、謎めいたせりふが飛び交うその芝居の筋を無理に要約すれば、同じ世紀末のムンクやモローに取り憑いていたのと同じ男と女の性の争いということになるだろう。登場人物は「男」と「女」と、あとは「戦士たち」および「乙女たち」と呼ばれる男女の合唱隊だけである。「女」は、欲望に燃えながら、「男」を追いつめる。「男」は、「戦士たち」に命じて、「女」の胸に烙印を押させる。「女」は苦痛にもだえながら、短刀で「男」を刺す。瀕死の「男」は、最後の力で「女」を締め殺す。その途端に奇蹟的に生命力を恢復して、合唱隊をも全員殺した後、ひとり静かに舞台を去るというのが、粗筋である。

このすさまじいまでの男と女の争いは、若いココシュカの心を占めていたものが何であったかをよく示している。それと同時に、今となってみれば、後のココシュカとアルマの陶酔と闘争の三年間を予告するものでもあったのである。

7

しかし、ココシュカとの三年間は、彼女の上を通り過ぎた数多くの男たちとの出会いのなかでもおそらく最も激しく情熱的な瞬間に満たされていたにもかかわらず——あるいはそれ故に——、アルマにとっては結局ひとつのエピソードに過ぎなかった。少なくとも彼女は、この恐るべき天才画家と生涯をともにしようとは、一度も考えなかったようである。ココシュカの方は、最初から結婚を望み、彼一流の強引さで執拗にその要求を繰り返したが、アルマは遂に承知しなかった。二人の仲がウィーンの人びとの間で公然の話題となってからでも、彼女は、二人で旅行する時には必ずホテルでは別の部屋をとったし、ウィーンの邸で夜彼を迎えた時にも、どんなに遅くなっても朝までとどまることを許さなかった。ココシュカは、夜遅く、時にはほとんど暁方近くに彼女に別れを告げてから、別の男が彼女の家を訪れるのではないかという疑惑に悩まされ、しばしば何時間も家の前の道路に立ち続けるのであった。

おそらくアルマは、あまりにも自己中心的で専制的なココシュカから、本能的に身を守ったのである。ココシュカは、知り合った最初の頃から、自分と「他のすべての男たち」とのどちらかを選ぶようにアルマに求めるほど自己主張の強い男であり、またそれならアルマは必ず自分を選ぶに違いないと信じていたほどの自信家であった。同じように専制的で支配欲の強いアルマは、二人がいっしょに生活をすれば、絶え間ない闘争の連続となるであろうことを、敏感に感じていたのである。ココシュカと親しくなってから間もなく、アルマは彼の子供を身籠ったが、ココシュカの強い希望にもかかわらず、彼女は産むことを拒否した。それは、ココシュカにとっては、大きなショックであった。

もちろん、アルマがココシュカとの結婚を避けたのは、無理に一人の男を選ぶよりも、偉大な天才マーラーへの思い出がまだ生きているウィーンの芸術界において、陽気な未亡人の役割を演じている方が気楽でもあったし、彼女に似合っていたという事情もあっただろう。何と言っても、彼女はまだ若かった。その上、もし彼女が結婚したら打ち切られてしまう、もとウィーン宮廷歌劇場総監督未亡人への年金のことも、考慮に入れておく必要があるかもしれない。しかし、アルマは、どんなことがあっても結婚しないと決めていたわけではないし、子供を産むのはもう嫌だと思っていたわけでもない。それどころか、マーラーの死後三年ほど経った頃には、ココシュカとの情熱的な出会いを続けながら、真剣に結婚を考えるようになっていた。しかも、それが女の――と言っては言い過ぎならばアルマの――恐しいところだが、彼女が考えた相手はココシュカではなかった。彼女が選んだのは、建築家のワルター・グロピウスである。アルマは、ココシュカに知られないように細心の注意を払いながらグロピウスと会い続け、一九一五年八月、グロピウスと結婚した。そして翌年の十月には、早くも娘のマノンが生まれている。

グロピウスは、やはり彼女より年下で、しかも優れた芸術的天才であったということを除けば、あらゆる点においてココシュカと対照的であった。『殺人者、女たちの希望』の作者が、直情径行、火の玉のように激しく、粗野なまでに荒々しく情熱的であったのに対し、後のバウハウスの創設者は沈着冷静、つねに礼儀正しく、落ち着いた人柄であった。アルマは、ココシュカの激越さに強く惹かれながらも、その常軌を逸したあまりに自分勝手な振舞いには、時に強い反撥を覚えた。「ココシュカの粗暴さが、彼を私から遠ざけた」と、後に彼女は日記に書き記している。その分だけ彼女はグロピウスに惹きつけられたと言えるかもしれない。

この二人の天才は、性格ばかりではなく、家庭の環境もまるで異なっていた。ココシュカは、田舎からやって来たエネルギー溢れる若者で、貧困に苦しみながらウィーンで芸術の修業を続けたわけだが、グロピウスは、統一ドイツ帝国となったプロイセン王国の首都ベルリンに生まれ、父も伯父も、シンケルの伝統を受け継いだ尊敬すべき建築家であった。いわば由緒ある家柄の出である。ココシュカの母親は、彼に似て感情の動きの激しい女性で、愛する息子を「誘惑」したアルマに対して、激しい憎悪の念を隠そうともしなかった。ピストルをコートの下にしのばせて、アルマの家の前を一晩中行ったり来たりし続けたことさえあったという。それに対して、グロピウスの母親は、心の中ではどう思っていたにせよ、決して感情をあらわに示すことはなく、アルマに対してもつねに完璧に、礼儀正しく振舞った。グロピウスの家に夕食に招かれた時など、さすがのアルマも、彼女の前では気後れを覚えるほどであった。実際、グロピウス家に比べれば、マーラー家でさえ、やはり新興ブルジョワジーであり、いわば成り上り者であった。

このように恵まれた家庭に育ったグロピウスは、シャルロッテンブルグとミュンヘンで教育を受けた後、近代建築の始祖の一人であるペーター・ベーレンスの事務所に勤めるようになった。ここで彼は、ル・コルビュジエやミース・ファン・デル・ローエなど、後の二十世紀建築の巨匠たちとともに仕事をしていたのだから、ここでも彼は、陽の当る大通りを順調に、着実に歩んでいたわけである。そして一九一一年には、彼の最初の記念すべき傑作であるファグス製靴工場（挿図）を設計した。この建物は、その前年に師のベーレンスがA・E・G会社のタービン館で示した鉄とガラスとコンクリートの新しい合理的な組合わせと余計な装飾性の排除をいっそう徹底したもので、ベーレンスのタービン館では視覚的にもなお重要な要素となっていたコンクリートの隅柱を思い切って小さくし、ガラスの壁面を強調した大胆な構成を見せている。後に、デッサウのバウハウス（挿図）において、柱を完全にガラスの壁体の内部に取り込んでしまうまでに至ることを考えてみれば、このファグス製靴工場は、グロピウス自身にとっても、二十世紀建築史にとっても、忘れることの出来ない重要な里程標であったと言える。つまり、建築家としても、彼は早くから新時代の旗手として世に認められていた。同じ頃、ウィーンでココシュカが、一部の人びとからその強烈な個性を高く評価されながら、なおつねにスキャンダルを惹き起こす「問題児」であったのと比べれば、ここでも、二人は対照的だったと言わなければならない。

そのグロピウスとの結婚においては、アルマの方が、グロピウスよりもはるかに積極的であった。グロピウスに対して彼女は、ちょうど彼女に対するココシュカと同じ立場にいたと言ってよい。興味深いことに、ココシュカは、アルマと知り合ったごく早い時期から、彼女に宛てた手紙に「アルマ・オスカー・ココシュカ」と署名して、押しつけがましいほどの強引さでその愛情を告白していたが、

上　W.グロピウス「バウハウス」デッサウ　1925年
下　W.グロピウス「ファグス製靴工場」1911年

アルマは、グロピウスに対してまったく同じことをしている。一九一五年の春、二人がまだ結婚する前に彼に送った手紙に、アルマは、「アルマ・M・グロピウス、A・マリア・グロピウス」と、二度続けてグロピウスの名前で署名しているのである。（なおついでに言えば、アルマは、その奔放な生活の痕跡を、後世に対してはできるだけ目立たないように隠そうと努めた形跡がある。彼女の回想録に引かれている『日記』は、もちろん書かれたもののすべてではないし、マーラーに宛てた手紙も、公表されているのは彼女が差支えないと判断したものばかりである。ココシュカ宛の手紙は、強引に取り返して、破棄してしまった。ココシュカの自伝を信ずるなら、一九一五年、彼が第一次世界大戦に参加して負傷し、一時誤って戦死と伝えられた時、アルマは留守のアトリエに出かけて行って、まだ残っていた自分の手紙と、さらに数多くの彼のデッサンを無断で持ち出してしまったという。後に三度目の夫となったヴェルフェルに宛てた手紙も、結婚後彼の方が早く世を去ったので、自然に彼女の管理下にはいった。ただグロピウスだけが、彼女の手紙をすべて保存し、彼女の方もどうすることもできなかったので、その後の手の加えられないありのままの資料として残されている。われわれは、後にその例を見ることになるが、そこで当時のアルマのいわば生まの肉声を聞くことができるのである。）

アルマがそれほどまでグロピウスを求めたのは、ひとつには、愛と憎悪とが複雑にからみ合ってもうどうしようもないほどになったココシュカとの関係にけりをつけるためでもあった。実際、直接のきっかけは、一九一四年の末、執拗に結婚を迫るココシュカをもてあましたアルマが、古くからの親友であるベルタ・ツッケルカンドルに相談を持ちかけたことから始まった。少女時代からお互いに仲の良かったベルタは、アルマにとってつねに良き相談相手であった。話の途中で、ベルタは、かつてまだマーラーが生きていた頃、やはり彼女と結婚したいと言ってマーラー家に波瀾を起こした一人の青年のことを持ち出した。アルマは、それまで忘れていた青年の思い出が、急に生き生きと甦って来るのを感じた。実はその青年がグロピウスだったのである。

8

アルマがグロピウスにはじめて出会ったのは、一九一〇年、チロルのトーベルバードにおいてであった。当時アルマは、身体を壊して、温泉地で保養しなければならなかったのである。もっとも、その病気は、肉体的なものである以上に精神的なものであったろう。我儘で自己中心的なマーラーは、アルマに、すべてをなげうって彼の音楽のために奉仕することを求めた。アルマの方も、喜んでその要求に答えようとした。彼女が自分の好きな作曲をやめたのもそのためである。ウィーンの芸術界の仲間との社交も、彼女にとっては決して嫌なことではなかったが、やはりマーラーのためであった。もともとアルマのように自己主張の強い人間にとっては、音楽も、そしてそれ以上に社交も恋愛も、結局は自己表現の手段だったはずである。それが自分のためではなくて夫のためであれば、やはり彼女にとっては大きな犠牲であったろう。アルマはもちろん、自らその道を選んだのだが、それが彼女のような性格にとってはどれほど大きな犠牲であるかは、マーラーも、彼女自身も気がつかなかった。彼女の神経は、いつの間にか強い圧力におしひしがれて疲れ切っていた。おそらく彼女は、自分の本性に合わない役割を無理に演じているうちに、神経をすり減らしてしまったのである。

夫と離れて一人で保養地にいるアルマを気の毒に思った医者は、彼女の気を紛らせるために何人かの若者を紹介した。そのなかの一人がグロピウスであった。二人は急速に親しくなった。

その後に起こったことは、普通の常識で考えればいささか奇妙と言わざるを得ないようなものである。アルマが保養地から帰って間もなく、グロピウスから一通の手紙が届いた。ただしそれはアルマ宛ではなく、マーラーに宛てられていた。というよりも、マーラー宛に一通の手紙が舞い込み、彼が開いてみたらグロピウスからだったのである。もちろんこの時点では、グロピウスが何者であるか、マーラーはまだ知らない。

W.グロピウス　1928年頃

手紙を読んだマーラーは、仰天した。そこには、アルマと結婚したいという意志が表明されていたからである。マーラーは早速アルマに事の次第を問い質した。そこで彼女は、夫にすべてを打ち明けた。

ただし、本当に「すべて」であったのか、そもそも何がすべてであったのかは、よくわからない。実はこのエピソードは、アルマがおそらくはわざと、簡単に語っているだけで、実際にどのような経緯であったのかは判然としていない。だいたい、まったく知らない人に対して、いきなり奥さんと結婚したいという手紙を送りつけるのは、普通ではちょっと考えられないことだから、グロピウスの手紙は本来アルマ宛のものであって、たまたま封筒の上書きを書く時に宛名を間違えたのではないかと、ある伝記作者は述べている。だがもちろん、グロピウスが正面切ってマーラーにアルマを譲ってほしいと頼んだのかもしれない。(そう考える研究者もいる。)さらには、いささか突拍子もない推測だが、グロピウスには、アルマの場合だけにかぎらず、どうも人妻に惹かれる性向があり、しかもいつも相手の夫と接触しようとするので、そこに隠された同性愛志向を読み取ろうとする研究者さえいる。

いずれにしても、この時も、グロピウスは、アルマの後を追って(あるいはマーラーに会うために)、やって来た。マーラーは、アルマを呼んで、二人で結論を出すようにと言うと、そのまま寝室に引き上げてしまった。二人は一晩じゅう話し合ったが、結局アルマは、家庭を棄てることは出来なかった。グロピウスは、翌朝一人で帰って行った。

この時のエピソードは、表面的にはこれで終りを告げる。しかし、マーラーにとってはそれはやはり大きなショックであった。この年の夏、彼がフロイトの診断を仰ぐようになったという事実は、その衝撃の大きさを物語っている。その結果、それまであまりにも自己中心的であったことに気づいたマーラーは、当時作曲中だった第八交響曲をアルマに献げることを思いつく。それは、結婚以来彼が妻に贈った最初の贈物であった。(マーラーは、例えば誕生日や結婚記念日にも、贈物をすることなど、考えたこともなかった。)その上、昔アルマが作曲した歌曲を同時に出版させ、彼女に再び作曲を試みるよう激励もした。「自分の音楽」のために結婚と同時に作曲をやめさせたかつてのマーラーとは、正反対である。しかし、アルマにとってはすでにそれは遅過ぎた。

この間、彼女はなおもグロピウスと会い続けていたらしい。当時書かれた彼女の手紙は、彼女自身の「検閲」を免れたものであるだけに、赤裸々に彼女自身の気持ちを伝えている。

あなたが裸のまま私の身体の上に横たわって、二人の間を邪魔するものが何もない、もしあるとしてもせいぜい眠りだけ、という日は、いったいいつになったら来るのでしょう……　私は今、私のこの身がすべて、完全にあなたのものになる日のためだけに生きているのです……

おそらく、二人の関係は、アルマが回想録のなかでつとめてさりげなく読者にそう思わせようとしているものより、かなり濃密なものであったと言うべきであろう。しかしそのアヴァンチュールも、十一月に彼女がマーラーとともに再びアメリカに旅立った時に、自然に終りを告げた。

それから五年後、事情は大きく変っていた。アルマはもはや人妻ではなくて未亡人であり、グロピウスはすでに一人前の建築家であった。そして今度は、アルマの方が積極的であった。大戦で負傷した身体を療養中のグロピウスをベルリンまで見舞いに行ったアルマは、むしろ彼は彼女を避けようとしていたと日記に書いている。しかしそのようなことでひるむ彼女ではない。逆に、拒否されたことによっていっそう闘志を燃え上らせたことであろう。たまたまグロピウスの誕生日がマーラーの命日と同じ日であったことも、彼女には何か運命的なものに思われた。何としてもグロピウスの心を虜にしなければならない、と彼女は決心した。そして、その気になれば、それは彼女にとって決して難しいことではなかったのである。

一方、ココシュカの方は、グロピウスのことは、アルマとの結婚が公けになるまで、まったく知らなかった。その知らせを聞いた時、本当にアルマを失ったと感じた。彼も第一次大戦に参加して重傷を負い、ウィーンの病院でしばらくのあいだ療養していたが、その時アルマは、アドルフ・ロースの度重なる懇請にもかかわらず、遂に一度も見舞いに行かなかった。ちょうどグロピウスとの結婚を準備中の頃である。ココシュカは、病院のベッドの上で心に取り憑いていたイメージをもとにして、幻想的なドラマ『オルフェウスとエウリディケー』を書いた。それは、神話の世界を借りた自伝劇とでも言ってもよいようなものである。

それだけではない。愛するエウリディケーを永遠に失ったと感じたココシュカは、オルフェウスとは別のやり方で心の隙間を埋めようとした。常識で考えればいささかエキセントリックに過ぎると言わざるを得ないが、彼はアルマそっくりの等身大の人形を作らせることを思いついたのである。

それは大戦が終ってから、ココシュカがドレスデンにいた時のことである。いったん何かを思い立つとどうしてもそれを実現しなければ気のすまないココシュカは、早速、自分の希望を叶えてくれるような人形師を探し始めた。その結果、シュツットガルトに住むヘルミーネ・モースという裁縫師が人形造りの名手であることがわかった。具合いのよいことに、彼女はかつて、アルマのドレスを作ったこともある。彼女は、ココシュカの奇妙な頼みを引き受けてくれた。

いったん話が決まると、ココシュカは、その内容について、手紙とスケッチによる指示を立て続けにモース嬢に送りつけた。その時のココシュカの手紙は今では公開されているが、何カ月にもわたるそのやり取りは、彼が異常なまでの情熱をこの人形に注ぎ込んだことを示している。彼の希望は、もちろん身体の各部を自由に動かすことの出来る等身大の人形だが、年齢は「三十五歳から四十歳ぐらい」、髪の毛の色は栗色で、しかもその髪は、「顔の皮膚と有機的に自然につながるように、ゆっくり時間をかけて」植えてほしいとか、皮膚は出来るだけ薄い材料で、しかも脂肪部分と筋肉部分と骨の部分とが上から触ってわかるようにしてほしいとか、きわめて注文がこまかい。皮膚の材料についてはわざわざ化学の専門家に依頼して実験をして貰ったりまでしている。モース嬢の方にしてみれば、「最も大切な点は抱きしめた時の感じだ」とか、「口はもちろん開閉出来る」ようになっていて、しかも「その内部には歯も舌もそっくり揃っている」ことが望ましいというような注文には当惑させられたに違いない。

人形は、完成までに一年近くもかかった。（一九一八年から一九年にかけてのことである。）途中でモース嬢が中間報告のために送った写真は、ココシュカを狂喜させるほどの出来栄えであったが、最後に現物が届けられた時には――当然のことながら――、自分が望んでいたものとあまりに遠くかけ離れているのでショックを受けたと裁縫師に書き送っている。

しかしココシュカは、その人形を自分の応接間に「座らせ」たのみならず、時には正装させて馬車に乗せて「外出」させたり、パーティの仲間に加えたりした。彼の「青衣の女」や「男（自画像）と人形」は、直接この人形をモデルとしたものだが、これらの油絵やそのための数多くのデッサンを見てみると、現実にはどうしても思いのままにならなかった恋人の姿を、人形を通してさまざまのポーズで描き出していることがわかる。いささか常軌を逸したやり方だが、それが彼なりの愛情表現であったのであろう。ココシュカのように自信の強い男が、「人形」を相手に自分を慰めている姿というのは、どこか滑稽でもあると同時に、一沫の哀れさを感じさせないでもない。それは、男というものの弱さを示しているのかもしれない。

9

カレン・モンソン女史の『アルマ・マーラー伝』には「あらゆる天才たちのミューズ」という副題がつけられている。アルマはまた、「すべての芸術と結婚した女」とも言われた。彼女が芸術家、それも特に強烈な個性を持った芸術家に強く惹かれる性向を持っていたことは、たしかである。その芸術家たちが、音楽、建築、文学などのさまざまの領域にわたっていたことも、そのとおりに違いない。いくつもの短い、かりそめの関係は別にして、主要な相手だけでも、最初に結婚したマーラー以来、ココシュカ、グロピウス、ヴェルフェルと、まるで計画的でもあるかのように、新しいジャンルを「開拓」している。そこには、彼女の幅広い趣味と、貪欲なまでの好奇心が背景としてあったことは否定し得ない。その意味では、彼女は驚くべき豊かな理解力の持主であった。

事実、彼女は、多くの男たちを受け入れたように、さまざまな芸術をも受け入れた。気位の高い、因襲的なウィーンの芸術界が眉をひそめるような大胆な、前衛的な芸術に対しても、少しも偏見を持たなかった。シェーンベルクの弦楽四重奏がはじめて発表された時、ウィーンの楽壇の反応は冷ややかなものであり、アルバン・ベルクの『ヴォツェック』がウィーンのオペラ劇場の舞台にはじめて登場したのは、ベルリンでの初演から五年もたってからのことであった。しかしアルマは、いずれの場合も、最初からただちに天才の閃きを感じ取っていた。ウィーンの美術界で賛否の議論のやかましかった「問題児」ココシュカの才能の特異性も、充分に認めていた。といって彼女は、特に新しいもの好きで、前衛芸術の信奉者を気取っていたわけでもない。要するにただ、世間の評判よりも、自分の気持ちに忠実なだけだったのである。

しかし、いかに幅広い受容力があるとは言っても、あらゆる種類の芸術にすべて精通していたとは言えない。彼女が建築の専門家であったというわけにはいかないし、クリムトやココシュカの場合も、アルマを惹きつけたのは、彼らの芸術以上にその人間、もっと端的に言えば「男」であったと言うべきであろう。そして、それも当然と言えば当然のことである。ギリシア神話のミューズたちでさえ、それぞれ自分の専門の分野を持っているのである。

その点では、アルマの最も得意な領域は、やはり音楽であった。生まれつきの彼女の才能と、それに加えて長年マーラーといっしょに暮したこととが、音楽に対する彼女の判断を充分に信頼し得るものにしている。絵画については、父親および義父が画家であったこと、特に義父のカルル・モルに対して強い心理的反撥を感じていたことが、かえって彼女の理解を狭めることになったと言えなくもない。しかし音楽家たちとは、マーラーの死後も広く友情を保ち続け、しばしばパトロンとしての役割を果した。若いアルバン・ベルクとの交友がそのひとつの例である。

ベルクは、オスカー・ワイルドの若い頃を思わせるような風貌の持主で、しかも死ぬまでその青年の時の若々しさを失わなかった、とアルマは後に回想している。その点では、ココシュカと似ているとも述べているから、あるいはアルマの好みであったのかもしれない。だがもちろん、ベルクとの友情は、ココシュカとの場合とはまるで違っていた。アルマは、ベルクの妻のヘレーネとも親しく、いわば双方とも、家族ぐるみの交友関係であった。ヘレーネは、オーストリア・ハンガリー帝国の最後の栄光を支えた皇帝フランツ＝ヨーゼフの子——ただし庶子——で、母親は、シェーンブルンのお城の近くに住む籠造りの娘であった。皇帝は、いつも朝の四時に散歩をする習慣で、その散歩の途中、彼女と知り合ったという。そのような生まれのせいか、ヘレーネは、天使のように美しく、子供のように純情で、そしてきわめて感じ易い性質であった。その意味では、ベルクとは似合いの夫婦であった。しかし、それだけに、この二人にはともにどこか世間知らずのところがあり、アルマはいわばその保護者的な役割を演ずることとなったのである。

一九二五年、プラハでの国際現代音楽協会のフェスティヴァルの際、ベルクの作品も一部演奏されることになり、彼は歴史の古いこのボヘミアの古都に赴いた。指揮は、シェーンベルクの師であり、かつてアルマも作曲を習ったことのあるアレクサンダー・フォン・ツェムリンスキーである。当時アルマは、すでにグロピウスと別れてフランツ・ヴェルフェルと結婚していたが、たまたまフランツがプラハの出身であり、彼の姉のハンナがこの町の実業家と結婚していた関係で、ベルクは、ハンナの家に招かれて滞在することになった。この時の滞在が機縁で、ベルクはハンナと親しくなったらしい。帰国後、ベルクは、ヘレーネに知られないように、アルマ夫妻を通してハンナと手紙のやり取りをするようになった。アルマとベルクは、かなり複雑な、しかし強い結びつきを持っていたわけである。

ベルクがアルマに献げたオペラ『ヴォツェック』がはじめて上演されたのも、この年、一九二五年の暮のことであった。作品そのものは、おそらくはアルマの尽力もあって、すでに三年前に刊行されていたが、この年、ベルリンのオペラ劇場でエーリッヒ・クライバーが取り上げるまで、どこでも上演されなかったのである。ついでに言えば、二十世紀オペラの最大の傑作のひとつと言われるこの『ヴォツェック』が、クレメンス・クラウスの指揮によりウィーンのオペラ劇場に初登場するのは、一九三〇年のことである。

ベルリンでの初日には、アルマはむろん、フランツとともに出かけて行った。オペラは好評であり、この時の成功によってベルクは作曲家としての地位を確立することになるのだが、その翌年、引き続いてプラハで上演された時には、思いもかけぬ結果を惹き起こした。

ベルクは、以前プラハに滞在した時に歓待された思い出があり、特にベルリンでの上演が成功を収めた直後であったので、プラハの舞台については、それほど心配していなかったらしい。むしろ、アルマやヴェルフェルを迎えるため、二階の桟敷席に特別に花を注文したりする準備に忙しかった。アルマの思い出によると、アルマがチェコの入国ヴィザを持っていなかったので国境で一悶着あったりした後に、彼らの汽車がプラハに着いたのは、最初の幕が開く直前であった。途中まで出迎えに出ていたベルクにせき立てられて、アルマもヴェルフェルも汽車のなかで服を着替え、ホテルに立ち寄るひまもなく、そのまま駅から劇場までタクシーを走らせるという有様であった。ところが、上演は、ベルクの期待とはまったく違った展開を見せた。幕が開いて間もない頃から、激しい非難と罵声が飛び交ったのである。

それは、作品の新しさに対する無理解というのとはまったく別の次元の問題であった。やがて一九三〇年代以降急速に悲劇的様相を示すようになる反ユダヤ主義の動きが、この頃すでにはっきりとしたかたちで現われて来たためである。もう少しさかのぼるなら、十九世紀末のあの有名なドレフュス事件に明らかなように、人種問題は、人間のなかに隠されている狂気の部分を次第に明らかにしつつあった。プラハでの『ヴォツェック』は、この反ユダヤ主義感情のいわば犠牲になったのである。
もちろん、実際には、ベルクも、またオーストリア皇帝の娘である妻のヘレーネも、ユダヤ人ではなかった。むろんアルマも違う。ただ、フランツ・ヴェルフェルはプラハ出身のユダヤ人であり、したがって姉のハンナも、その嫁ぎ先もそうであった。そのため、ベルクの作品上演も、ユダヤ系仲間の企みと誤解されたのである。

花で飾られたために特に目立ったアルマの桟敷席は、たちまち、攻撃の的となった。人びとは、正面に座っているアルマとヴェルフェルを作曲家夫妻と思い込んで、直接罵声を浴びせかけた。同じ桟敷の奥の方にいたベルクとヘレーネは、騒ぎが始まるとそっとうまく脱け出したが、衆目にさらされ

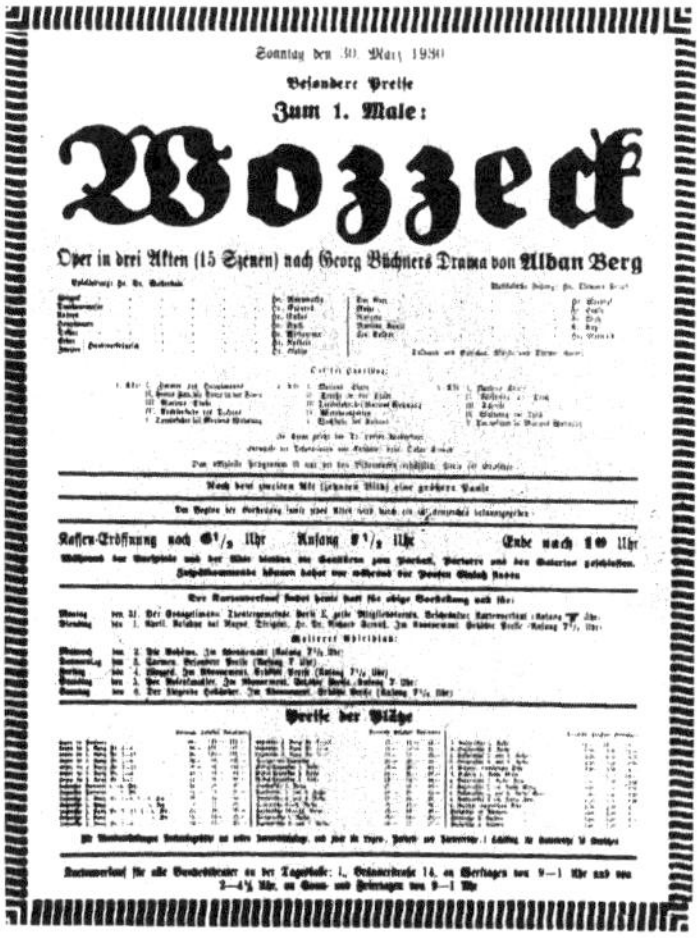

『ヴォツェック』のポスター

ていたアルマ夫妻は、そうはいかなかった。アルマの語るところによると、彼らは「怒りと憎しみの罵声を浴びながら、警官隊に守られてようやく車まで辿り着くことができた」のであった。

このような反ユダヤ人感情は、一九二〇年代のヨーロッパでは、どこの国でも多かれ少なかれ目立つようになって来た。ウィーンでも、アルマと親しかったエルンスト・クレネックのオペラ『ジョニーは演奏する』が上演（初日は一九二七年十二月三十一日）された時、主人公がアーリア人種ではないというので、激しい反対運動が起こった。クレネックのこの作品は、正統派のオペラのなかにはじめてジャズ音楽の手法を取り入れた点で革新的なものであったが、もちろん、作者自身が新聞のインタヴューで語っているように、「人種問題などとは、天と地が離れているほど無関係」なものであった。クレネックは、だからそのような反対運動が起こるなどというのは、「ただただ驚くほかはない」とも語っているが、それはいわば、時代の狂気とも言うべきものであったろう。しかしそのような動きにもかかわらず、『ジョニーは演奏する』は、ヨーロッパじゅうで大変な好評を呼んでいた。ウィーンでの初演の際、それまでにこの作品が上演された町をずらっと並べた「上演都市地図」が作られているが、それによると、ライプツィヒでの最初の公演以来、二十を越える都市が記録されている。

なおこのクレネックは、ツェムリンスキーの弟子でマーラーの崇拝者でもあり、マーラーの死後、未完のまま残された第十交響曲の手稿から演奏会用の総譜を纏める仕事を依頼されたほど、アルマからも信頼されていた。それればかりでなく、アルマは、マーラーとのあいだに出来た娘アンナをクレネックと結婚させてもいるが、この結婚は、不幸にして長くは続かなかった。

10

アルマとアルバン・ベルクとの交友は、その後、ベルクが世を去るまで続いた。その関係は、友人同志であり、また芸術家とパトロンのそれであったと言ってよいであろう。『ヴォツェック』の後に、ベルクは一時、劇作家ゲルハルト・ハウプトマンの『ピパは踊る』を台本にしたオペラを考えたことがあった。一九二八年の夏、イタリアのネルヴィに滞在していたアルマは、自分の費用でベルク夫妻を招いた。彼女は以前からハウプトマンと親しくしており、この時はハウプトマンが同じホテルにいたので、ベルクを引き合わせておいた方がよいと考えたのである。つまり彼女は、ベルクにとって、保護者の役割をずっと演じていたわけである。たまたまこの同じホテルに、『憂愁夫人』の作者ヘルマン・ズーデルマンも滞在しており、アルマ（とヴェルフェル）は、ここでも、芸術家仲間とのつき合いを楽しんでいた。しかし、ハウプトマンとズーデルマンは互いに相手が同じホテルにいることを知っていたにもかかわらず、決して会おうとはしなかったし、相手の名前を口に出すこともなかったという。アルマだけが、気難しい作家たちの間を、まるで華やかな蝶のように、何の気兼ねもなく飛び廻っていたのである。

ハウプトマンは、アルマよりはるかに年上であったが、彼女に対する関心を隠そうともしなかった。ある時などは、皆のいる前で、半ば冗談めかして、

「次の世に生まれ変った時には、二人はきっと恋人同志になっているだろう」

と言ったりまでした。それを聞いたハウプトマンの妻のマルガレーテは、
「あの世でもアルマには大勢お相手がいるから随分待たされるでしょうよ」
と皮肉を言ったという。

一九三五年、グロピウスとの間に生まれたアルマの娘マノンが世を去った時、ベルクは彼女のもとにやって来て、マノンのために鎮魂曲を書きたいと申し出た。当時彼は、新しいオペラ『ルル』の作曲に取り組んでいる最中であったが、その仕事を一時中断して、「ある天使の思い出に捧ぐ」と題したヴァイオリン・コンチェルトの作曲に没頭した。ところが、それが出来上って間もなく、同じ年の暮れにベルクも世を去ってしまった。「マノンのための鎮魂曲は、また彼自身の鎮魂曲でもあった」とアルマは書いている。『ルル』は、未完成のまま残された。

アルマにとって最後の（正式の）夫となったフランツ・ヴェルフェルとの出会いも、やはり音楽のミューズに導かれたものであった。アルマは、彼と実際に出会う前から、この若い詩人の作品をすでに知っており、その詩の作曲を試みたりもしていたから、若い詩人のフランツ・ブライが、友人のヴェルフェルを紹介したいと申し出た時には、喜んで承諾した。このブライは、やはりアルマの崇拝者の一人であったが、アルマの方は、必ずしも彼に気を許してはいなかったらしい。ただ、ヴェルフェルに対する興味から、彼女は二人の訪問を受け入れたのである。

ヴェルフェルがブライに連れられてアルマの家にはじめてやって来たのは、一九一七年十一月、まだ第一次世界大戦の最中であった。ヴェルフェルは、「ずんぐりした男で、肉感的なぶ厚い唇と、驚

くほど美しい青い大きな眼と、ゲーテを思わせる額の持主」であった。たまたまこの時、夫のグロピウスも一時休暇で戦場から帰って来ていた。アルマを何よりも喜ばせたのは、ヴェルフェルが豊かな音楽の感覚に恵まれていることであった。彼はマーラーの熱心な崇拝者であったばかりでなく、よく響く美声の持主で、同時に的確な表現力と演劇的センスも備えていた。彼は詩を朗読する時でも聴く者を惹きつけて離さない魅力を持っていたが、アルマの伴奏で『マイスタージンガー』(ニュールンベルクの名歌手)や『ルイーズ』からのアリアを歌う時、彼女は魂の奥底からゆさぶられるように感じた。アルマにとって、音楽の陶酔のなかでの魂の結びつきほど抵抗し難いものはない。この最初の出会いの時から、夫のグロピウスやブライがいっしょにいたにもかかわらず、彼女の世界はヴェルフェルただ一人によって占められてしまった。この「素晴らしい夜」の「至福の瞬間」について、アルマは日記にこう書いている。

至福の瞬間……、夜……、素晴らしい夜……、ヴェルフェル、ブライ、グロピウス。

われわれは音楽を楽しんだ。

『名歌手』『ルイーズ』など。ヴェルフェルは、自分の詩をいくつか朗読した。『敵』やその他の詩。また彼が歌い、私が伴奏した。——現実の世界はもう存在しなかった。

二人はこの精神の交流にすっかり陶酔してしまったので、周囲のことなどすべて忘れてしまった。それは、いわば夫の眼の前での神秘的音楽的不貞行為であった……

この「素晴らしい夜」は朝の二時頃まで続いた。ようやくヴェルフェルとブライは重い腰をあげていとまを告げようとしたが、あいにく外は吹雪になって、とても車など見つかる状態ではなかった。やむを得ずアルマは、客間に、間に合わせのベッドをふたつ作って客を泊めた。「夫といっしょに寝室に引き下った時、私の心はなお激しく波打っていた。音楽に陶酔したまま、私は床に就いた。隣に眠っていた男は、私には何の興味も惹かない存在となっていた……」

この「神秘的音楽的不貞行為」で始まった二人の間は、急速に親しいものとなって行った。グロピウスが再び戦場に戻らなければならなかったことも、それにあずかって力あったと言えるだろう。いずれにしても、この二人の仲は、翌年の夏、アルマが強い発作に襲われて、七カ月の未熟児を生み落した時、グロピウスに知られてしまった。アルマがたまたまヴェルフェルと電話で話をしている時に病室にはいって来たグロピウスが、彼女の親しげな話し振りに何気なく相手は誰だと尋ねたのがきっかけであった。嘘をつくことの出来ないアルマは、その時正直にすべてを打ち明けた。グロピウスは早速ヴェルフェルのところに出かけて行って、身体の弱っているアルマのためにも、母親を必要としている生まれたばかりの子供のためにも、安静が絶対必要だからアルマには近づかないでほしいと頼んだ。一言も非難がましいことを言わないグロピウスの頼みに、ヴェルフェルは、黙って承知するほかはなかった。

しかし結局、アルマとグロピウスの関係はうまくもとに戻らなかった。グロピウスは、彼なりに、ドイツへ行って新しい学校を作る夢を抱いていた。そして、アルマもいっしょにそれに参加してほしいと望んでいた。しかし彼女は、夫のその計画に何の興味も抱くことが出来なかった。グロピウスの夢はバウハウスとなって実現されたが、そこにはアルマの姿はなかった。(なお、この時生まれた男の子は、結局長くは生きられなかった。ヴェルフェルは自分の子供だと信じていたようだが、アルマは、父親がヴェルフェルなのかグロピウスなのか、自分でもわからないと書いている。)

第一次大戦の末から一九二〇年代のはじめの頃まで、アルマにとっては、生涯の大きな危機であった。子供が死んだ時には、一時は自殺を考えたこともあったようである。しかし今から振り返ってみると、彼女はようやく生涯の半分を過ごしたばかりであった。ヴェルフェルと二十年ほどいっしょに生活した後、一九四五年にヴェルフェルが亡くなってからも、彼女はなお二十年近く生き続けること

アルマ・マーラー(ハノーヴァー「ココシュカ展」カタログ)

となるからである。

　ココシュカは、アルマよりもさらに長く生きた。アルマが危機に襲われていた頃、ココシュカも、何とかして心の傷を癒そうと努力していた。病院で療養中に心に浮かんだ「妄想」に基づいて『オルフェウスとエウリディケー』を書いたのも、そのためである。彼の心の自伝とも言うべきこの演劇は、一九二一年、フランクフルト・アム・マインの市立劇場で上演され、その後一九二六年には、先に触れたエルンスト・クレネックによってオペラ化されて、カッセルで初演された。アルマの姿は、さまざまに変貌させられながらも、ヨーロッパの各地の舞台で生き続けたのである。

　アルマは、晩年をニューヨークで過ごした。彼女が八十三歳の時、ニューヨーク・フィルハーモニーがマーラーの第八交響曲を演奏する機会に、レオナード・バーンスタインが彼女を演奏会に招いたが、さすがの彼女も、そのような公けの場に出る気力を失っていた。ちょうどその頃、やはりニューヨークにやって来たココシュカが面会を申し入れたが、アルマはそれも断った。ココシュカは、「親愛なるアルマへ、われわれ二人はバーゼルの『風の花嫁』のなかで永遠に結ばれている」という電報を送った。

　アルマが世を去ったのは、一九六四年十二月十一日のことである。娘のアンナの語るところによると、死ぬ直前にはアルマは、懐しい故国オーストリアの山の別荘にいると信じこんでいたという。

V

愛は去りゆく

カミーユ・クローデル

1

十九世紀の末から二十世紀の初頭にかけて、カミーユ・クローデルの名前は、パリの美術愛好者、批評家のあいだでは、かなり広く知られていた。女性の芸術家が、それも画家ならともかく彫刻家が、公式の展覧会に出品するということがいかに珍しかったとは言っても、オクターヴ・ミルボーのような批評界の大立者が、三十歳を越えたばかりの若い芸術家に、「天才」という讃辞を呈するのは、やはり尋常のことではない、「自然の反逆だ、女性の天才などというのは……」と彼は一八九五年に書いている。

ミルボーだけではない。一九〇一年にはカミーユ・モークレールが「天才の輝き……」。カミーユ・クローデルは現在における最も注目すべき女性芸術家である」と述べているし、ギュスターヴ・カーンは、一九〇五年に、「女性の天才の真の代表者」と彼女を呼んでいる。いずれも当時、きわめて影響力の大きかった批評家たちである。そしてその二年後、ゴーギャンの友人であり、その伝記作者としても知られているシャルル・モリスが「カミーユ・クローデルの才能は、わが国の栄光のひとつであり、また同時に、恥辱のひとつである」と書いた。「恥辱のひとつ」というのは、彼女の才能が充分に認められていないことに対する憤激を意味している。だがこのような讃辞にもかかわらず、彼女の名前は次第に忘れられて行った。モリスがこの一句を書いた時には、カミーユは――まだやっと四十三歳であったにもかかわらず――もはや何も制作できない状態になっていた。それどころか、数年前から、強く精神を蝕まれていた彼女は、自分の作品を片端から叩き壊していた。「彼女のふたつのアトリエは、破壊と荒廃の無惨な様子を示していた」、と後に友人の一人が語っている。一八八〇年代の初め、まだ二十歳になる前からソシエテ・デザルティスト・フランセの会員として認められ、ほとんど毎年のように公式のサロンや画廊での展覧会に出品していた彼女の名前は、一九〇八年のヴジェーヌ・ブロット画廊での展覧会を最後に、一般の人びとの眼の前から消えてしまった。と言って、彼女の生命の灯が消えてしまったわけではない。この時から以後も、彼女にはなお、長い辛い晩年が待っていた。一九一三年、遂に病院に強制入院させられたカミーユは、病んだ心を抱いたまま、七十九歳で世を去るまで、幽囚の生活を続けなければならなかったからである。

しかし、その名前が忘れられてからも、早くから人びとを驚嘆させていたというカミーユの知的輝きに溢れる美しい顔は、つねに人びとの前にあった。少なくともパリのロダン美術館を訪れた人なら、あるいはこの桁はずれの天才の作品に接したことのある人なら、カミーユの姿を――それとは知らずに――眼にしていたはずである。事実、一八八〇年代から一八九〇年代にかけて、カミーユは、ロダンの弟子であり、協力者であり、恋人であり、霊感を与えるミューズであった。ロダンの手になるいくつかの肖像のほかに、「思索」（挿図）、「アウローラ」、「ラ・フランス」（挿図）、「別れ」など、この偉大な彫刻家の代表的作品に、カミーユは不滅の姿をとどめているのである。

なかでも、一八八六年に作られた大理石像「思索」は、ロダンの数多い作品のなかでも最も広く知られ、また最も人気のあるもののひとつであろう。ここではカミーユは、内部に激しい精神活動のエネルギーを秘めながら、飽くまでももの静かに、周囲のいっさいのものを拒否しながら、やや眼を伏せて深い瞑想に沈んでいる。しかも彼女は、その端正な相貌を見せているだけで、その身体は、荒削りの大きな大理石の塊りのなかになお閉じこめられたままである。当時ロダンは、彼女の若い肉体をすでによく知っていたはずである。だが彼は、あえてその肉体をあらわに示そうとはしなかった。ちょうど同じ頃、すでに構想がまとまりかけていたあの「考える人」が同じような主題でありながら、たくましい男性裸体像であるのとまったく対照的である。

もともとあのブロンズの「考える人」は、ロダンの畢生《ひっせい》の大作である「地獄の門」の門扉中央上部にあって地獄の種々相を眺める観照者が、やがて独立して単独像となったものである。（もちろん、単独像が出来上るのは、「思索」よりもずっと後のことである。）当初のロダンの構想のなかでは、それは「詩人」と呼ばれ、『神曲』の作者ダンテに擬せられていた。だが、腰をおろして頬杖をついたこのポーズは、ミケランジェロの「思索の人」（ロレンツォ・デ・メディチの肖像）やデューラーの銅版画「メランコリア」以来、いやさらにさかのぼれば中世以来、伝統的に「行動」の人に対する「思

左上　A.ロダン「ラ・フランス」1933年
右上　A.ロダン「ラ・フランス」1904年
下　A.ロダン「思索」1886年

索」ないしは「観照」の人のポーズであり、したがってロダンにおいてそれが「考える人」になったのは、それなりの必然性がある。ロダンの独創性は、本来「行動」の否定であったこのポーズに、「力強さ」を与えたことである。事実ロダンの「考える人」は、そのたくましい肉体の力のすべてを凝縮させて「考え」ている。考えるということは、単に頭だけの作業ではなく、全身のエネルギーを傾けて取り組むべき人間的行為だ、とロダンはここで主張しているように見える。

だが、カミーユをモデルとした大理石の「思索」では、逆に肉体の部分は否定されている。どこか憂愁の影さえ湛えた、きわめて完成された頭部に対し、そのいわば台座にあたる部分が、粗いブロックのままで残されているのは、頭部と首から下の肉体の部分との対比を強調するために他ならない。つまり、採石場から切り出して来たままのようなこのブロックの部分が未完成の印象を与えるとしたら、それは、ミケランジェロの「奴隷」像のあるものがそうであるように、その「未完成」は意図されたものである。実際、「思索」の頭部を載せるこの四角い塊りは、単なる台座と言うにはあまりにも大きい。それは、頭部像に対応するだけの肉体を彫り出すことができるのに充分な大きさである。逆に言えば、この「思索」は、普通の意味での頭部像ではなく、実はきわめて特異な形式ながら、全身像と言うべきであろう。事実人は、この端麗な頭部の前に立ってみた時、その下の荒削りの石の塊りのなかから生まれて来るはずのしなやかな肉体を予感しないわけにはいかない。だがその若い肉体は、まだ――というよりも永遠に――冷たい石のなかに閉じ込められたままである。肉体が囚われているだけに、それだけ「思索」は内面化せざるを得ない。このカミーユの頭部が深い内面性を見せているのは、そのためである。それと同時に、その表情に悲しみのようなものが感じられるのは、囚われの身であることを意識しているからであるかもしれない。

なお、ロダンの大理石像については、それが多くの場合弟子ないしは共作者の手によって制作されたということを理由に、彫刻家としてのロダンの真髄を示すものではないということがしばしば言われている。なかには、ロダンは大理石像の場合には、構想を指示するだけで自分では直接制作にタッチしなかったという極端な意見すらある。ロダンは飽くまでもブロンズの彫刻家だというのである。たしかに、ブロンズ作品は、まず最初に粘土をこね上げて原型を作るから、その制作方法は、石を刻んで行く大理石の場合とはまったく逆であり、そのことは、当然作品の表現と密接にかかわって来る。その意味で、ロダンがブロンズの持つ表現力を思い切って拡大したきわめて独創的な彫刻家であったことは否定し得ない。

しかし、だからと言って、大理石彫刻家としてのロダンを無視することは誤りであろう。彼が、若いブールデルをはじめとして、多くの協力者を使っていたことは事実である。しかし、アルバート・エルセンが多くの資料を挙げて正当に論じているように、ロダンは、石の彫刻の技法にも習熟しており、協力者を使っても、必ず最後の仕上げは自分の手で行なうのが普通であった。彼の大理石作品が、その滑らかな、磨き上げられたような光沢のある表面の仕上げや、完成された古典主義的表現において、ブロンズ作品と大きく異なっているとしたら、それはロダンが材料の特質をよく知っていてそれを生かしているからである。「思索」は、あえて未完成のままに残した台座の部分も含めて、大理石彫刻家ロダンの傑作のひとつと言ってよい。

「思索」に見られるカミーユが、もの静かな落ち着いた美しさのなかに青春の初い初いしさを残しているとすれば、同じカミーユをモデルとしたロダンの浮彫風の石膏像「ラ・フランス」は、形の良い整った鼻梁とやや突き出た頤に明確に彼女の特徴がうかがわれるが、そこには、どこか近より難い謎めいた雰囲気と、そして成熟した女性の魅力が加わっている。この石膏像がいつ頃作られたのかははっきりしないが、普通にそう考えられているように今世紀初頭の作品とすれば、当時ロダンはすでにカミーユと別れていたから、アトリエに残されていたカミーユの肖像に基づいたものであろう。おそらくは、ロダンとの結びつきの最後の頃、三十歳を越えて間もなくの彼女の姿であろうか。

この作品が「ラ・フランス」と呼ばれるのは、共和国のシンボルであるフリギア帽によく似た帽子をかぶっているためだが、彼女の冠りものは、あまりにも簡略化されていて、はたして本当にフリギア帽であるかどうか、わからない。おそらくはそのために、それは時に、「晩期帝国の皇妃」とか、「ビザンティンの王女」などとも呼ばれた。それらの呼び名が暗示するように、ここには、東方世界の神秘的な妖しさがある。マリオ・プラーツが『肉体と死と悪魔』のなかで語っているあの「ビザンティンの世界」、つまり、フロベールの『サランボー』や、ギュスターヴ・モローの女たちのもつ冷ややかで官能的な雰囲気である。そのことは、ロダンが「世紀末芸術」の作家であったことを示していると同時に、カミーユに、やはりそのような一面があったことも物語っているだろう。だが現実のカミーユは、モローの「宿命の女たち」のように、その妖艶な魅力で男たちを破滅させる代りに、ロダンとの愛の闘争によって、逆に破滅させられてしまった。カミーユの生涯は、「女性の天才」のそれであったと同時に、また愛の殉教者のそれでもあったのである。（なおロダンは、ほかにもカミーユによる「ラ・フランス」のヴァリエーションを残している。）

2

カミーユ・ロザリー・クローデルは、一八六四年十二月八日、エーヌ県のフェール・アン・タルドノワで生まれた。二年遅れて妹のルイーズ、さらに二年後に、弟のポールが誕生した。つまりカミーユは、三人姉弟の長女である。（実はカミーユの前に男の子が一人いたが、生まれて間もなく、死んでしまった。）

四歳年下の弟のことは、今さら述べるまでもない。かつて駐日フランス大使も勤めたこともあるあの『マリアへのお告げ』や『繻子の靴』の詩人ポール・クローデルである。父親のルイ＝プロスペル・クローデルは、大蔵省採用の登記所収税官で、いくつかの地方都市を歴任した後、たまたま四年ほど前からこの土地に勤めていた。彼はストラスブールのイエズス会の学校で教育を受けたが、特に聖職を志したわけではない。それどころか、フリーメイソンの仲間だったという噂すらある。（もっとも本当にそうだったかどうかはわからない。）いずれにしても、あまり芸術とは縁のなさそうな人物である。母親のルイーズ＝アタナイーズはもっと平凡な普通の主婦で、一日じゅう黙って縫物をしたり料理を作ったりして過ごすだけの人であった。彼女は、情のきつい人であったらしく、家族のなかでもあまり口をきかず、子供たちに接吻をしたことさえなかったという。

第二帝政期のフランスの一地方官吏の家に、それもおよそ芸術的とは言い難い環境のなかに、カミーユとポールという二人の天才が生まれたのは、不思議としか言いようがない。もしかしたら、この姉弟の芸術家の魂を養ったものは、不気味な恐ろしさを感じさせる生まれ故郷の荒涼とした丘陵地帯であったかもしれない。少なくとも、詩人ポール・クローデルの伝記作者は、しばしばそのことに言及している。フェール・アン・タルドノワは、パリから東へ一〇〇キロあまり、普通に言えばシャンパンで知られるシャンパーニュ地方に属するということになるのだろうか。詩人の回想によれば、「シャンパーニュ地方の陽気さも、マルヌ川のゆるやかな襞のあいだに、快い日射しを浴びてまどろむ葡萄畑の村々の優しさもない荒涼とした厳しい土地」であるという。クローデル研究のためにこの地を訪れた渡辺守章は、その印象を、次のように語っている。

松とヒースの緑のほか、ただ暗い灰色と白である。白砂の流れを切るようにして屹立する巨岩は、化石時代の怪獣か、ケルトのドルメンを想わせるが、しかし二月の曇り空の下でさえ、迫ってくるように白い砂、調子というものが一切無いほどの白い砂に裾を洗わすようにして、滑らかな斜面に群がり、屹立し、蹲《うずくま》り、あるいは絶壁をなして落ちて行く岩の形は、やはりなにかしら太古の巨大なエネルギーの痕跡、あるいは記憶と見えた。

カミーユは、子供の時から、この人気のない淋しい岩場を愛し、黙って家を脱け出しては、夜遅くなるまで、まるで古代の精霊か野性の獣のように独りで放浪するのを好んだという。幼いポールは、時に無理に連れ出されて同じように土地の霊気の洗礼を受けたが、後年の大詩人の魂に、この気紛れで、情熱的で、専制君主のように恐ろしい、美しい姉の存在が大きな意味をもったことは疑いない。(それに対して、次女のルイーズは、親の言うことはよく守る大人しい娘で、後に平凡な結婚をした。)

しかし、この野性的で気の強い少女について驚くべきことは、彼女が早くから芸術家、それも彫刻家を志していたということである。早くからカミーユに注目し、一八九八年という早い時点で「カミ

カミーユ・クローデル（L´Art Decoratif, July-December,1913)

ーユ・クローデル論」を書いたマティアス・モラールによれば、カミーユはすでに十二歳ぐらいの時から、弟や妹をモデルとして粘土をこねることに熱中し、料理女にかまどでそれを焼かせていたという。同じ頃、彼女はやはり粘土で「ダビデとゴリアテ」の群像を作ったが、それを見て娘の才能に驚いた父親は、ノジャンに住む彫刻家のアルフレッド・ブーシェに作品を見せた。ブーシェも少女の才能に強い印象を受け、パリの国立美術学校の校長であったポール・デュボワに紹介した。その時デュボワは、カミーユの作品を見るや否や、「あなたはロダンに習ったのでしょう」と叫んだと伝えられている。

もちろん、彼女がロダンの教えを受けるようになるのは、もっと後のことである。当時彼女がロダンの作品を知っていたかどうかも疑わしい。この二人の彫刻家は、お互いに知り合うずっと前から、眼に見えぬ親和力で結ばれていたと言うべきであろう。

だが当時、若い娘が彫刻家になろうなどというのは、およそ考えられないことであった。母親は特に真向うから反対した。しかし、一度言い出したら絶対にきかない強情なカミーユは、何度も激しい口論を重ねた末に、遂に父親を説得してパリに出た。一八八二年、十八歳の時のことである。

パリでは、先に触れた彫刻家ブーシェのすすめで、モンパルナス地区にあるノートル・ダム・デ・シャン街のアカデミー・コラロッシで学ぶことになった。アカデミー・コラロッシは、当時パリに数多くあった画塾（彫刻教室もある）のひとつで、私塾ではあるが国立美術学校の教授たちが週に一度か二度やって来て指導するというシステムになっていた。例えば、画家の教授陣のなかには、黒田清輝や久米桂一郎の師となったラファエル・コランがいた。黒田や久米がアカデミー・コラロッシに学ぶのは、カミーユがはいってからわずか数年後である。彼らの道は、どこかで交じわっていたかもしれない。

カミーユも、アカデミー・コラロッシで、週に一回、ブーシェの指導を受けて好きな彫刻に熱中した。入塾後一年、一八八三年に、早くも「B夫人の肖像」という石膏半身像がサロン・デザルティスト・フランセに出品されているから、その才能は、すでに目立っていたわけである。しかし、この年、サロン初出品という名誉以上に彼女の生涯にとって決定的な事件が起こった。アルフレッド・ブーシェがローマ賞を受賞してイタリアに留学することになり、アカデミー・コラロッシの生徒たちの指導を、ロダンに頼んだのである。カミーユにとって、大きな運命の転換の年である。当時カミーユは十九歳、ロダンは四十三歳であった。

3

四十三歳のロダンは、後年の名声をまだ得てはいなかったが、すでに確実に栄光への道を歩み出していた。六年前、サロンに出品した「青銅時代」が、あまりにも生ま生ましい力強い迫力を持っていたために、生身の人体から型取りをしたのではないかとまで言われて、一時は大きなスキャンダルにまでなったが、その後ロダンが制作したことが明らかとなって一躍彼の名は挙がり、作品は国家買上げとなった。一八八〇年には、パリの装飾美術館から、彼の畢生の大作となるあの「地獄の門」の制作注文を受けている。国家買上げと公式の注文とは、芸術家にとって——特に個人のパトロンに恵まれにくい彫刻家にとって、成功のためのたしかな土台である。この時以降、ロダンは、「地獄の門」、「カレーの市民」の大作をはじめ、「接吻」、「永遠の青春」など旺盛な創作力にもとづく激越華麗な名作を次ぎ次ぎに生み出していくことになる。四十代から五十代にかけて、芸術的にも体力的にも最も充実した時代である。二十世紀になってから、やがて極東の日本の『白樺』の仲間たちまで感動させることになるロダンの国際的な名声の基礎は、この時期に築かれたと言ってよい。

事実、ロダンの名は、一八八九年、エッフェル塔の建てられたあのパリ万国博覧会の年に、友人のモネといっしょに開いた二人展の成功によって、美術界では不動のものとなった。(たまたま、モネとロダンはともに一八四〇年生まれの同年である。この時、モネは七十点、ロダンは三十六点の作品を出品した。)もちろん、讃辞ばかりではなく、従来の伝統的アカデミズムに真向うから挑戦するようなその作品に対して、激しい批判も浴びせられたが、一方では、オクターヴ・ミルボーのように、この展覧会は「圧倒的な成功」であり、「今世紀において、絵画と彫刻というこのふたつの芸術を、最も輝かしく、最も決定的に体現しているのは、まさしくこの二人だ」(『エコー・ド・パリ』誌、一八八九年六月二十五日号)という熱烈な擁護者もいて、反響はきわめて大きかった。カミーユがロダンと交渉をもったのは、ちょうどロダンにとっては油の乗り切った活躍時代であるこの前後十年間のことであった。

アカデミー・コラロッシで最初に出会ったはずの二人の間柄が、どのようなかたちで進行していったか、詳しいことはわかっていない。当時ロダンには、正式の結婚こそしていなかったが、若い頃から苦労をともにして来た伴侶ローズがいたし、カミーユも、ロダンとの関係は家族のものに知られないように気を配っていたから、多くの部分が、今日にいたるまで、秘められたままになっているのである。

しかし近年になって、カミーユへの関心が高まるにつれて、残されたわずかな資料が少しずつ発掘され、公表されるようになって来た。それらの多くは、今年（一九八七年）に刊行されたジャック・カッサールの『資料カミーユ・クローデル』のなかに収められている。この本の著者カッサールは、カミーユの伝記を書く目的で十数年にわたってさまざまの資料を調査し収集して来たが、不幸にしてその著作を完成させる前に病気のため世を去ってしまった。本書は、著者の死後、遺族によって上梓されたもので、そのため、本としては不充分なところも少なくないが、カミーユに関する資料が多く収められている点で、われわれにとってはきわめて有難い。たとえば、日付はないが、母親からパリにいるカミーユに宛てて訪問を予告した手紙が残っている。

「……明日の木曜日、あなたのところに出かけます。家を九時頃出るつもりですから、十一時半には着くでしょう。いっしょにお昼を食べて、夕方には戻ります。お昼頃、家で待っていて下さい……」

そして、この手紙の裏に、カミーユ自身の走り書きによるロダンへのメッセージが記されているという。

「ロダン様、母からこのような手紙が参りましたので、明日はこちらに来ないで下さい。ごたごたが起きるといやですから……」

母親の手前、彼女がロダンとの関係を飽くまでも普通のものにしておきたいという配慮がありありとうかがわれる。

カミーユが、アカデミー・コラロッシで知り合った友人の一人に、イギリスからやって来たジェッシー・リスコムという若い女性がいた。彼女もまた彫刻家志望で、二人はともにロダンの指導を受けていた。カミーユの残したそのスケッチや彫像を見てみると、リスコム嬢は、たくましい男性的な顔付きをしていて、受ける印象はカミーユとまるで逆だが、二人はきわめて親しい友情で結ばれ、カミーユは何回かロンドンの彼女のもとに滞在もしていたらしい。ロダンからリスコムに宛てた手紙が何通か残されているが、そのなかでロダンは、毎回のようにカミーユの消息を尋ねている。当初の普通の師弟関係から、やがて彼のモデルとなり、制作上の協力者となり、さらにいっそう親しい間柄へと進展して行くのに、それほど長い時間はかからなかった筈である。

当時のカミーユの発溂とした輝くような美しさについては、ポール・クローデルの見事な描写がある。

〔彼女は〕、美しさと才能の溢れるような輝きに包まれた素晴らしい女性であった…。誇らしげな額の下の青い美しい眼は、小説のなか以外ではほとんど見られないほどの深い濃い色合いを湛えており、鼻は、後に彼女自身が好んでそう認めたように、古代の美徳の像の面影を受け継いでいた。大きな口は、官能的というよりはいっそう誇り高い性格を表わしており、豊かにうねる栗色の髪は、イギリス人たちが金褐色と呼ぶ本当の深い栗色で、長く腰のあたりまで垂れていた。
勇気と、率直さと、自信と、陽気さに満ちたその印象的な姿は、多くのものに恵まれた人のそれであった。

官能的なもの、情熱的なものも含めて、人間の心の動きの種々相と、その外面的な表われとを徹底的に追求していた巨匠ロダンが、この「多くのものに恵まれた」美貌の弟子に強く心を惹かれたことは想像に難くない。「思索」や「アウローラ」のように直接彼女をモデルとした場合はもちろんのこと、「ダナイード」、「接吻」、「永遠の青春」、「フギット・アモール」、「パオロとフランチェスカ」な

J.リスコム「カミーユ・クローデル」
1886年

ど、この時期の、特に恋の情熱のもたらす歓喜、悲哀、苦悩などを力強く多彩に表現したロダンの名作の多くに、カミーユの思い出が宿っていることは、容易に看て取れるであろう。

制作の上においても、カミーユはロダンにとって、重要な協力者であった。すでに多くの、それも大がかりな注文仕事に追われるようになっていたロダンは、この頃から何人もの協力者を使うようになっていたが、そのなかでも、年齢の若さにかかわらず大胆で力強い表現力を持ったカミーユの貢献は、貴重なものであったろう。カミーユと直接知り合いであり、前に記したように一八九八年、彼女についての最初の重要な評伝を発表したマティアス・モラールは、彼女がユニヴェルシテ街のロダンのアトリエで仕事をしていた間、彼女は単に助手であったばかりではなく巨匠の相談相手であり、「何か決定しなければならないことがあれば彼はいつも彼女と相談し、二人の意見が一致したところではじめて最終的な決定を下すのであった」と述べている。そして、実際にも、人物たちの手や足の習作を彼女に依頼し、ロダンのアトリエには、彼女の手になるそれらの習作が、「しなやかで優雅なものや、ごつごつした引きつったようなもの」など、数多く残されていたという。

この時期は、また彼女にとっても、彫刻家として豊かな成果を見せた開花の時代であった。彼女の早熟の才能は、一八八二年、つまりまだロダンに出会う以前のわずか十八歳の時に強い表現力を持った、「年老いたエレーヌ」が作られていることでも知られる。この彫像は、彼女の家にいた召使いをモデルとしたものだが、それ以外でも、彼女の初期の作品は、父親、母親、弟のポール、妹のルイーズ、友人のリスコムなど、身近な、よく知っている人びとの肖像である。特に弟のポールは、おそらく十三歳頃——ということは、カミーユの方も、まだ十七歳頃である——と思われるまだ子供の面影を残したものから、十六歳頃、十八歳頃、さらには、一八八七年のサロンに出品された「若いローマ人」など、多くの作品のモデルとなっている。まだ世に知られていない新進の彫刻家としては、自分の家族や友人が最も取り扱い易いモデルであることは言うまでもないが、しかしそれと同時に、そこには、彫刻家カミーユ・クローデルの求めた本質的なものがはっきりとうかがわれる。ほとんど独りで彫刻の道を自ら選び取った彼女にとって、身近な人びとの肖像は、内面の世界も含めて人間の真実を表現する何よりの題材だったのである。そしてこの点において、彼女は、様式化されたアカデミズムにはっきりと別れを告げて、「自然の真実」を追求した巨匠ロダンと出会うのである。パリに出て

C.クローデル「16歳のポール」1884年

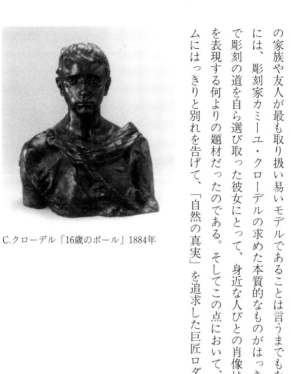

来たカミーユが、最初は偶然であったと言え、やがて「地獄の門」の彫刻家にどうしようもなく惹かれて行くのは、モラールが指摘しているとおり、彼女がロダンのなかに「同じ真実と美の理想の追求」を見出したからにほかならなかった。事実、ロダンにとっては、初期の「鼻の潰れた男」以来、自然が何よりも大切な師であり、鋭い観察に基づく「自然」の姿を、驚くべき大胆な表現で徹底して造形化したところに彼の天才があったのである。

4

十九世紀の、さらに言えば西欧彫刻史全体の流れのなかで、ロダンの果した役割の大きさは、今さら改めて述べるまでもない。そのロダンの功績のひとつは、完成された形式美よりも人間の真実の追求にあったことはすでに指摘したとおりだが、その真実の追求は、肖像彫刻の分野に新しい道を開いただけではなく、おそらくそれ以上に、情熱の表現としての新しい人体造形にいっそうはっきりと、そしていっそう力強く表われている。「地獄の門」全体にひしめく二百体に及ぶ彫像は、その見事な作例と言ってよい。そしてそのことは、造形的にも、二十世紀彫刻への新しい道を開いたのである。

情熱の表現としての人体造形ということは、真に生きている人間の心のなかの激しい動きをそのまま的確に伝えるさまざまのポーズ、身振り、表情の創造を意味する。ロダンにおいては、喜びも、悲しみも、悩みも、悔恨も、苦痛も、陶酔も、その極限の状況において、かつてない豊かな表現力を与えられる。彼の人物たちの思い切った激しい身振りや、時にアクロバットのような大胆なポーズは、まさにそのような飽くことない人間の真実探求から生まれて来たものである。もちろん、その表現が充分な説得性をもつためには、人体表現としての完璧性がなければならない。ロダンの偉大さは、一見まるで不自然と思われるような大胆なポーズ、ないしはポーズの組合わせにおいても、バランスが崩れようとする危いぎりぎりの地点で、人体の論理が完全に保たれている点にある。それは、素速い筆致のデッサンにもはっきりと見られる彼の人並み優れた観察力の故である。彼は、モデルの何気ない動きだけからでも、無数の新しい表現を読み取り、それを新しい造形に定着するだけの観察力と表現力を、そして人間の心理に対する洞察力とを備えていた。それがあの驚嘆すべき人体群像となってわれわれに提示されているのである。

例えば、「地獄の門」のなかに最初に姿を見せる「ウゴリーノ群像」がその最良の例のひとつである。飢えを訴える子供たちに深い憐みを覚えながら、同時にその子供たちに対してさえ食欲を感じないわけにはいかない自分の心のおぞましさに苦悩するウゴリーノの主題は、ルネッサンス以来、多くの芸術家たちによってさまざまのかたちで取り上げられて来た。十九世紀においても、足許に縋り寄る子供たちをじっと見下しながら、自分の指を噛みしめて苦悩に堪えるウゴリーノをモティーフとしたカルポーの忘れ難いブロンズ作品がある。だがロダンの「ウゴリーノ」は、カルポーになお見られた抑制をすべて失って、まるでけもののように咆吼しながら、四つん這いになってわが子の上に覆いかぶさっている。人間のなかにひそむ動物性があまりにもあからさまに表現されているこの群像は、それ故にいっそう強く人間の苦悩についてわれわれに訴えかけて来る。肉体的、精神的な苦しみを、これほどまで極限化したかたちで見事に表現し得た例は、これまでになかったと言ってよいであろう。

カミーユは、肖像彫刻についてももちろんのことだが、それ以上に、このような思い切った人体表現の手法を、ロダンから学んだ。初期の肖像彫刻の時代に続いて、一八八〇年代の末頃から、カミーユは、表現主義的傾向の強い新しい人体表現の試みに向かうようになる。一八八八年のサロン・デザルティスト・フランセに出品されて褒状を獲得した群像彫刻「シャクンタラー」がその最初の例である。後に「放棄」という象徴的な題名を与えられることになるこの群像は、もともとは、古代インド文学の最高傑作と言われる『思い出のシャクンタラー』に想を得たもので、魔法によって妻シャクンタラーのことを忘れさせられたドゥフシャンタ王が、最後に記憶を取り戻し、悪魔を倒して天界で妻と再会する場面を主題としている。この群像に感銘を受けて、「今世紀（十九世紀）における最も清純な傑作のひとつ」と断言したモラールは、次のように作品を描写している。

自己の内部に燃え上るあまりにも強烈な歓びにうちひしがれたかのように、若い娘は木の幹にもたれている。その上体は前方に傾けられ、頭部は、前に跪いている王の肩の上に落ちかかる。二人の顔はほとんどひとつに融け合う。シャクンタラーは目を閉ざしたままである。そして、失われた記憶を遂に取り戻して愛する者と再会した王は、彼女のしなやかな胴体に二本の腕をまるで稲妻のように巻きつける。それは、言葉に書き尽くせぬ愛情と陶酔の瞬間であり、またその永遠の姿である。

説明的な要素をいっさい避けて、ただ二人の男女のポーズの組合わせだけによって激しい恋の情熱を見事に表現している点でそれは、ロダンの「永遠の青春」や「永遠の偶像」（挿図）と同じ系譜に属するものと言ってよい。むろんそこには、ロダンの作品の場合と同じように、作者自身の熱い想いが投影されているのであろう。肉体は内部の情念の激しさによって翻弄されるかのように捩れ、たわみ、のたうち、ふるえながら、その激しさによって魂の鼓動を直接に伝えるものとなる。カミーユは、そのような人体表現のやり方を、ロダンから学んだのである。

しかし、「シャクンタラー」（挿図）には、ロダンの作品には見られない微妙な陰翳がうかがわれる。「接吻」（挿図）や「永遠の青春」の場合はもちろんのこと、構成の上で「シャクンタラー」とよく似ている「永遠の偶像」においてさえ、ロダンは何のためらいも疑いもなく愛の讃歌を歌い上げたが、カミーユの「シャクンタラー」は、至高の愛の完成をテーマとしていながら、それほど手放しで愛に信頼を置いているようには見えない。そこには、特にうなだれた女性の全身の表情に、相手の激しい抱擁にもかかわらず完全にそれに応えることの出来ないもどかしさのようなものが感じられる。それはほとんど、悲哀の影に近い。この作品は、一八八八年の展覧会に「シャクンタラー」の題名のもとに石膏像として出品されたが、後に一九〇五年、ブロンズに鋳造されて、「放棄」と題されてブロット画廊の展覧会に展示された。陶酔の極致であると同時に不吉な破局をも暗示するようなこの題

左上　A.ロダン「接吻」1886年
右上　A.ロダン「永遠の偶像」
下　C.クローデル「シャクランター（放棄)」1888-1905年

名は、制作当初からのカミーユの心の揺れをあまりにもよく表わしていると言ってもよいかもしれない。(この「放棄」〈Abandon〉という題名は、日本語では、また「身を委かせ」とも、「心からの信頼」とも訳されている。たしかにそのような意味もあるが、この言葉の本来の意味は、「すべてを投げうつ」、あるいは、「捨てる」ということである。カミーユの題名には、その本来の意味への暗示があるであろう。「すべてを投げ打」って、しかも報いられないことを悟った彼女が、単純に愛の讃歌を歌ったとは思われないからである。)

ポール・クローデルは、ロダンの「接吻」と比較しながら、カミーユの作品に見られるその影は、彼女の精神性の表われであると説いている。

ロダンの《接吻》を、《放棄》という題で呼ばれることになった姉の最初の作品と比較してみるがよい。《接吻》においては、男はいわば、女を味わう食卓についているのだ。彼はその喜びを出来るだけ享受するため、ゆったりと座っている。そして両手で食事にとりかかっている。女の方は、アメリカ式の言い方を借りるなら〝商品を供給する〟ため、出来るだけ相手に協力している。だが姉の群像においては、精神がすべてなのだ。跪いた男は、全身が欲望となって顔を挙げ、熱望にふるえて相手を抱擁しながら、自分を越える高いところから与えられたこの素晴らしい存在、聖なる肉体を敢えて自分のものにするのをためらっている。女の方は、眼を閉じ、無言のまま、重々しく身を任せている。愛という力に引かれて、身を任せているのだ。その一方の腕は、果実をつけた樹の枝のように身体から離れて垂れ、もう一方の腕は胸を覆って、処女性の至高の隠れ家である心臓を守っている。これほどまでに情熱的で、そして同時にこれほどまでに貞潔な表現を見出すことは不可能であろう。しかもそこでは、すべてが、魂と皮膚との最も秘密の戦慄にいたるまで、生命のふるえを帯びているのだ。まさしくそれは、接触に先立つ一瞬前の時の表現である……。

姉に対するクローデルの身贔屓《みびいき》や、ロダンに対する充分理解し得る反感を割り引いてみても、クローデルのこの指摘は、カミーユの作品のもつ本質の少なくとも一面を鋭く言いあてている。「シャクンタラー」は、単純な愛の勝利の表現ではない。まして、官能の讃歌でもない。むしろ愛の喜びに惹かれながら、同時に恐れと不安を感ぜずにはいられない不安定な心のゆらめきの表われである。そして、そこに、カミーユの心の反映を見ることは、あながち無理ではないであろう。この「シャクンタラー」のみならず、その後の「クロトン」においても、「ペルセウス」においても、さらに悲劇的と言ってもよい「熟年」群像においても、カミーユは赤裸々なまでに自己の心情をさらけ出しているからである。

カミーユのその不安は、決して根拠のないものではなかった。それは単に、初めての愛の神秘に触れた二十四歳の娘が感じる漠然とした不安ではなく、もっとはっきりしたものであった。カミーユはおそらく最初から、絶望的な戦いを挑まなければならない恐るべき敵がいることを知っていたのである。

5

後にロダン夫人となるローズ・ブーレがロダンの生涯にはいり込んで来るのは、一八六四年のことである。当時ロダンは二十四歳、もちろん、まだまったく無名の新人に過ぎない。この年、彼はサロンに「鼻の潰れた男」を提出して落選の憂目を見ている。「青銅時代」が国家買上げになるのは、なお十六年も先のことである。この初期の苦難の時代から、後の栄光と名声の時代を経て、七十七歳で世を去るまで、半世紀以上の期間にわたって、ローズの姿はつねに巨匠の傍らにあった。もっとも、二人が正式に結婚するのは、ロダンの死の年のことだから、それまでは、形式的にはローズはロダン夫人ではない。しかし、二人が知り合った二年後には子供も生まれ、生活をともにしていたから、実質的には夫婦と言ってよい。現に、カミーユの両親はつねにローズを「ロダン夫人」として扱い、ヴィルヌーヴの家にこの娘の師「夫婦」を招いたりしている。なお、一八六六年に生まれた息子は、カミーユとそれほど年齢は違わない。「カレーの市民」群像の向って右端、市門の鍵を手にしたジャン・デールの姿は、この息子オーギュストをモデルとしたものだという。ローズは、巨匠の生活上の伴侶であったばかりでなく、またよきモデルでもあった。彼女の面影をとどめているロダンの作品は、二、三にとどまらない。そのうち、彼女の魅力を最もよく伝えてくれるのは、一八七〇年頃に作られた「ミニョン」（挿図）であろう。豊かな髪を自然のまま肩まで垂らし、何かもの言いたげに半ば唇をあけ、首を廻しながら泪にうるんだ眼でやや見上げるように真剣な眼差しを投げかける彼女の

A.ロダン「ミニョン」1870年

表情は、若いけもののような発溂とした生気を漂わせている。一見子供のように無邪気、奔放で、その心の奥に激しい情熱を秘めている少女ミニョンの姿は、ロダンによって見事に造形化されたと言ってよい。

それはまた、彫刻家自身にとってもひとつの記念すべき作品であった。それまで、古典的な形態研究の他、例えば「鼻の潰れた男」に典型的に見られるように、自然の外面的真実を追求して来たロダンが、この「ミニョン」において、内部の生命力の表現を実現して見せたからである。溢れるほどの生気に満ちた少女の、激しい感情の動きの一瞬を見事に捉えたこの作品は、伝統的な胸像形式にしたがっているとは言え、早くも、情念の彫刻家ロダンを予告している。このような表現を可能ならしめたものは、むろんロダンの鋭い人間観察力だが、その契機となったのは、若々しいローズの存在であったろう。

もちろん、ゲーテの作品で知られる男の子のように活発で情熱的なミニョンのイメージが、直接の霊感源であったことは疑いない。ロダンが実際に『ウィルヘルム・マイスター』を読んでいたかどうかはわからないが、ゲーテの小説はフランスでも広く知られていたし、何よりも、「君よ知るや南の国」のミニョンの歌で有名なトーマのオペラ『ミニョン』がパリで一八六六年に初演されて評判を呼んでいたから、そのゲーテの少女のイメージがロダンの創作意欲を刺戟したことは、充分にうなずける。だがもしそうだとしたら、ロダンは、ローズのなかに理想的なモデルを見出したと言うべきであろう。もともとローズには、ミニョンにふさわしいどこか男の子のようなところがあったからである。

実際、ロダン自身、後にローズについて、「女性の身体の美しさをいっそう強める男性的な魅力」の持主だったと語っている。そして、彼女をモデルとした後年の作品、例えば、普仏戦争の記念のために作られたモニュメント「武器を取れ」(別名「国の誇り」)の群像のなかで、傷ついた戦士を鼓舞する精霊の顔や、あるいは、一八七八年作の武装した戦争の女神「ベルローナ」(挿図)の顔立ちを思い出してみれば、彼女が男性のようにたくましい、がっしりした相貌であったことがうかがわれるであろう。「思索」や「アウローラ」(挿図)に見られるカミーユの繊細な、どこか憂れわしげな顔とは対照的である。

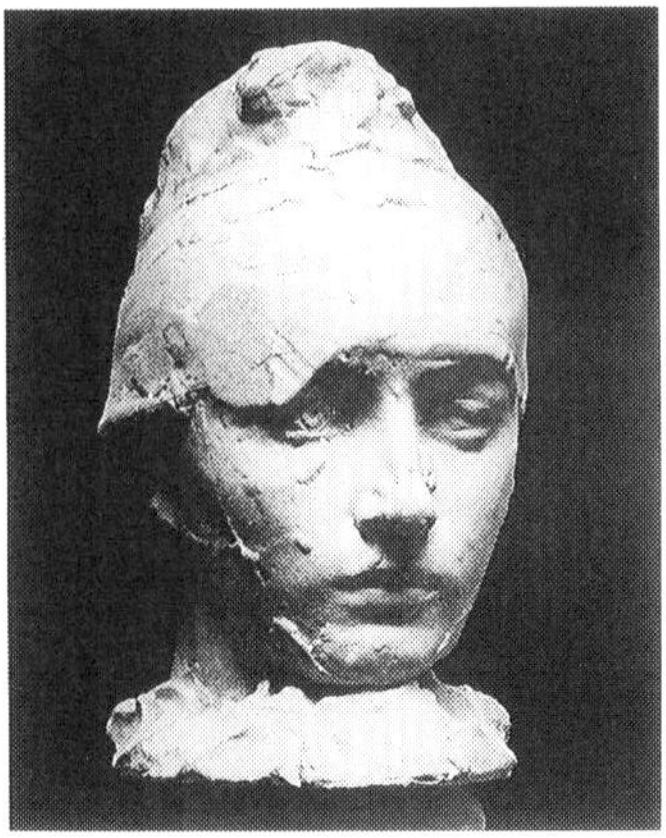

上　A.ロダン「アウローラ」1898年
左下　A.ロダン「カミーユ・クローデル」1884年
右下　A.ロダン「ベルローナ」1878年

ローズは、性格的にも、きつい、激しい気性であったらしい。ロダンが有名になって、その周辺に多くの女たちが集まるようになると、ローズはしばしば、人前も構わず派手な口論を展開してみせたと、多くの証言は伝えている。そしてロダンの場合、ローズのその疑惑は、必ずしも根拠のないものではなかった。ただ、ロダンは、決して忠実な「夫」ではなかったが、若い頃から苦労をともにしてきた献身的な「妻」を見捨てることはできなかった。カミーユの悲劇は、ほとんど避けられないものだったのである。

このような状況では、二人の結びつきについて、多くの点が不明のまま残されているのも仕方のないことかもしれない。カミーユは両親に対して、ロダンはローズに対して、何も知られてはならなかった。恋人たちは、慎重であった。ただ、いくつかのはっきりした事実は指摘できる。

一八八八年、相次ぐ大作の注文に追われたロダンは、ユニヴェルシテ街のアトリエが手狭になったため、イタリア大通り六十八番地のラ・フォリー・ノイブルクの館に新しいアトリエを作った。同じ頃、故意か偶然か、カミーユも同じ通りの一一三番地に転居している。ロダンの新しいアトリエは、緑豊かな庭のついた古典的な邸館で、かつて一時、ジョルジュ・サンドとミュッセが住んでいたところであった。

その前の年、一八八七年に、二人ははじめて、トゥレーヌ地方に一緒に旅行をしている。ルネッサンス時代の古いお城が宝石を撒いたように散在しているロワール河のほとりのこの地方は、恋人たちにとって、天国のように優しかった。少なくともカミーユはそう書いている。旅行は何回か繰り返された。やがて二人は、アゼ・ル・リドの城の近くのイズレットの城の長期滞在客となり、夏の間、カミーユはそこでロダンの訪れを待つようになった。一八九一年、フランスの文芸家協会からバルザック記念像の注文を受けたロダンは、土地の人びとの相貌の特徴を観察するため、バルザックの生まれ故郷であるこの地をしばしば訪れることになる。

この時期、カミーユがロダンに宛てた手紙が一通残っている。ほかにも彼女は何度か自分の思いを書き綴ったと思われるが、それらは破棄されてしまったものか、メモのような短文の手紙を別にして、これが現在知られているほとんど唯一の「恋文」である。ただし彼女は、なお、「ロダン様」という丁寧な言葉遣いで書いている。

ロダン様

ほかに何もすることがないので、またあなたに手紙を書きます。ここイズレットではどんなにお天気がよいか、想像もおつきにならないでしょう。今日は、真中の部屋（温室に使っている所）で食事をしました。そこからは、両側に庭園が拡がっているのが見えます。クールセル夫人（宿の女主人）は、私が自分から頼んだわけでもないのに、もし気に入ったら、時々いや毎日でもそこで食事をして構わないと言ってくれました。（彼女自身、とてもそうしたがっているようです。）たしかにそこは、とても気持ちの好い所です。

公園の中を散歩してみました。牧草も、麦も、燕麦も、皆刈り取られていて、どこでも自由に歩き廻ることができます。どこも魅力に溢れています。もしあなたが御約束を守って下さるなら、ここは天国のような場所になるでしょう。あなたの御仕事のための部屋もいくつもあります。老婦人は喜んで役に立ってくれるでしょう。

彼女は、近くの川で泳いだらいいと私に勧めます。彼女の娘や女中がいつも出かけますが、まったく危険はないそうです。あなたがよいと仰言れば、私もそうしたいと思います。とても楽しそうですから。それに、そうすればわざわざアゼまで、暑い思いをして出かけなくてもすみます。もし出来るなら、今度いらっしゃる時、水着を買って来て下さい。濃い青に白の飾り紐がついて、上下別々になっているもの（中型サイズ）で、ルーヴル店かボン・マルシェ店に行けばあると思います。（サージです。）トゥールでも買えるかもしれません。

あなたがお側にいるのだと自分で信ずることができるように、私はいつも裸でベッドに入ります。でも、目がさめた時はがっかりします。心から接吻を送ります。

カミーユ

どうかもう私を裏切らないで下さい。

ポール・クローデルの孫娘にあたるレーヌ＝マリ・パリスは、その『カミーユ・クローデル』（一九八四年刊）のなかで、カミーユのこの手紙を引きながら、そこに見られるのは「愛情というよりもコケットリー」だと分析している。

たしかにカミーユのロダンに対する気持ちには、盲目的愛情というよりも、つねにどこか醒めた冷たい部分がある。性格の上でも、カミーユはローズとは対照的であった。ローズは嫉妬深く、怒りっぽい厄介な性格であったが、同時に、ロダンに対しては文字通り献身的であった。だがカミーユは、そこまで夢中になることはできない。独立心が強く、怜悧な彼女は、二十歳以上も年上で、今や国際的な名声を得るようになったこの巨匠の男としての弱さを見透しているようなところがあった。パリス女史が指摘しているとおり、柄やサイズまでこまごまと指定して水着を買って来てほしいとねだったりすることなど、一見無邪気そうで、その奥に、不実な恋人を困らせてやりたいという無意識の計算が働いていていなかったとは言えない。

当時ヨーロッパにおいても、レジャーとしての海水浴はようやく始まったばかりである。スーラの有名な「グランド・ジャット島の夏の日曜日の午後」を見てもわかるように、たとえ夏の行楽地であっても、然るべき市民婦人であるなら、腕の先から足先まですっぽり覆う衣裳をまとうことが当然と考えられていた時代には、女性の水着というのは、ほとんど今日の下着に近い感覚のものであったろう。とても大の男がデパートの売場であれこれ売子に尋ねながら買えるようなものではない。といってこればかりは、ローズに頼むわけにもいかない。利口なカミーユがそのことに気づいていなかったはずはない。彼女はここで、子供っぽい無邪気さを装いながら、ほとんどロダンを責めているのである。

さらに、遠くにいる恋人のことを思って裸のまま寝るという訴えにしても、「悲劇の主人公というよりも田舎娘のせりふだ」と、パリス女史ははなはだ手酷しい。たしかにそれは、溢れるような素直な愛情の発露とは言えない。だがそれが「コケットリー」だったとしても、彼女にとっては、せい一杯のコケットリーだったに違いない。

当時のカミーユの心情を思いやってみれば、彼女は恐ろしいほど孤独だったはずである。家族はもちろんのこと、誰一人として相談する相手もなく、不確かなロダンの心を信ずるしかない状況にあった。たしかに彼女は、「地上の楽園」と呼ばれるロワールのほとりの美しい自然のなかで、「天国」を夢見ていた。しかし、もしその「天国」が実際に現実のものとなった時、どれだけ大きな代償を支払わなければならないかということは、彼女は充分に知っていた。それでもなお、ロダンとの生活にすべてを賭けようとするなら、それなりの覚悟が必要だったはずである。その覚悟の辛さは、彼女にしかわからない。しかも、それほどまでしても、相手の心を完全に信ずることのできない不安は残る。彼女の手紙に女性らしいコケットリーや計算があるとしても、そうでもしなければ抑え切れない心細さがにじみ出ていることは否定できない。手紙の最後に書き添えられた「もう私を裏切らないで下さい」という悲痛な訴えは、本心からのものであったに違いない。

6

しかしカミーユ自身が心のどこかでひそかに恐れていたように、彼女の夢見た「天国」は、結局実現されなかった。ロダンはどうしてもローズから離れることはできなかったのである。

このような不安定な関係が長く続くわけはない。ジュディット・クラデルの語るところによると、ローズとカミーユは、ある日遂にロダンの前で対決し、二人はともに、ロダンにどちらかを選ぶように迫ったという。もしこの話が本当ならば、その後の経過から見て、カミーユは敗北を味わわなければならなかったであろう。

彼女の心の痛手は大きかったに違いない。しかも、誰にも打ちあけることもできず、誰からも慰めを得る術のなかった彼女は、その苦しみを、スケッチ帖に吐き出すことで紛らせる以外に方法はなかった。現在、ローズとロダンを主題としたいくつかの痛烈なカリカチュアが残されているが、それは、孤独のなかで口惜しさを噛みしめている彼女の気持ちを、生ま生ましく伝えるものであろう。

例えば、そのなかの一点は、「監獄体制」（挿図）と題されている。画面には、両手両足を鎖で縛られて独房のなかに閉じこめられているロダンが居り、その部屋の前で、恐ろしい顔をした看守のローズが、長い箒《ほうき》を手にして立っているところが描かれている。またもう一点、「コラージュ（貼り合わせ）」（挿図）と題されたカリカチュアは、裸のロダンとローズが、互いに後向きにお尻のところで貼り合わされていて、どうしても離れることのできない様子を、どぎついデッサンで表わしたものである。その他にも、ベッドで抱き合う二人の姿などがあり、いずれも専制的で横暴なローズと、そのローズから逃れることの出来ない憐れなロダンとを、思い切って残酷に、容赦なく描き出している。それは彼女にとって、せい一杯の抵抗であったかもしれない。しかし、カリカチュアであるとは言え、その毒々しいまでの表現は、彼女の心のなかに渦巻いていた情念が、やがて正常な域を大きくはみ出して行くようになる後年の方向を、暗示的に物語っていると言ってよいであろう。なお、これらのデッサンのうち、「コラージュ」の画面には、「一八九二年」という年記が読み取れる。ということは、不明な部分の多いロダンとカミーユの関係の推移を明らかにするひとつの手がかりがここにあると考えられるが、しかし、ブリュノ・ゴーディション（『カミーユ・クローデル展』カタログ、一九八四年）のように、諸般の状況から考えて、この年記は後から書き加えられたものであり、実際にデッサンが描かれたのは、もう一、二年後ではないかと考える研究者もいる。

上　C.クローデル「コラージュ」
下　C.クローデル「監獄体制」

もうひとつ、この時期のカミーユについて、はっきりした真相は不明だが、すでに当時から、カミーユがロダンの子供を——それも何人か——生んだという噂が流れていた。ジュディット・クラデルは、後に、いつもの単刀直入な調子で、ロダン自身に対して、カミーユとの間に四人も子供があったという噂があるが本当かと、直接に質問している。それに対してロダンは、「もしそうだったとしたら、私の義務ははっきりしていただろう」と答えたという。つまり、一応は否定しているわけだが、多くの研究者は、実際には生まなかったとしても、彼女がロダンの子供を宿し、手術をしてそのために衰弱した身体をロワール河のほとりで休ませていたのではないかと推測している。例えば、ジャック・カッサールは、その根拠として、一八九三年六月の消印のあるカミーユの短い手紙に健康があまり勝れないという言及があること、ロダンが一八九二年にカミーユをモデルとした「恢復期の女」と題する大理石像を作っていること、そして彼自身がロマン・ロラン夫人から得た証言によると、ポール・クローデルがロラン夫人にその話をしたことがあったこと、などを挙げている。もし本当にそのようなことがあったとすれば、彼女はイズレットの城で、いっそう心細い、切ない思いでロダンの来訪を待ち望んでいた筈である。

しかし、ロダンとの交渉が続いていたこの時期、芸術家としてのカミーユは、着実に仕事を続けて行った。「シャクンタラー」が出品された一八八八年のサロンに続いて、翌年には「シャルル・レルミットの肖像」が出品された。次いで二年ほどさすがに公式展から遠ざかっているが、一八九二年以後は、サロン・ナシオナル・デ・ボザールに、まず「ロダンの肖像」(一八九二年)、「ワルツ」および「クロト」(一八九三年)、「小さな女城主」および「飛び去った神」(一八九四年)と、たて続けに力作を発表している。そして、同じ一八九四年、ブリュッセルの「自由美学」展に招かれて、「ワルツ」以下四点の作品を送った。

このような豊かな芸術活動の背後には、やはり師としてのロダンの力があった。彼女は、「ロダンの弟子」として、オクターヴ・ミルボーのような批評家や、アルフォンスおよびレオン・ドーデのような文学者と知り合い、知識人たちの仲間に加えられるようになった。雑誌『時代』(ル・タン)の編集者で、カミーユの最初の評伝の著者ともなるマティアス・モラールと知り合うのも、この頃のことである。さらに、弟ポール・クローデルを通して、マラルメの「火曜日の会」にも顔を出している。一時期、かなり親しく交わりを結ぶ作曲家ドビュッシーを知ったのは、おそらく、このマラルメの家のサロンにおいてであったらしい。

C.クローデル「ロダンの肖像」
(「C・クローデル展」カタログ)

エドモン・ド・ゴンクールは、一八九四年五月八日の『日記』のなかで、ドーデの家で出会った彼女の印象を、次のように書きとどめた。

夜、ドーデ家に行く。ロダンの弟子の若い娘クローデルに会う。大きな日本風花模様の刺繡のある胴着を着ていた。子供のような顔、美しい眼、個性的な意見、その話し方には、どこか農民風の重苦しさがある。

例によって簡潔な筆致だが、カミーユが、老境の小説家に強い印象を与えたことをうかがわせるに足る証言である。

この同じ年に、国際的な綜合芸術展である「自由美学」から招かれたのも、ロダンの推薦によるところが大きかった。もともとロダンは、アンソールなども加わっていたベルギーの前衛美術団体「二十人組」の中心人物であったオクターヴ・モースに対して、早くからカミーユを推していたが、そのおかげで、「二十人組」の解体後、その発展したかたちで新たに組織された「自由美学」展に出品するよう、要請されたのである。

出品に先立ち、カミーユは、当時アメリカにいたポールに宛てた手紙のなかで、ブリュッセルに出品する予定の作品や、さらに当時彼女が構想を練っていたいろいろの作品について、かなり詳細に語っている。芸術活動に関しては、やはりポールが、一番信頼出来る話し相手だったようである。

7

一九八七年、日本において、大がかりな「カミーユ・クローデル展」が開催された。本場のフランスにおいてさえ、彼女の名前は長いこと忘れられていて、広く一般に知られるようになったのはようやく近年のことに過ぎない。日本ではもちろん、初めての展覧会である。

その展覧会のカタログに、前に触れた弟ポールへのカミーユの手紙のコピー（挿図）が掲載されている。

日付けは書かれていないが、ニューヨーク副領事としてアメリカにいたポールに宛てられたもので、一八九三年春から秋にかけての間に書かれたと考えられている。われわれにとって興味深いの

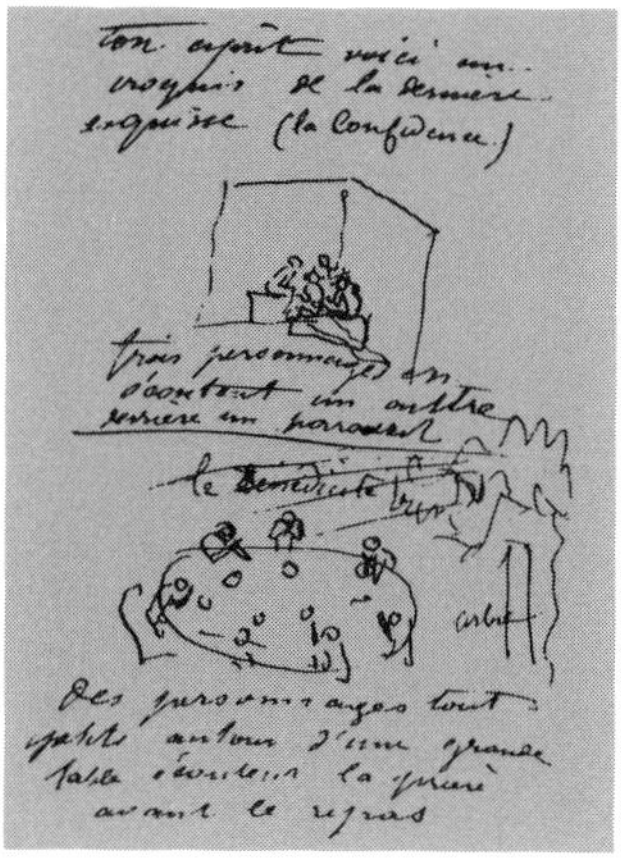

カミーユのポール宛の手紙

は、そのなかで、カミーユが、いくつかの作品の構想を、ごく簡略なデッサン入りで弟に説明しているることである。もともとカミーユが自分の作品について書き残しているものはきわめて少ない。その点で、この手紙は、芸術家としての彼女の心の秘密を知る上で、貴重な資料ということが出来よう。例えば、次のような具合いである。

私は相変らずあの三人の群像と取り組んでいます。そこに、一本の斜めの樹をつけ加えようと思っているの。つまり運命の樹ね。そのほかにも新しい構想がいっぱいあります。あなたもきっと気に入ってくれるでしょう。

わかって貰えるととても嬉しいのだけど。一番最近の習作（打ち明け話）は、こういうものです。

（デッサン）

三人の人物が衝立のかげでもう一人の打ち明け話に耳を傾けているところです。

食前の祈り

（デッサン）

大きなテーブルのまわりに人物はうんと小さくして皆で食前の祈りを聴いている場面。

日曜日

（デッサン）

三人の男が、同じような新しい服を着て、うんと高い馬車に乗って、これからミサに出かけるところ。

過ち

（デッサン）

ベンチで一人の若い娘がうずくまって泣いている。そばで両親が驚いた様子でじっと彼女を見ている場面。

どれもこれも、およそロダンとは違うのがわかるでしょう。みな着衣像です。

ほかに小さなテラコッタも作るつもりなの。

早く帰って来てこれらの作品を見て下さい。

ヴァイオリン弾き

（デッサン）

三人の小さな子供が地面にすわって、老音楽師がヴァイオリンを弾いているのを聴いているところ。

どう思う？……

こういう着想はあなたにだけ知らせるのです。ほかの人に見せてはいけません……。

ここに挙げられている数多くの「着想」のうち、実際にどれだけのものがどの程度まで制作されたか、詳しいことはわかっていない。彼女は後に、自分で自分の作品を片っ端から大きな槌で打ち壊してしまって、「そのふたつのアトリエは、破壊と荒廃の無惨な様子」を示していたとある友人が語っているから、あるいはその「破壊と荒廃」のなかに、これらの「着想」のいくつかがすでに彫刻としての形をとって含まれていたかもしれない。少なくとも、彼女が「一番最近の習作」と呼ぶ「打ち明け話」は、一八九五年に最初の石膏像がサロン・ナシオナル・デ・ボザールに出品されて批評家たちの注目を浴びている。(なお、カミーユの多くの作品がそうであるように、この「打ち明け話」も、石膏、ブロンズ等、細部に若干の異同があるいくつかの作品が作られており、後に、「おしゃべりな女たち」という題名も加えられた。)

この「打ち明け話」をも含めて、カミーユが手紙のなかで語っている「着想」が、いずれも複数の登場人物をもつ群像構成であることは、二重の意味で注目に値する。ひとつは、彼女の心理的側面に関してであり、もうひとつは造形的側面に関してである。

実際、この時期のカミーユの置かれた状況を考えてみれば、作品として残されている「打ち明け話」(「おしゃべりな女たち」)(挿図)をはじめ、「食前の祈り」にしても、「日曜日」にしても、友人、家族、仲間たちの集まりであり、それも、平凡な、しかし安定した日常生活の雰囲気を濃厚に漂わせたものであることは、きわめて暗示的である。それらは、ふたつながら、当時の孤独なカミーユには、徹底して拒否されていたものであった。もちろん、それは彼女自らが選び取った道であったろう。だが誰にも頼ろうとせず、家族に甘えることもなく、飽くまでも独りで生き抜いて行こうとする気の強いカミーユも、それだけにいっそう、心の奥底のどこかで、親しく語り合える友や平凡な家庭生活を望んでいたのではないだろうか。大きなテーブルをかこんで家族揃って食前の祈りを捧げる情景とか、気の合った仲間同士で揃って教会に出かけるといったようなまったく平凡な主題を素晴らしい「着想」だとしていろいろスケッチを試みる彼女のなかには、日常生活のそんな他愛もない状況をすら何か輝かしいものに思わせるほど荒涼とした、満たされない部分があったはずである。われわれはそこに、彼女の心を占めていた大きな淋しさを見ないわけにはいかない。

過ちを犯して泣き崩れる娘を茫然として眺める両親という「過ち」の構想は、いっそう直接的に、彼女自身の姿である。おそらくこのような場面は、何回となくカミーユの心に浮かんだことであろ

C.クローデル「おしゃべりな女たち」

う。むろん彼女は、自分の「過ち」を両親に告げようとは決してしなかったし、実際にも何ひとつ語らなかったが、しかしこの時点で、心の淋しさを訴えて慰めて貰おうとすれば、相手は家族しかいなかったはずである。彼女が時に、何もかも両親に打ち明けてしまいたいという衝迫に駆られたであろうことも想像に難くない。フロイト的に言うなら、「過ち」は彼女の無意識の世界にひそんでいた告白願望の表現なのである。

しかし、カミーユのこれらの「着想」に、当時の彼女の心理状態が濃厚に反映されているからと言って、そのために彫刻作品としてのその特質と意味とを見逃してしまってはならないであろう。カミーユの不幸は、その痛ましい晩年のために歴史から忘れ去られてしまったことにあるのみならず、近年の「再評価」の動きが（彼女の生涯が小説化され、戯曲化され、やがては映画化もされるという状況が端的に物語っているように）、何よりもそのドラマティックな生き方や、ロダンとの愛とそれに続く破局という人間的側面への興味に支えられているため、その作品に対する見方も、あまりにも伝記的、個人的色合いに染め上げられている点にある。後に述べるように、名作「熟年」（日本展カタログでは、この題名は「分別盛り」と訳されている）をロダンをめぐってのローズとカミーユの「女の闘い」の表現とのみ見るのは、一面の真実ではあっても、やはり一方的なものでしかない。カミーユは誰よりも女であったに違いないが、同時にまた、飽くまでも彫刻家であったからである。

「おしゃべりな女たち」をはじめとするこの時期の彼女の作品（ポール宛の手紙に述べられている構想中のものも含めて）の特質は、何よりもその型破りな主題の新しさにあると言えるだろう。噂話にふける女たちとか、食前の祈りとか、日曜日に馬車に乗って教会に出かける仲間たちといったような主題は、絵画で言えば風俗画のジャンルに属するもので、独立した人体表現を中心とするモニュメンタルな性格を持つ彫刻には、およそ不向きなテーマである。絵画の世界においてさえ、風俗画は長いこと、卑俗な、格の低いジャンルとして、低い評価しか与えられていなかった。身近な日常の現実を主題とする絵画が伝統的な歴史画と並んでその市民権を強く主張するようになるのは、「自分たちの時代を描く」ことを目指したクールベやドーミエ以後のことである。「写実主義」という今では何でもない言葉が、当時はほとんど「革命」と同義語のように受け取られていたという事実が、アカデミズムの伝統の根強さをよく物語っている。

絵画の世界に比べて、彫刻界は、その本来の性格上、いっそう保守的であった。労働者や農民のような働く人びとの主題は、クールベやドーミエから約半世紀遅れて、この世紀末の時代に、ムーニエのような社会主義的傾向の強い彫刻家によって、それも主として独立像でようやく試みられるようになったに過ぎない。カミーユの場合は、およそ思想的背景は見られないが、とすればそれだけ、風俗的な主題を試みるというのは、驚くべきことと言ってよい。

それに、造形的に言っても、風景彫刻というものが本来あり得ないように、風俗彫刻も本来成り立ちにくいものである。実際、カミーユのスケッチに見る「食前の祈り」のような作品は、およそ彫刻には不向きである。それは、もし天才の閃きがあるなら、ジャコメッティを先取りするような作品となったかもしれないが、普通に立体化するならまるでつまらない結果しか生み出さないような種類のものである。尋常の彫刻家なら、まずこのような「着想」は考えないであろう。カミーユはそれだけアカデミズムの伝統から自由であったとも言えるし、また無邪気なまでに向う見ずであったと言えるかもしれない。

「食前の祈り」がどのようなかたちで造形化されたか、あるいは造形化されるはずであったか、今となってはわからない。しかしカミーユの「着想」のうちで今日われわれに作品として残されている「おしゃべりな女たち」を見てみれば、彼女がやはり非凡な資質の持主であったことは、充分にうかがわれる。

カミーユをよく知っていたマティアス・モラールの語るところによると、それは「汽車の狭い客室のなかで四人の女たちが顔をつき合わせて座り、何か秘密めかした重要な打ち明け話にふけっているらしい様子」を実際に目撃したことが発想の契機になっているという。まさしく、きわめてドーミエ的な情景である。だがカミーユは、そのような日常的な情景から出発して「深い内面の真理の表出と、老年と影の詩情」（ギュスターヴ・ジェフロワ）の表現に成功した。何よりも注目すべきことは、カミーユがここで、おそらく当初そう考えていたであろうように人物たちを着衣像で表現することをやめて、裸婦の群像とした点である。そのことによって、作品は日常的生活情景の再現から離れて、深い人間的真実を湛えた独立した造形表現となり得たのである。それはカミーユが、女であると同時に、彫刻家でもあったことの雄弁な証拠と言ってよいであろう。

カミーユの生涯の傑作である「熟年」（挿図）についても、同様のことが指摘できる。

8

「熟年」は、この時期カミーユが構想していたいくつかの群像構成のうちで最も力を入れたものである。先に触れたポール宛の手紙の引用部分の冒頭に出て来る「あの三人の群像」というのがそれにあたる。彼女の多くの作品がそうであるように、「熟年」もまた、石膏像、ブロンズ像を含めていくつかのヴァリエーションがあり、さらに、そのなかから一人だけ人物を切り離して独立像とした「嘆願

C.クローデル「熟年」(「分別盛り」)

する女」、「飛び去った神」などの関連作品もあるが、基本的には、一人の男を中心に、その左右に対照的な女を配した群像構成である。近年オルセー美術館にはいったブロンズの最終作では、男は老婆（死）に抱きかかえられるように引きずられており、反対側で若い娘が、跪いて哀願するように両手を差し出している。男は、一方の手を彼女の方にのばしてはいるが、二人の間はすでに離れ、何よりも男が彼女の方に背を向けて「死」の方に向かって歩んでいるという方向性によって、男がどちらの女によりいっそう近いかは明らかである。そしてその動勢と方向性は、死を表わす老婆の衣裳が大きく前方にひるがえっているため、いっそう強調されている。

もともと当初のカミーユの構想では、残された石膏像のひとつに見られるように、これほど運動方向がはっきりしておらず、むしろ二人の女の間に男が立つというほぼ三角形の構成を取るものであった。（それでも、男は老いた女の方にいっそう近づいてはいる。）それが、最終作品では、若い娘との訣別および老婆（死）への接近が強く表面に出て来たことになる。造形的に言えば、作品はいっそうダイナミックな、表現力の強いものになったと言うことができるであろう。

この三人の群像構成のなかに、ローズに引きずられてカミーユに別れを告げるロダンの姿を見ることは、当時の三人の関係を知る者にとっては容易なことであろう。特に、カミーユの創り出した最も美しい形態のひとつである嘆願する若い娘について、弟のポールが「この跪く若い娘……、この裸の若い娘、それは私の姉だ。屈服して跪き、哀願する姉のカミーユ、あの誇らしげで気位の高い彼女が、このような姿で自分を表現したのだ」と書いて以来、この解釈はほとんど決定的なものとなったかのようである。

もちろん、この作品の発想の核に、彼女の個人的体験とそれにまつわる彼女自身の情念の沸騰があったことは疑うわけにはいかない。最初の石膏像の段階では特にそうである。それは、生ま生ましいまでの情念の発露と言ってよい。しかし、その後、一人の彫刻家として作品を洗練させ、完成させて行く過程において、彼女はそれを、より普遍的な意味をもつ一個の独立した造形作品に変貌させていった。別の言い方をすれば、作品は、個人的な告白から、より一般的な人間の運命の表現へと変っていったのである。

今、ロダンやローズに関する伝記的事実を一切忘れて、純粋に彫刻作品として「熟年」を見てみれば、それは、二人のまったく相反する女にはさまれた男、あるいは、一人の男を奪い合う二人の女というモティーフを持っている。その基本的な構造から見るなら、「熟年」は、ルネッサンス期以来西欧ではしばしば美術で取り上げられて来た一連のモティーフの系譜につながるものと言うことが出来よう。それは普通には、「分れ道のヘラクレス」として知られているものである。（ただし、主人公の男は必ずしもヘラクレスでなくてもよい。）英雄ヘラクレスが若い頃道を歩いていると、それがふたまたに分れている所に出た。一方の道には質素な服装の女が立っていて彼を差し招き、苦難と栄光を約束し、他方の道には美しい女が立っていて喜びと快楽を提供して彼を招いている。ヘラクレスは一瞬のあいだ快楽の道に心を惹かれるが、やがて思いなおして苦難と栄光の道を選ぶという話である。

このモティーフの系譜に属する最も優れた作品のひとつとして、ロンドンのナショナル・ギャラリーにあるラファエルロの「騎士の夢」を挙げることができよう。この作品の主題は、直接にはキケロの『スキピオの夢』に拠るもので、ヘラクレス伝説ではないが、画面を見れば明らかなとおり、同じ構造を持つものである。すなわち、画面の中央には一本の橄欖《かんらん》の樹のもとで眠る騎士の姿があり、その頭のところと足もとにひとりずつ女が立っている。頭の方の女は質素な身なりで剣と本を手にしており、足もとの女は美しく着飾った姿で手にした花を騎士の方に差し出している。二人の女はむろん、「徳」と「快楽」をそれぞれ象徴するもので、騎士はそのいずれかを選ばなければならない。女の方から言えば、どちらが騎士を手に入れるかというモティーフになる。そのかぎりでは、「熟年」も同じ系譜に属すると言えるであろう。

だがもちろん、両者の差異も大きい。カミーユの彫刻には、ラファエルロの絵に見られるような道徳的、教訓的意味が欠けているということのほかに、若い娘から老婆の方へという運動の方向性がはっきりと示されている点に決定的な意味がある。ラファエルロの騎士は、二人の女のちょうど真中に位置しているのみならず、二人の女の誘いかける力もほぼ同等である。それなればこそ若者にとってそれは「分れ道」であり、彼は自己の責任において二人の女のいずれかを選ばなければならない。だが「熟年」の男にとっては、もはやそのような選択の余地はない。彼は若い娘に心を残しつつも、否応なしに老婆の方に引かれて行くし、三人の造形的構成もその方向性を強調している。なぜなら、「熟年」にとっては、もはや若返ることは出来ず、ただ老いることしか残されていないからである。

すなわち、この作品のメッセージは、人間とは老いるものだという残酷なまでの真実に他ならない。それは、個人の願望や意志を越えてあらゆる人間存在に襲いかかって来る運命である。最終的には――おそらく造形的な理由から――結局は取り除かれてしまったが、先に引いたポール宛の手紙にあるよう、カミーユが一時この群像に「運命の樹」をつけ加えようと考えたのは、まさしくそのような「人間の運命」を暗示するためであったに違いない。とすれば、この作品には、「分れ道のヘラクレス」と並んで、もうひとつ、やはり西欧の伝統的テーマである「青春」「壮年」「老年」という「人生の三段階」の寓意が重ねられていると言わなければならないであろう。二人の女は、カミーユとローズである以上に、「青春」と「老年」の寓意像であり、男は言うまでもなく「熟年」の寓意像である。(なおここで、フランス語においては、「青春」と「老年」はいずれも女性名詞であり、「熟年」は男性名詞であることに注意すべきであろう。そして、その点から見て、「分別盛り」という訳語は、やや砕け過ぎているように思われる。) 事実この作品の習作を最初に見たアルマン・シルヴェストルは、はっきりと「一人の男によって表象された熟年が老年に引き寄せられ、それを青春が引き止めようとしているところ」と書き記している。

カミーユのこの寓意像は、当初の構想にはなかった風に舞って飛翔するような「老年」の表現を得て、造形的に完璧なものとなった。このダイナミックなモティーフは、彼女の「ワルツ」や「運命の女神」にも繰り返されているが、さかのぼればそれは「キャサリン女王の夢」や、特に恋人たちがつむじ風に運ばれて飛翔する『神曲』挿絵(「パオロとフランチェスカ」)(挿図)のブレイクにまで結びつくものである。つまりカミーユは、西欧の伝統とロマン主義の遺産を受け継いで、そこにきわめて独自な表現をつけ加えながら、この名作を生み出したのである。

もちろん、十九世紀末におけるロマン主義の遺産について語るなら、当然ロダンを忘れるわけには行かないであろう。ル・ノルマン＝ロマンは、先年パリのグラン・パレで開催された『十九世紀フランス彫刻展』のカタログのなかで、「熟年」はロダンの「フギット・アモール」（愛は去り行く）への応答だと述べている。もともとダンテの『地獄篇』の世界から生み出されたロダンのこの作品が愛の空しさを語っているとすれば、それに対してカミーユは、人生そのものが空しいと答えていると言って

上　W.ブレイク「パオロとフランチェスカ」（「神曲」挿絵）銅版画
下　A.ロダン「フギット・アモール」（「愛は去りゆく」）1887年

もよい。事実、ようやく三十歳を越えたばかりで、彼女は人間の運命を見定めてしまったかのようであった。その後十年ほどのあいだ、彼女はなお制作を続けるが、これほどまで豊かな霊感は遂に再び彼女を訪れなかった。彼女にはただ、長く辛い「老年」だけが残されていたのである。

その後のカミーユの痛ましい運命については、詳しく述べるには忍びない。一九〇九年のある日、ポール・クローデルはその日記に、「パリで、姉、発狂……」と書き記した。その四年後、一九一三年三月、彼女は、ヴィル＝エヴラールの精神病院に収容される。以後、彼女は、外の世界から完全に切り離されてしまった。だが、彼女がその長く辛い生涯を終えたのは、それから実に三十年以上も経った一九四三年十月十九日のことだったのである。

VI

冷たい王妃

ジェーン・モリス

1

ダンカン・クロウの書いた『ヴィクトリア朝の女性』という本のなかに、十九世紀の中頃、ロンドンで最も有名だったという二人の美貌の高級娼婦の話が出てくる。

一人は、「ロンドン売春界の女王」と呼ばれ、ネパール大使と浮名を流したことで知られるアイルランド娘ローラ・ベルで、当時のある人の思い出によると、彼女は「人形のような愛らしい顔立ち」で、「大きな瞳と、素速い、快活な眼差し」を持っていたという。もう一人は、「スキットルズ」という異名で知られたリヴァプール生まれのキャサリン・ウォーターズである。彼女は、夜の女の場所として知られるハイド・パークで名を挙げた後、アメリカ、フランスと渡り歩き、パリで若い外交官ウィルフリッド・ブラントと出会った。後に詩人として世に知られるようになるブラントは、生涯にわたって彼女の魅力の思い出を歌い続けたが、あるソネットにおいて、縁日の雑踏のなかで初めて彼女に腕をつかまれた時の様子を、次のように伝えている。

黒い衣裳に包まれた小柄な女で、子供のように背伸びをし子供っぽい顔付きながら、女の智慧と才気を秘めその視線にはどこか激しいものがこめられていた。

人の好みはさまざまであるとは言うものの、やはりある時代の典型的な美人のタイプというものがある。この二人の娼婦に見られるような、明るく愛らしい、「人形のような」小柄な女性が、「初期ヴィクトリア朝的」と言われる美女のタイプである。その顔立ちも、内部には「女の智慧と才気」を秘めているとしても、飽くまでも「子供っぽく」、つぶらな瞳と、ふっくらした頬と、目立たない小

J.ヘイター「ヴィクトリア女王」(レプリカ)1838年　油彩

さな頤を持った丸顔、または丸顔に近い卵型というのが通り相場であった。このような特徴を完全にそなえた代表的な女性は、言うまでもなく、わずか十八歳で即位したあのヴィクトリア女王（挿図）であろう。あるいは、むしろこの愛らしい若い女王が時代の趣味を決定したと言った方がよいかもしれない。

いずれにしても、このタイプの顔は、マルレディ、コリンソン、レートン卿など、当時の人気画家の風俗情景に繰り返し登場してくる。ロイヤル・アカデミー展の常連であったペテルブルグ生まれの画家ヘンリー・N・オニールの「オペラ・ボックス」に見られる華やかな若い娘も、その一例である。文学作品の方で言うなら、ディケンズの自伝的小説『デイヴィッド・コパフィールド』（一八四九－五〇年）に登場するそれこそ「人形のような」愛らしい若妻ドーラがその代表と言えよう。

このタイプの女性像は、むろんその後もずっと生き続けるが、世紀も末に近づくと、まったく別のタイプの美女たちがクローズアップされてくる。例えば、一八九七年に描かれたジョン・ウォーターハウスの有名な「ヒュラスとニンフたち」（挿図）がその例である。ここでは、池の水のなかから姿を現わすニンフたちは、いずれも頬が薄く、頤が尖っていて全体として面長な顔立ちであり、しかもヴィクトリア女王のように髪を後ろに束ねて結い上げる――そしてそれによって頬の柔らかい丸みを強調する――代りに、水に濡れた長い黒髪をそのまま肩まで垂らしているため、いっそう面長な感じが強い。そこに見られるのは、「人形のような」愛らしさではなく、不気味なまでの神秘性を湛えた妖しい美しさなのである。

あるいは、血の滴るヨハネの首を捧げ持って、今まさに口づけしようとしているあのすさまじいビアズリーの「サロメ」（挿図）を思い出してもよい。このヘロデアの娘は、完全な横顔で描かれているため、鋭く突き出した頤はさらにはっきりと表現されている。もちろん、問題は顔立ちだけにあるのではなく、かたちによって示される内容、すなわちその性格までも含めた新しい女性像そのものと

上　J.W.ウォーターハウス「ヒュラスとニンフたち」1897年　油彩
下　A.ビアズリー「クライマックス」（『サロメ』挿絵）

かかわりがあることは、言うまでもない。子供のように無邪気な愛らしいドーラが、ディケンズによって代表される十九世紀中葉の典型的な女性のタイプだとすれば、妖しい魅力によって男たちを惹きつけながら、同時にその男たちを破滅させずにはおかない邪悪な意志をもったサロメのような「宿命の女」こそ、世紀末が生み出した典型的な女性像であった。そう言えばウォーターハウスのニンフたちも、水を汲みに来た若者を泉のなかに引きずりこんで破滅させてしまう魔性の女たちなのである。

ビアズリーやウォーターハウスが、美術史の上で、ラファエル前派そのものではないとしても、その周辺に位置づけられることは、必ずしも偶然ではない。頬がそげて頤が突き出た、それ故にややしゃくれたように見える顔は、ラファエル前派、特にその中心の一人であったダンテ・ガブリエル・ロセッティが好んで描き出したものだからである。事実、彼の特色の最もよく出ている作品のいくつかは、例えば「牧場の集い（バウワー・メドウ）」、「シリアのアシュタルテ」、「プロセルピーナ」（挿図）、「白昼の夢想」（挿図）、「炎の女」、「マリアーナ」、「窓辺の女」などを思い出してみれば、そこには明らかにひとつの共通したタイプの女性像が認められるであろう。このようなタイプこそが、「ラファエル前派風」と呼ばれるものである。

この種のイメージを「ラファエル前派風」として定着させるのに最も貢献したのがロセッティであったことは疑い得ない。彼の描く女性像は、たとえモデルが違っていても、皆多かれ少なかれ同じ特徴を示している。逆に言えば、彼は、そのような特徴をもった容貌に特に惹かれていたと言ってよかろう。だがその数多い彼のモデルたちのなかで、この特異な女性像の形成に決定的な役割を果したの

D.J.ロセッティ「プロセルピーナ」

D.J.ロセッティ「白昼の夢想」1880年
油彩

は、おそらく、ウィリアム・モリス夫人ジェーンである。彼女は、油絵、デッサンを通じてロセッティが最もしばしば描き出した女性であるばかりでなく、時には他のモデルを描いた作品にさえいつのまにかはいり込んでしまうほど強い影響力を持っていた。(先に挙げたロセッティの作品のうち、「牧場の集い」以外は、すべてジェーンを描いたものである。むろんそれがすべてではない。)ジェーン・モリスこそ、「ラファエル前派風」の女性像の代表であったと言ってよい。

このことは、当時からすでに、ジェーンを知る人びとのあいだでは注目を集めていた。ヘンリー・ジェイムズは、一八六九年、クイーン・スクエアのモリスの家を訪れた後、妹アリスに宛てた三月十日付の手紙のなかで、初めて会ったジェーンについて、「まるでロセッティやハントの描いた絵から抜け出したような人物」だと語り、「彼女がこれまでに描かれたすべてのラファエル前派の作品の偉大な綜合であるのか、それとも作品の方が彼女の〈鋭い分析〉であるのか、いったい彼女は原作であるのかコピーであるのか、どちらとも言い難いほどだ」とまで述べている。

さらにジェイムズは、その時のジェーンの姿を、きわめて具体的に、次のように伝えている。

沈んだ紫色の長いドレスを、張り骨もなにも一切使わずに身にまとった背の高い、すらりとした女の人を想像してほしい。それに、左右のこめかみのところで大きくふくらんでいる波打つ黒髪の豊かな塊り、痩せた蒼白い顔、不思議な悲しみを湛えた深い、暗い、スウィンバーン風の眼、まん中のところでつながっていて両端が髪の下に隠れている太い、黒い、斜めの眉、われわれのあのテニスン詩集の挿絵のオリアーナのような口もと、襟がまったくなくてその代りに幾重にも垂らしたビーズの首飾りをつけた長い頸など、これらすべてを想像してくれればいい……

実際に彼女は背が高く、手も足も大きかった。これは、当時の一般的な基準から言えば、「愛らしい女」の条件ではない。ジェイムズがこまかく描写している彼女の顔立ちも、ヴィクトリア朝社会が好んだ「ベビー・ドール」からは程遠い。だがそれこそロセッティが探し求めていたものであった。画家の弟のウィリアム・マイケル・ロセッティが書き残したジェーンの肖像は、ジェイムズの観察を裏付けながら、同時に、その彼女のどこが画家を惹きつけたかについて、あるヒントを与えてくれる。

彼女の顔は、同時に悲劇的、神秘的、情熱的、静謐、艶美、典雅な――まさしく彫刻家のための顔、画家のための顔――イギリスでは他に例のない顔であり、およそイギリスの女らしくない、むしろイオニア風ギリシアの顔であった。それは、ただ「愛らしさ」だけを求めて美しさと崇高さを知らない大部分のイギリス人たちには無縁のものであった。彼女の顔色は暗く蒼白で、その眼は深く魂にしみ入るような灰色であり、豪奢に波打つ豊かな髪は、ほとんど黒に近い色合いだが、しかもなお、深く沈んだ輝きをただよわせていた……

そしてこの忠実な弟は、兄のロセッティが彼女のなかに、「自己の芸術上の希求に他の何ものよりも完全に答えてくれる理想の姿を見出した。これこそ彼の想像力を燃え上らせ、彼の能力を奮い立たせるために創られた顔であるように思われた」とつけ加えている。

2

ロセッティがこの神秘的なジェーン・バーデン（当時は彼女は、もちろんまだモリス夫人ではない）と初めて出会った時期と場所は、はっきりとわかっている。だがその出会いにも、早くから伝説がまつわりついていた。時は一八五七年八月、所は「オックスフォード劇場」で、ジェーンが妹のベッシー（エリザベス）と二人で芝居を見に来ていた——二人は「ボックス席」に座っていたという——ところ、たまたま仲間といっしょに同じ劇場に観客となっていたロセッティが見つけてその美しさに打たれ、モデルになってくれるように頼んだ、というのが、普通に伝えられている話である。（この時、モリスもロセッティといっしょだったという説もあるが、これはどうやら違うようである）。

この話は、大筋においてはその通りであるが、それが与える印象は、事実とはかなりかけ離れている。これだけ聞けば、誰しも、豪奢な劇場で華やかに着飾った美女と天才的芸術家が運命的な出会いを果したといった場面を何となく想像しがちだが、実際はそれほど派手でも華やかでもなかった。少なくとも当時のジェーンは、そのような雰囲気とは縁遠かったはずである。というのは、彼女は、オックスフォードの町においても最も貧しい階級に属する庶民の出身だったからである。

ロセッティと出会うまでの十八年近くのあいだ、ジェーンがどのような生活をしていたか、今でもほとんどわかっていない。彼女は、モリスと結婚してからも、自分の子供時代について語るのを好まなかった。モリスが世に知られるようになってからやって来た伝記研究家や友人たちが彼女自身から聞き出すことの出来た情報は、実質的には何もないと言っていい。彼女が生来無口な性格であったということもあろうが、やはりそれ以上に、語るべきことがあまりなかった、あるいは語りたくなかったと言うべきであろう。端的に言って、彼女とモリスの結びつきは、階級差のきびしかった当時のイギリスにおいては、はっきりと「身分違いの結婚」だったからである。近年になってようやく、多くの研究者たちの調査によって明らかになってきた部分もあるが、それでも、およその輪郭がつかめるという以上には出ない。

上　D.G.ロセッティ「ジェーン・モリス」1857年　デッサン
下　ジェーン・モリス

ジェーン・バーデンは、一八三九年十月十九日、オックスフォードのホリウェル街をはずれたセント・ヘレンズ小路の小さな家で生まれた。上に姉と兄が一人ずつおり、三年後には妹のエリザベスが生まれている。これらのことは、地区の出生記録簿からわかるが、ジェーンの誕生を届け出た母親アンヌ・バーデンは、署名の代りに×印を書き込んでいるという。これは当時必ずしも珍しいことではないが、つまり彼女は、自分の名前さえ書くことができなかったということである。

父親のロバート・バーデンは、ホリウェル街のシモンズ厩舎の厩務員を勤めていたというが、それがどの程度の地位であったかはよくわからない。そのため、ジェーンの家は貸馬車屋を経営していたというもうひとつの伝説まで生まれたが、それが伝説に過ぎないことはたしかである。何しろジェーンの家は厩舎の裏の長屋のひとつで、四人も子供がいながら馬小屋と同じくらいの広さしかなかった。また父親のロバートは、一八三七年、わずか一シリングか二シリングの教区費が払えないほど貧しかったということが知られている。さらに同じ年、彼は近所のおかみさんと喧嘩して暴力を振ったというかどで、十シリングの罰金を科せられているという。これらの断片的な事実からおぼろげに浮かび上ってくるのは、芸術や社交とはまるで縁のない、ごく貧しい庶民の生活である。

だがそれでは、そのようなジェーンと「オックスフォード劇場」でのロセッティとの出会いが、どのようにして結びつくのだろうか。

「劇場」と言っても、それは現在のオペラ・ハウスのような豪奢なものではない。そもそもこの小さな大学町は、常設の劇場を持ってはいなかった。この年、夏のシーズン・オフの時期にロンドンからやって来たドルリー・レイン劇団を迎えたのは、夏休みで学生が使わなくなった体育館で、ふだんはテニス・コートであったという。そこに椅子やその他必要なものを持ち込んで作ったいわば地方巡回公演のための仮設小屋である。むろん「ボックス席」などはなかった。ただ二階の周囲に試合を見物するためのギャラリー席があって、そこは舞台から遠いだけに値段も最も安く、入場料はわずか一シリングであった。もっとも、急拵えの「平土間席」でも、二シリングか三シリングであったというから、いずれにしても大したものではない。

この料金からもわかるとおり、地方巡回劇は本来が庶民のためのものである。十九世紀中葉においては、特に地方都市では、芝居はまだまだどこかいかがわしい見世物であって、良家の子弟の行くところではなかった。事実、舞台ではかなり際どい場面も演じられたし、客席で娼婦たちが客をあさることも珍しくなかったという。近年の研究を渉猟して最近(一九八六年)ジェーンの新しい伝記を刊行したジョン・マーシュは、当時の劇場はちょうど二十世紀中頃の安い通俗映画館のようなもので、ジェーンが芝居を見に行ったということ自体、彼女が下層の庶民階級の出身だったことを物語るものだと言っている。たしかに、裕福な中流市民の家に育てられたウィリアム・モリスなどは、そのような場所に足を踏み入れようとはしなかったであろう。

だが、ロセッティは違っていた。当時彼は二十九歳、九年前のラファエル前派結成に続いて新しい芸術創造の意欲に燃えていた時期で、たまたまこの年、オックスフォード・ユニオンの会議場ホール(ベンジャミン・ウッドワード設計)が新しく建設されたのを聞きつけて、その壁いっぱいに壁画を描くことを思いたち、大学当局と折衝して、食事、宿泊費と引き換えに壁画制作の注文を得て活躍中であった。ただし、制作費は無料である。彼は、当時、建築家G・E・ストリートの許で働いていたモリスをはじめ、若いエドワード・バーン＝ジョーンズ、アーサー・ヒューズ、ヴァレンタイン・プリンセプ、スペンサー・スタナップなどの仲間を集めて、この壮大な事業推進の先頭に立っていた。もともとロセッティには、指導者的素質がそなわっていたらしく、つねにグループの中心であった。プリンセプは、後に当時を回想して、ロセッティのことを、

「ユーモアと機智に富んだ魅力的な人柄で、われわれがその周囲をめぐる太陽であった」

と語っている。

壁画の主題は、彼らの中世趣味を反映して、サー・トーマス・マローリーの『アーサー王の死』による騎士物語と定められた。彼らは自分たちで中世風の服装をデザインし、町の鍛冶屋に依頼して甲冑や鎖帷子《かたびら》を実際に製作させたりもした。その武具が出来上って来た時、彼らは町で見かけた筋骨たくましい人夫をモデルに傭ってポーズさせようとしたが、折角の鎖帷子《かたびら》が、見かけはよく出来ていたがあまりにがっしりしていたためぴんと張ったままモデルの身体に合わず、大いに困ったということもあった。

彼らがその若い情熱を傾けたこの壮大な壁画装飾は、画家たちが漆喰の上に描く壁画の技法に充分に慣れていなかったこと、そのため、最初の試みがしばらくして変色し始めたこと、それに仲間の中心であったロセッティが個人的な事情から途中で脱けたことなどの悪条件が重なって、結局、当初の

意気込みにもかかわらず、いくつかの壁画を部分的に完成させた後は、多くの下絵習作やデッサンを残したまま流れてしまうことになるのだが、それは後の話である。この一八五七年の時点では、皆なお意気盛んで、彼らは熱心に制作に励む傍ら、大いに議論し、詩を歌い、陽気に騒ぐという日々が繰り返された。それと同時に、その試みは単にひとつの仕事を共同で仕上げるというだけのものではなく、新しい芸術創造の理想を世に訴えるという使命感にも裏打ちされており、彼らのあいだでは、それは「陽気なキャンペーン」と呼ばれた。（この理想主義的芸術革新の情熱は、後に、別のかたちでモリスによって受け継がれて行くようになる。）

ロセッティの場合、「陽気なキャンペーン」は、アトリエのなかだけにとどまるものではなかった。彼は、自ら「絶世の美女探し」と称して町のなかに繰り出し、モリスのような育ちの良い若者なら尻

D.J.ロセッティ「自画像」1847年　デッサン

込みするような場所にも、平気で入り込んで行った。壁画制作のためのモデル探しが目的――少なくとも目的のひとつ――であったが、同時にまた、それは二十九歳の青春のはけ口でもあったろう。このようにして、およそ違った世界に住む二人の道が、「オックスフォード劇場」で交じわることとなるのである。

ロセッティがこの「劇場」に行った時、仲間のうちの誰がいっしょだったかについても諸説ある。だが、自分とロセッティの二人だけだったというバーン＝ジョーンズの証言が最も正確であろう。それはもちろん、「絶世の美女探し」のためであった。したがって少なくともロセッティは、舞台以上に客席の方に注意を向けていたはずである。しかしその彼が、ギャラリー席の片隅にひっそりと座っていたジェーンに眼をつけたのは、さすがと言わなければならない。彼女たちをよく知る人の思い出によれば、姉妹のうちで、妹のベッシーの方が「ずっと美人」であったという。だがロセッティは、ジェーンの顔の奥に隠されているただならぬ美しさをただちに見抜いたのである。現在知られているかぎり、ロセッティの手になる彼女の肖像のうち最も早いものは、「一八五七年十月一日」と書き込みのある鉛筆デッサンだが、そこには、後のジェーンを特徴づける性格が、的確に捉えられている。

彼はこの記念すべきデッサンの左上に、"J.B.AETAT.XVII"（J・B・十七歳）と書き記した。

3

ジェーンの登場は、オックスフォード・ユニオンの会議場の壁に挑む「陽気なキャンペーン」の仲間たちに、新しい女性像のタイプを啓示するという結果をもたらした。彼女は、それまで彼らが理想的な美女と考えて来たイメージと、少なくともひとつの点で大きく異っていたからである。いや、「彼らが……」と言うよりも、「ロセッティが……」と言うべきかもしれない。少なくともこの時点においては、ロセッティこそが仲間のあいだの趣味の審判官であった。

プリンセプは、後に『画家の思い出』（一九〇二年）のなかで、そのことを、「金褐色のあの伝説的な〈絶世の美女〉は、しばらく休暇を取らされることになった」という言い方で語っている。つまり、黒髪のジェーンの登場によって、彼らの――ロセッティの――理想のモデルのタイプが変ったと言うのである。事実、ロセッティの生涯で重要な役割を演ずる女たちは、ほとんどが赤毛、またはブロンドであった。彼の最初の妻であり、ミューズであり、自ら画家でもあったエリザベス・シッダルは、バーン＝ジョーンズの妻ジョージアーナが語っているとおり「濃い赤毛」であったし、エリザベスに続いて「二番目に重要な女性」となったファニー・コーンフォースは「明るい金色に輝く美しいブロンド髪の持主」（ウィリアム・マイケル）であった。「ラファエル前派の女神」とまで言われた美貌の女優ルース・ハーバートも、豊かな金髪である。その意味では、ジェーンは、大きな例外であったと言わなければならない。

もっともロセッティは、この貧しい少女の美しさに、最初からただちにのめり込んで行ったわけではない。この時、ジェーンがロセッティのモデルとなったのは、わずか一カ月半という短い期間に過ぎなかった。彼は、肖像スケッチのほか、壁画「聖杯の幻影を見る騎士ランスロット」のなかの王妃ギネヴィアのために、中世風の衣裳を身にまとったジェーンの姿をいくつかのデッサンや水彩下絵に描きとどめたが、その後、十一月には、自分の見つけて来たこのモデルを他の仲間たちに預けるようにして、突然オックスフォードを去ってしまうからである。彼が再びオックスフォードに戻って来るのは、半年以上も経った翌年の夏のことだが、この時は滞在期間も短く、ほとんど仕事らしい仕事をしていない。肝心の壁画の方は、当初ほんの一部着手されただけで、結局未完成のまま残されてしまった。

ロセッティがそれほどまで慌ただしくオックスフォードを離れたのは、当時ダービーシャーの温泉場で病気の身を養っていたエリザベス・シッダルに呼ばれたからである。（二人はまだ正式の夫婦ではなかったが、すでに結婚の約束はしていた。）それと同時に、慣れない壁画の仕事がうまく行かなかったことで、早くも嫌気がさしていたという事情もあったかもしれない。いずれにしても、この壁画装飾計画は、ロセッティに関するかぎり、この一八五七年秋の時点で、実質的に終りを告げたと言ってよい。一方ジェーンの方はそのままオックスフォードにとどまって、なお他の仲間たちのためにモデルを勤めたりしているから、この間、二人はしばらく離れていたわけである。実際、ロセッティが彼女をモデルとした重要な作品を次ぎ次ぎに手がけるようになるのは、一八六〇年代以降のことである。もちろん、その時は彼女は、すでにウィリアム・モリス夫人になっていた。

したがって、「金褐色のあの伝説的な〈絶世の美女〉」がジェーンによって取って代られたというプリンセプの証言は、ロセッティについて言えば、一八六〇年代の初めの頃のことである。事実、実際にその事を示す作品も残っている。例えば、ランダフ大聖堂の依頼によって、大聖堂内の祭壇後背として描かれた「ダヴィデの種」（挿図）と題する油絵がそれである。

　この作品は、三連祭壇画形式によるものだが、その中央部分は、幼児イエスを抱いた聖母マリアの前に、天使によって導かれてやって来た羊飼いと王とが跪いているという構図である。一見して、伝統的な「羊飼いの礼拝」ないしは、「三王礼拝」を思わせるが、よく考えてみると羊飼いと王とが一人ずついっしょにいるというのは珍しい。ロセッティ自身の説明によると、それは神の子が社会的に地位の低い者と高い者とに等しく礼拝されるということの象徴的表現で、しかも「羊飼いがキリストの手に、王がその足に接吻しているのは、地上の偉大さよりも低さの方が神の目にはより高いものと

上　D.J.ロセッティ「ダヴィデの種」（部分）1858-64年
下　D.J.ロセッティ「ジェーン」（「ダヴィデの種」の習作）

映るということを表わしている」という。つまりそこには、ラファエル前派特有の複雑な象徴主義がこめられていて、そこに新しい宗教画の創造を目指すロセッティの意気込みがうかがわれるのだが、それはともかくとして、画面の中央にある聖母マリアの、どこか淋しさを漂わせた厳しい横顔は、紛れもなくジェーンのものなのである。（例えばラファエルロのマリアのように「理想的」な女としてではなく、誰にせよ現実のモデルの姿をそのまま描き出すというやり方は、他の写実的な細部とともに、やはりラファエル前派の美学の一部であった。）だが、ロセッティが最初にそのモデルとして選んだのは、ルース・ハーバートであった。つまり金髪のルースは、途中で（おそらく一八六一年頃）、黒髪のジェーンに取って代わられたのである。なおついでに言えば、この「ダヴィデの種」の左翼部に描かれたダヴィデ王の顔は、ウィリアム・モリスをモデルとしたもので、そのためのデッサンも残っている。

あでやかな美貌を誇るルース・ハーバートは、ロセッティのモデルを勤めた期間は比較的短いが、まさしくロセッティのために生まれて来たような女性であった。目鼻立ちのくっきりした整った容貌で、しかも人の心を虜にする官能的な魅力にも欠けていないその明るく華やかな姿は、ジェーンとは別の意味でやはりラファエル前派の典型的なタイプである。ロセッティがこのルースの姿を最初に見たのは、ジェーンの場合と同じく、やはり劇場においてであった。ただしそれは、急拵えの仮設小屋ではなくてロンドンのオリンピック劇場であり、彼女は、客席ではなく舞台にいた。当時ルースはすでに結婚していたが、夫とは別居中で、なおミス・ルイーザ・ハーバートの名前で舞台から観客を魅了し続けていた。（彼女は、舞台と日常生活とで、ふたつの名前を使い分けていたらしい。）早くも九歳の時から舞台に立ち、後に世紀末ロンドンの人気を一身に集める大女優になったあのエレン・テリーは、子供の時に見たルースの印象を、後年次のように語っている。

彼女はきわめて背が高く、明るい金色の髪と、耽美派の芸術家たちが好んだ透き通るような霊的な容貌を持っていた。私の母は特に私を喜ばせようと思った時には、お前はミス・ハーバートに似ていると言ったものだった……。

つまり、ジェーンの場合と違って、ルースの美しさは世に隠れもなかったのである。

ロセッティがそのルースの姿を最初に見たのは、一八五六年のことである。しかし、友人の紹介で彼女と知り合いになり、モデルとなることを頼んだのは、その二年後であった。当時ロセッティは弟に宛てた手紙の中で、「彼女は完璧な美しさを持っている。それは舞台で見る以上だ」と語っている。

そのルースの「完璧な美しさ」は、ロセッティの残した数多くの肖像スケッチからも充分にうかがえるが、容貌のみならず、そこから発する不思議な雰囲気をも含めて、彼女の魅力を最もよく伝えてくれるのは「シモンの家の戸口に立つマグダラのマリア」（挿図）であろう。細部にいたるまで丹念に描き込まれたこの大判のペン画デッサンにおいて、大勢の群集の上に誇らしげに君臨するようにひと際目立つ姿で美しい横顔を見せ、髪に差した薔薇を一輪、今まさに抜いてキリストに投げかけよう

D.J.ロセッティ「シモンの家の戸口に立つマグダラのマリア」1858年

としているマグダラのマリアが、ルースである。暗い背景の前に浮かび出たその白い顔と白い腕には、天上的なものと地上的なもの、清らかさと官能性とをひとつに合わせた妖しく澄み切った美しさが輝いている。それこそ、イギリスの耽美主義運動が追い求めたものであった。その意味で、ルースはたしかにロセッティにとって理想的なモデルであったと言えるだろう。なお、この絵において、画面右手の家の中にいるキリストの横顔は、バーン＝ジョーンズをモデルとしたものである。

その明るい金髪のルースが、髪の色も雰囲気もまるで違うジェーンに取って代わられたとしたら、それはたしかに大きな変化であったに違いない。もっとも、ルースが一年あまりロセッティのモデルを勤めた後、彼の絵画世界から姿を消してしまうのは、美学上の理由というよりも、もっと実際的な事情によるものであった。何しろジェーンの場合と違って、ルースは、すでに高名な女優である。まだあまり売れていない若い画家が気安くモデルに頼めるような相手ではなかった。G・H・フレミングは、それ以上ルースと交際を続けることは、あまりにも出費がかさんで無理であったろうと述べている。

それにしても、金髪と黒髪の二人の美女が、性格はまったく対照的でありながら、その容貌がヴィクトリア朝の好んだ丸顔豊頬ではなく、頤の張った面長のタイプであることは注目に価する。言うまでもなくそれは、世紀末にクローズアップされて来るラファエル前派の女性像の典型的な顔だからである。逆に言えば、ルースもジェーンも、ともにロセッティ好みの顔の持ち主だったということになる。そしてロセッティの場合、それは単なる個人的好みにとどまらず、もっと深く彼の美の理念と結びついていた。ほとんど宗教的な情熱で美の世界に憧れた彼にとって、この地上における美の顕現は、空の小鳥でもなければ野の花でもなく、飽くまでも人間、それも女性の顔に他ならなかったからである。ラファエル前派の美学は、女性の顔をめぐって成立したと言ってもよい。

4

鋭い直観力に恵まれた世紀末の批評家アーサー・シモンズは、その「ロセッティ論」のなかで、ロセッティのこの特質を次のように的確に指摘している。

……ロセッティは本能的に顔を見る人であった。顔だけを見ていた。彼は最も人里離れた田園に住んでいたとしても人の顔しか見なかったであろうし、子供の頃から畑の真中で育ったとしても大麦とからす麦を区別することも出来なかったであろう。ロセッティが至高の美の体現を見出したのは、女性の美、それも主として顔の神秘的な美しさにおいてであった。そして彼が至高の愛の啓示を見出したのは、神や自然や観念などへの抽象的な愛においてではなく、女性への愛においてであった。

実際、ロセッティの作品に風景画や静物画は一点もない。風景や草花は、たとえ描かれるとしても、人物の背後や周囲に登場するのみで、中心はつねに人物であり、それもほとんどの場合、女性の「顔」である。耽美主義、または唯美主義と呼ばれる美の宗教の祭神は、彼にとって、「神秘的な美しさ」をもった女性の顔以外にはあり得なかったのである。

これほどまで人間の容貌に執着したロセッティが、自分のイメージに適したモデルをつねに探し求めていたことは、少しも不思議ではない。「ダヴィデの種」の例に見るように、彼は聖母マリアを描く時でさえ、ルースなりジェーンなりというはっきりした具体的なモデルを必要とし、その姿をそのまま画面に写し出した。ある研究者によると、そのようにして画面にそれとわかる姿をとどめたモデルの数は、十七人にものぼるという。

もちろん、何にせよ作品を描くにあたって適当なモデルを求めるというのは、ある意味で当然のことであって、それは別にロセッティだけにかぎった話ではない。あのラファエルロでさえ、バルダッサーレ・カスティリオーネに宛てた有名な手紙のなかで、「美しい女性像を描くためには、最も美しい女性を実際に見る必要があります」と語っている。だがラファエルロにとっては、実は大事なのはそのことではない。すぐ続けて彼は、「しかし実際には、美しい女性は稀であるので、私は、私の心を訪れるあるイデアに基づいて描きます」と述べているからである。ラファエルロの美学の鍵とも言うべきこの「あるイデア」については、さまざまの議論がなされているが、端的に言ってそれは、現実にはあり得ない、しかし現実以上に確固とした、あのプラトン的な理想の世界と言うことができるであろう。そこにルネサンスの古典主義のもつ大きな特質があることは言うまでもない。

だが十九世紀の中葉に生きるロセッティやその仲間たちにとっては、ラファエルロのように安心して理想の世界を信ずることはできなかった。それが産業革命を経過した近代というものの特質だと言うことはおそらく誤りではないであろうし、形式化された教養としてラファエルロ流の古典主義がなお根強く生きていた美術の世界において、彼らがそれだけ近代の状況に敏感であったと言ってもよいであろうが、いずれにしても、一八四八年に「ラファエル前派兄弟団」というグループを結成した若者たちにとっては、美とは、現実を離れたどこか「理想の」、あるいは「架空の」世界にあるものではなく、飽くまでも眼の前の現実の世界のなかに見出すべきものであった。身近な、日常的な現実のなかに美を見出し、その美の崇拝を通じて卑俗な現実を聖なるものにまで高めようというのが、少なくとも初期のラファエル前派の美学に他ならなかったのである。

ロセッティのみならず、仲間のホルマン・ハントやJ・E・ミレーなどにも見られるあの徹底した写実主義、ほとんどマニアックなまでの緻密な細部描写の追求も、実はこのような美学にその根を持っている。ロセッティがあれほどまでに実際のモデルに執着したのも、単に制作上の必要というだけではなく、美学的な要請でもあったのである。もちろん、彼らのその意図が、当時の人びとにそのまますんなりと理解されたわけではない。ラファエル前派は、一方でラスキンのような頼母しい擁護者を持っていた反面、他方では激しい非難をも浴びたからである。そしてその非難は、もっぱら彼らの「写実主義」に向けられた。現実を聖化しようとした彼らの試みは、逆に、聖なる世界を卑俗な現実にまで引きずり下したと批判されたのである。そのことはまた、今日の眼から見ればそれほど急進的とも思われないラファエル前派の運動が、当時においてはきわめて新しい、革新的なものであったということを逆に裏書きするものであろう。

だが差し当り当面の問題はロセッティであり、彼が惹かれた「顔」である。すでに見たように、ルースとジェーンは、昼と夜のようなその対照的な性格にもかかわらず、同じようなタイプの容貌の持主であった。他の多くのモデルたちも、残された作品から判断するかぎり、むろんそれぞれに個性的な特徴を持ちながらも、顔のタイプとしては、ほぼ同じ類型に属すると言ってよい。そして「顔」に対するロセッティの執着と、ラファエル前派の「写実主義」美学の要請を考えてみれば、ロセッティは、美女と言っても、ある特定のタイプの美女に特に強く惹かれていたことは明らかである。言うまでもなく、それが世紀末の時代には「ラファエル前派風」として定着することになるわけだが、とすれば、それが何に由来するものであるかということは、個人の好みを越えて歴史の問題だということになるであろう。

もちろん、絵画に描かれた姿かたちがそのままモデルのものだと断定するのは、たとえロセッティの場合であっても、危険である。現実の世界から造形の世界への芸術の錬金術の過程はつねに微妙なものであって、その謎は容易に解明し難い。ホルマン・ハントは、ロセッティはどんなモデルを前にしても、いつも自分の好みのタイプに変えてしまうと語っているが、そこに一面の真実があることもまたたしかである。だがそれは、おそらく同じ事を逆の面から言ったに過ぎないであろう。画家はどれほど正確に対象を写し出そうと努めた時でも、必ずそこに自己の刻印を残すものだからである。結局ロセッティも、ラファエルロのように明確に意識してはいなかったにせよ、自分の心の奥のどこかに理想のイメージを抱いており、そのイメージに合う美女を現実世界のなかに探し求めたと言えるであろう。だがそれでは、ロセッティの女性像の原像とも言うべきそのイメージは、いったいどこから来たのであろうか。

普通にはそれは、最初の恋人であるエリザベス・シッダルによって形成されたと考えられている。たしかに、エリザベスは、彼の生涯にとってと同じように彼の芸術にとっても、大きな役割を果した。彼女はラファエル前派グループ結成のごく早い時期から仲間たちのモデルを勤め、特にロセッティは、その後十年以上にわたって、多くの作品で繰り返し彼女を描き続けた。その総決算とも言うべき「ベアータ・ベアトリクス」を見てみれば、彼女もまたロセッティの美の王国の代表的な住人であることは明らかである。

しかしながら、ロセッティがエリザベスと出会ったのは、すでに二十歳を過ぎてからのことである。彼の心のなかの理想的な女性のイメージは、おそらくもっとずっと早くからそこに住みついていたであろう。その原像となったのは、私見によれば、妹のクリスティナである。早熟であった兄よりもさらに早くから才能のきらめきを示していたと伝えられる彼女は、「ゴブリン・マーケット」や「誕生日」のような忘れ難い作品を生んだ詩人として知られているが、また同時に、兄のロセッティの最初のモデルでもあった。事実、ラファエル前派の最初の展覧会に出品された「聖母マリアの少女時

上　D.J.ロセッティ「受胎告知」1850年
下　D.J.ロセッティ「クリスティナ・ロセッティ」1866年

代」と、それに続く有名な「受胎告知」（挿図）のマリアは、いずれもクリスティナをモデルにしたものである。（「受胎告知」の方は、途中で別のモデルをも利用したことが知られているが、残されたスケッチと比較してみると、やはりはっきりと彼女の面影をとどめている。）この二点の作品は、複雑な象徴主義や丹念な細部描写において、ラファエル前派の美学の特色をよく示すものだが、それだけに、マリアの顔も、きわめて「写実的」に描かれている。妹を写し出した数多くのデッサン（挿図）と並べてみても、そこにクリスティナの相貌がかなり正確に捉えられていることは疑い得ない。そして彼女の顔は、当時好まれたあの丸顔豊頬のタイプではなく、頬が薄く頤が突き出た面長のタイプであり、その点でも「ラファエル前派風」である。

もちろんこの時点では、さらには後になってからも、ロセッティは妹を特に自己の内部のイメージの原像として意識はしていなかったかもしれない。しかしそれは彼の意識下の世界ではずっと生き続け、彼の好みを決定し、そしてやがてジェーンとの出会いによってひとつの典型的なイメージとして完成されることになるのである。

5

「顔」の話をもう少し続けたい。

ロンドンのヴィクトリア・アンド・アルバート美術館に、ロイヤル・アカデミー会員ウィリアム・パウェル・フリスの若い頃の代表作「ドリー・ヴァーデン」（挿図）がある。つばの広い麦藁帽を頤までまわした薄いピンクのリボンでおさえ、華やかな衣裳をまとった小柄な若い娘が、片手にマフを持ち、もう一方の手を腰にあてて、やや身体をくねらすようにしながら、林の中の細道に立っている。明るく陽気で、どこか蓮っ葉な無邪気さを感じさせるが、誘うようなその笑いには、コケティッシュな女の魅力も欠けてはいない。描かれたのは一八四二年、まさしく初期ヴィクトリア時代の代表的な「愛らしい女」である。

実を言えば、フリスには、ほとんど同じ構図で、ただモデルのポーズがわずかに違うもうひとつの「ドリー・ヴァーデン」があり、こちらはテート・ギャラリーに収められている。さらにそのほかにも、いくつか異作があるというから、それは当時における人気作品であった。事実、おそらくはこのフリスの作品の評判に刺戟されたのであろうが、一八四四年から一八六〇年までのあいだ、ロイヤル・アカデミーの展覧会には、毎年のようにさまざまの画家の手になるドリーの姿が見られたという。

これほどまで人びとに好まれたドリー・ヴァーデンは、実在の人物ではない。彼女は、一八四一年に発表されたディケンズの小説『バーナビー・ラッジ』に出て来るお転婆娘である。この小説は、『二都物語』と並んで、ディケンズには珍しい「歴史物」で、今日ではあまり読まれてはいないが、当時においても決してそれほど広く人気を呼んだわけではなかった。ところが、画家に主題を提供したという点では、それはディケンズの数多い小説のなかでも、一、二を争う重要作品であった。例えば、リチャード・オルティックの調査によれば、同じ一八四〇年代に圧倒的に広く読まれた『クリスマス・キャロル』から主題を借りた絵画作品はわずか四、五点に過ぎないのに、『バーナビー・ラッジ』

を霊感源とする作品は二十五点を下らないという。しかもそれも、小説のなかでは決して主役とは言えないドリーに関するものがほとんどだというから、最初に彼女のイメージをカンヴァスの上に定着させたフリスの手柄は大きいと言わなければならない。

もともとフリスは、早くから文学に興味を持っていて、物語絵の主題として、ディケンズの作品には眼をつけていたという。ところが、「現代物」では、服装がどうしても貧弱になるのでためらっていたところ、『バーナビー・ラッジ』が出たので早速それを取り上げたと、自分で語っている。したがって、その衣裳は当然十八世紀風だが、ほとんど完全な丸顔に愛らしい目鼻立ちを見せる彼女のそれこそ「人形のような」容貌は、疑いもなく初期ヴィクトリア朝の好みを反映している。少なくともそれは、著者のディケンズのイメージには、ぴったりと合うものであった。彼は展覧会で見たこの絵が

W.P.フリス「ドリー・ヴァーデン」1824年

大いに気に入り、早速購入しようとしたが、すでに別の買い手がいたので、改めてフリスに新しい「ドリー」作品を注文したほどである。なお、ディケンズの死後の財産売立ての際、フリスのこの作品が持ち出されると、会場に大きな喝采の嵐が起ったと、当時のある婦人雑誌が伝えている。そして、この人気に目をつけた抜目のない業者が画中のドリーと同じようなプリント地の衣裳を、「ドリー・ヴァーデン・ドレス」として、つばの広い麦藁帽とともに売り出したところ、大いに流行したということは、ロセッティがジェーンをモデルとした名作を次ぎ次ぎに生み出していた頃でも、「愛らしい女」は、やはり人気の的だったわけである。ということは、ロセッティの好みがいかに反時代的であったかということを、もう一度裏書きしてくれるものであろう。

ところで、そのジェーンに話を戻す前に、われわれはやはりどうしてもエリザベス・シッダル（挿図）のことに触れないわけにはいかない。「リッジー」の愛称で知られるこの刃物師の娘は、愛と憎しみのからみ合った激しい葛藤とその悲劇的な最期によってロセッティの生涯に決定的影響を与えたばかりでなく、彼の作品世界においても、「ロセッティ風」の女性のイメージを定着させた、彼にとっての永遠のベアトリーチェであったと一般に考えられているからである。

たしかに「ラファエル前派風」の女性像と言う時、われわれはロセッティが描き残したエリザベスの面影を、例えばあの忘れ難い「ベアータ・ベアトリクス」の神秘と官能の融け合った表情を、思い起こす。亡き妻の思い出に捧げられたこの作品が、エリザベスの死の悲劇的な状況と重ね合わされて、すでに当時から人びとに強い印象を与えていたことは、多くの人の証言するとおりである。と言うよりも「ロセッティ風」とか「ラファエル前派風」とか言われる女性像のイメージは、何よりもまずこの一点の作品によって形成されたと言ってよい。そしてそれがエリザベスの面影を写し出したものだとすれば、彼女こそがイギリス世紀末の女性像の原型ということになるであろう。

しかしながら、ロセッティがあれほどまでこだわっていた「顔」のタイプということになると、エリザベスは必ずしも「世紀末的」とは言えない。例えば、彼女をモデルとしてその顔をほぼ真正面から捉えたフォッグ美術館蔵の「クリスマス・キャロル」（挿図）を見てみると、彼女はむしろ丸顔豊頬のヴィクトリア朝タイプの顔立ちで、そいだように肉の薄い頬の線が尖った頤の先までずっと続いて

上　D.J.ロセッティ「エリザベス・シッダル」1855年
下　D.J.ロセッティ「クリスマス・キャロル」1857-58年

いるジェーンのタイプとは大きく違う。G・H・フレミングは、ロセッティの生涯において最も大きな役割を果したエリザベスとジェーン・モリスのあいだには「驚くべきほどよく似た点があった」として、例えば二人とも大柄で、長い頸と豊かな艶に覆われた頭部を持ち、ともに貧しい庶民の出身でありながら話し方や物腰は同じ階級の他の女たちよりもはるかに知的で物柔らかであったこと、そしていずれもどこか謎めいた神秘的な雰囲気を湛えていたこと、などを指摘している。たしかに、この二人には多くの共通点もあったであろうが、肝心の「顔」のタイプということになれば、大きく違っていたと言わなければならない。すでに見たようにエリザベスが濃い赤毛であったのに対してジェーンは黒髪であり、しかも彼女は、その豊かな髪を、真中から左右に大きく分けながら、眼の上から耳にかけて額を覆い隠すように垂れ下り気味に波打たせている。それに対し、エリザベスの方は、広い額を目立たせるように、素直に左右に分けているのである。また、目鼻立ちにしても、ジェーンの場合はその面長な顔にふさわしい長い鼻と何よりも肉の厚い官能的な唇が特徴的だが、エリザベスは、眼も鼻も口も、小ぢんまりとして愛らしい。わずかに頤がややくびれたように出ているところが、似ていると言えば言える程度である。

もっとも、いくつかの写真の残っているジェーンの場合と違って、エリザベスが実際にどのような顔立ちをしていたかを知るには、もっぱら残された作品を手がかりとする他はない。彼女は、ロセッティと婚約してからは、もっぱら彼の作品のなかにのみ登場することになるが、最初のうちは、ラファエル前派の仲間たちのために、モデルを勤めていた。もともとレスター・スクェアの近くの帽子屋で働いていた彼女を「発見」したのは、ロセッティではなくて、友人のウォールター・デヴレルである。それは一八四九年の末頃のことであったらしい。

デヴレルは、当時シェークスピアの喜劇『十二夜』に想を得た作品を制作中で、そのなかのヴァイオーラのモデルがエリザベスである。ロセッティは、制作中の友人のアトリエを訪ねて彼女と出会った。（この時彼は、デヴレルにいろいろ助言を与えたのみならず、一部制作を手伝ってもいる。）現在フォーブス・マガジン社の所蔵となっているデヴレルの作品の左端に横顔を見せる彼女の顔立ちは、額が広く、ふっくらとした頬をした丸顔のタイプである。なお、この作品で中央にいるオルシーノ公爵はデヴレル自身の自画像であり、右手にいる道化のフェステは、ロセッティがモデルだという。

このデヴレルの「十二夜」を皮切りに、ラファエル前派初期の数年間、エリザベスは、ホルマン・ハントやJ・E・ミレーなどのために、何度かモデルを勤めた。ホルマン・ハントの「ドルイド族の迫害からキリスト教伝道僧を保護するイギリスの改宗者家族」（一八五〇年）や、「プロテウスからシルヴィアを救うヴァレンタイン」（一八五〇‐五一年）、そしてミレーのあの有名な「オフィーリア」（一八五一年‐五二年）などがその例である。

もちろん、物語絵に登場してくるモデルの顔は、肖像画ではない。その人物の役割にふさわしい性格づけがなされることもあるであろう。しかしここでも、ラファエル前派の仲間たちは、基本的に出来るだけ「写実的」な表現を信条としていた。水に浮かぶオフィーリアの姿を描き出すために、ミレーがエリザベスを浴槽のなかに浸して描いたというのはよく知られた話である。この時、ミレーがあまりにも制作に熱中して浴槽のお湯がすっかり冷えてしまい、エリザベスが風邪を引いたために父親が大いに怒り、ミレーが治療費を払わなければならないほどであった。オフィーリアの顔は、かなり正確にミレーの眼に映ったエリザベスを再現していると言ってよいであろう。そこに見られる特徴としては、頤がやや突き出ているほか、眼、鼻、口などがいずれも小造りであることが挙げられる。

同じシェークスピアの『ヴェローナの二人の紳士』から想を得たホルマン・ハントの「プロテウスからシルヴィアを救うヴァレンタイン」では、エリザベスをモデルとしたシルヴィアの顔が斜め正面から描かれているため、その特徴がよくわかる。二十歳を過ぎたばかりのエリザベスは、左右に分けた髪によって広い額を見せながら、ふっくらとした頬をしていて、後のジェーンとは違ったタイプをはっきりと示しているのである。

6

だがそれでは、この頃ロセッティ自身の描いたエリザベスの顔はどうであったろうか。デヴレルのアトリエで彼女と出会った時、ロセッティは二十一歳、エリザベスは彼より一歳若く、ようやく二十歳になったところであった。多情多感な若いロセッティが、愛らしいエリザベスのなかに彼の永遠のベアトリーチェを見出したとしても、少しも不思議ではない。彼自身のその思いを反映するかのように、彼は、一八五一年、彼女をモデルとしたおそらくは最初の纏《まと》まった水彩作品「結婚の宴のダンテとベアトリーチェ」を描いた。主題は、ロセッティが傾倒していたダンテの『新生』に霊感を得たもので、ある結婚の招宴で花嫁の付添人のなかにベアトリーチェの姿を見出したダンテが、心躍らせて彼女に言葉をかけようとすると冷たく無視されて絶望に沈むという場面である。正式な題名は「結婚の宴でダンテに挨拶を拒むベアトリーチェ」という。多勢の若い娘たちの列の間でひときわ目立つように描かれたベアトリーチェは、画面右手に立つダンテの方に向かって挑むように顔を上げたまま、冷たい眼で彼を見据えている。まだ子供っぽいところを残しているその顔立ちは、広い額と豊かな頬、小さくまとまった鼻と口など、デヴレルの「十二夜」以来のエリザベスの特徴をよく見せている。そのどこか気の強そうなところを秘めた無邪気な子供っぽさは、エリザベスの大きな特色で、若い頃から大人びた神秘的魅力を湛えていたジェーンと大きく違うもうひとつの点である。

一九五〇年代、ロセッティはエリザベスをモデルに多くの作品を描いた。それらの作品を見てみると、一八五三年の「デリアの許に帰るティブルス」のための多くのデリアの習作——その早いものは、すでに一八五一年に描かれている——をはじめ、ダンテの『神曲』煉獄篇（第二十七歌）に主題を得た「ダンテのヴィジョンのなかのラケルとレア」（一八五五年）や、主題についてはいろいろ議論があるものの、普通には「無慈悲な美女」と呼ばれている同じ一八五五年の作品などに登場してくるエリザベスも、やはり同じように子供っぽい、そして顔の輪郭は、丸顔に近い卵型である。

つまりエリザベスは、世紀末の「宿命の女」の典型のようなジェーンとは、どうやらまるで違ったタイプの容貌の持主であった。だがそれなら、彼女の姿が人びとの心のなかで、ラファエル前派の代表的な——したがって最も世紀末的な——女性のイメージとして定着してしまったのは、どういうわけであろうか。
それは一にも二にも「ベアータ・ベアトリクス」（挿図）の故である。死の陶酔と愛の法悦をひとつに重ね合わせたこの名作は、画面全体にちりばめられた複雑な象徴的表現と、それに支えられた典型的なエロス＝タナトスの世紀末的主題と、そしてエリザベスの死に捧げられたロセッティの激しい想念の故に、制作当初から、人びとに強い印象を与えた。ロセッティ自身が説明しているように、主題はここでもダンテの『新生』のなかのベアトリーチェの死のエピソードに想を得たもので、背景は、アルノー河の上にかかるポンテ・ヴェッキオの橋やその奥の花の聖母マリア大聖堂の大円蓋によって示されるフィレンツェの町であり、そこに、中央のベアトリーチェの顔を左右からはさむような具合に、暗緑色の衣裳を身につけたダンテと、燃える炎を手にした真紅の衣裳の「愛」が立っている。ダンテの足許の日時計の影は、今ちょうど九時のところにある。この時刻の意味について、ロセッティは、エレン・ヒートン宛の手紙のなかで、次のように語っている。

あなたも憶えておられるとおり、ダンテは『新生』のなかで、ベアトリーチェに関連して九という数字を特別に重要視しています。彼は彼女が九歳の時に初めて彼女と出会い、彼女が世を去ったのは、一二九〇年六月九日の九時のことでした……。彼は、彼女自身が〈九〉、つまり完全な数であり、完全そのものの象徴だとも言っています。

さらに、両方の掌をまるで何かを受け取ろうとするかのように上に向けて膝の上に組合わせたちょうどその上に飛んでいる円光をつけた赤い鳥は、「死の使者」であり、その小鳥がくちばしに喰わえている一輪の芥子《けし》の花は、「死」そのものを暗示する。それは、もちろんベアトリーチェの「死」の象徴的表現に他ならないが、それと同時に、画面はここで六〇〇年の時間の隔りをいっきに飛び越えて、エリザベスの「死」と直接結びつけられる。彼女は、芥子の花から作られた阿片丁幾《ちんき》を飲み過ぎて世を去ったからである。エリザベスの死が事故であったのか、覚悟の自殺であったのか、はっきりしたことはわからない。しかし少なくともロセッティは、その責任は自分にあると考えた。病身の上、ロセッティとの愛の葛藤で神経を痛めつけられていたエリザベスは、平素から鎮痛剤としてしば

上　D.J.ロセッティ「ベアータ・ベアトリクス」1864年
下 「ベアータ・ベアトリクス」のためのデッサン

しば阿片丁幾を服用していた。特に、結婚後しばらく落ち着いてはいたものの、最初の子供が死産するという不幸に出会ってから、彼女はすっかり気力を失ってしまったらしい。結局エリザベスは、その打撃から恢復することは出来なかった。彼女の死に強い衝撃を受けたロセッティは、悲嘆のあまり、葬儀の際に、それまで彼が書きとどめておいた詩の草稿を――友人たちが止めるのを振り切って――彼女の遺骸とともに永遠に埋葬するということまでした。(後に彼は、その草稿を取り戻すために、エリザベスの墓を掘り起こすことになる。この時の草稿が、彼の傑作『生命の家』である。)さらに彼は、その亡き妻の思い出のために、ダンテの永遠の恋人ベアトリーチェの姿を借りて、エリザベスに捧げる作品を描いたのである。この「ベアータ・ベアトリクス」には、その後描かれたいくつかのレプリカ作品があるが、テート・ギャラリーにあるその原作には、「一八六四年」という年記が書き込まれている。エリザベスが世を去ったのが一八六二年のことであるから、その二年後ということになる。ただし、作品そのものは、当初は必ずしも「死」とは結びつけられずに、もっと以前から構想されたらしい。そして一八六四年以後にも、ロセッティ自身によって手を加えられた形跡がある。つまりそれは、途中でかなりの期間放置されたままであったにしても、前後ほとんど十年間にわたる労作である。そして、そこに描き出されたベアトリーチェ＝エリザベスの面影が、後世のわれわれにとって――当時の人びとにとってと同様に――ロセッティ風の女性像となったのである。だがその顔がそのまま、エリザベスのものだったのであろうか。

たしかに、眼を閉じ、半ば唇を開いて恍惚の表情を見せるこのベアトリーチェに、エリザベスの面影を見ることは容易である。当時の彼の友人たちも、そこにはっきりと彼女の姿を見ていた。しかし、先に見てきた彼女の顔立ちと比べてみると、特に耳の下から頤の先にかけての輪郭線が強調されて、彼女本来の卵型の顔よりもずっと面長なタイプに変えられている。そのことは、この作品のもととなった同じポーズのエリザベスのデッサンと比べてみれば明らかであろう。

このデッサンは、その表現から見て、明らかに実際のモデルを前にして描かれたものである。ということは、この絵の構想がすでにエリザベスの生前からロセッティの心のなかにあったことを示すものだが、やや頤を突き出すようにして斜め上を見上げた彼女の顔は、大きく眼をあけて逆に唇を閉ざしているために見る者に与える印象がまったく違うばかりでなく、その顔立ちそのものも、頬に丸味が見られ、頤もそれほど強調されてはいない。微妙な違いながら、このデッサンだけでは、世紀末的な「宿命の女」のイメージは生れにくいのである。さらにさかのぼれば、このイメージは、「デリアの許に帰るティブルス」のなかのデリアのために、一八五一年にロセッティが描いたデッサンにまで辿り着く。これもエリザベスをモデルとした写生デッサンだが、そこでは、彼女は、後の「ベアータ・ベアトリクス」におけるように眼を閉ざしてはいるが、顔のタイプは、面長というよりも彼女本来の卵型を見せている。逆に言えば、この「デリア」のためのデッサンから「ベアータ・ベアトリクス」のためのデッサンを経て最終的な油絵作品にいたるまでのあいだに、エリザベスの顔は、次第に「世紀末的」と呼んでよい特色を備えるように変貌しているのである。それが意識的なものであったかどうかはわからない。しかしベアトリーチェの姿に亡き妻の面影を重ね合わせながらあの名作を描いていた時に、ロセッティのイメージのなかに、エリザベスだけではなく、もうひとつ別の「ロセッティ風」の顔がはいり込んでしまったことはほぼ確かであろう。そしてそのもうひとつの顔とは、ジェーンのそれ以外ではあり得なかったのである。

7

ロンドンにあるテート・ギャラリーのラファエル前派の部屋には、ロセッティの「ベアータ・ベアトリクス」のすぐ右隣に、ウィリアム・モリスの「王妃ギネヴィア」（挿図）が並べられている。眼を閉じ、半ば口を開けたロセッティのベアトリーチェがその法悦に輝く顔を右上方に向けているのに対し、中世風の雰囲気を濃厚に湛えた室内に立つモリスの王妃は、冷たい横顔を見せながら視線を画面左下の方に落としているので、二人の顔は、額縁を越えてちょうど向かい合う位置にある。むろんそれが作者の意図ではなかったにせよ、ギネヴィアの眼は、眼の下の小祭壇の上に置かれた時禱書の開かれた頁を見ているというよりも、ロセッティの描いたベアトリーチェに、すなわちエリザベスに向けられているかのようである。

このように隣り合わせに並べられてみると、二人の女の顔の表情はきわめて対照的である。ロセッティのエリザベスが、ほとんど死と重なり合う愛の陶酔を鮮烈に表現しているのに対し、モリスの王妃は、憂いに沈んで近付き難いほどの厳しさを見せている。背景の乱れたベッドに官能的なものへの暗示がないわけではないが、その官能性は彼女の内部に奥深く秘められたまま、容易に開かれようとはしない。この違いは、ロセッティとモリスの性格の差であったが、それと同時に、おそらくはそれ以上に、二人のモデルの差でもあった。モリスがモデルとしたのは、言うまでもなくジェーンである。

「王妃ギネヴィア」は、現在知られているかぎり、モリスの唯一の油絵である。彼はこのほかにも、少なくとも二点、ジェーンを描いた油絵を制作していたことが知られているが、その作品がどうなったかはわからない。その二点は、トリスタンとイゾルデの物語を主題としたものであった。モリスは、その構図のためにジェーンをポーズさせていくつかのスケッチを試みたが、もともとデッサンがあまり得意でなかった彼はどうしてもうまく彼女の姿を写し取ることが出来ず、ある時、デッサン紙の裏に、

W.モリス「王妃ギネヴィア」1858年

「私は貴女を描くことが出来ない、しかし愛することは出来る」と書いて彼女に見せたという有名な話が伝えられている。後にデザイン改革運動や社会運動にあれほどのねばり強さを見せることになるモリスも、こと愛情の分野においては、大胆奔放なロセッティとは逆に、むしろ内気な、どちらかと言えば臆病な青年であった。そのモリスにいかにもふさわしいこの風変りな愛の告白が、やがて二人の結婚にまで発展して行くことになるのだが、この時のデッサンも――その有名なエピソードが事実であるとして――今は残っていないので、モリスの「イゾルデ」作品がどのようなものであったか、知る手がかりはほとんどないと言ってよい。そのため、一時は、現在残っているテート・ギャラリーの作品がイゾルデを描いたものではないかと思われたこともあった。（現にこの絵の額縁には、その名残りとして「美しきイゾルデ」という題名板が取り付けられている。）しかし、画家モリスの画技を伝える貴重な証言でもあるこの油絵は、内容から見て、やはりアーサー王伝説に基づく王妃ギネヴィアを描き出したものである。

モリスがジェーンと初めて出会ったのは、ロセッティが彼女を「オックスフォード劇場」で見出して「陽気なキャンペーン」の仲間たちのもとに連れて来た時のことである。当時二十三歳の若いモリスは、建築の勉強をしながら、絵画、デザイン、さらには詩作にも手を染めていた。しかしそれは、後のモリスを特徴づけるあの多面的な活躍を示すというよりも、むしろ彼がまだよく自分の天職を見出していなかったためと言うべきであろう。ロセッティに誘われてオックスフォード・ユニオン会議場の壁画制作の仲間に加わった時には、一時は本気で画家になろうと思ったこともあったらしい。

「王妃ギネヴィア」は、彼にとって、結局は実現されなかった青春時代の数多くの夢の思い出のひとつにほかならなかったのである。

実際、モリスがジェーンに対して「貴女を描くことが出来ない」と言ったのは、半ば以上正直な気持ちであった。「王妃ギネヴィア」の場合も、何カ月にもわたって苦労を重ねながら、どうしてもうまく仕上げることができなかった。友人の建築家ウェッブの証言によると、モリスは遂に途中で完成を諦め、ロセッティとフォード・マドックス・ブラウンに仕上げて貰ったという。もっとも、現在のところでは、実際にロセッティやブラウンがどれほどまで手を入れたのか、はっきりしたことを見きわめるのは困難である。ただ、人物表現のデッサンになおどこかぎこちないところが残っているのを見れば、基本的にはやはり若いモリスの作品と見てよいであろう。さらに、画面左下の小祭壇にかけられた織物の見事なデザイン表現など、後のモリスをうかがわせるに足りると言えるかもしれない。

いずれにしても、これ以後モリスは、油絵を試みることはなかった。しかしジェーンに対する思いは、見事に実を結ぶことになったのである。

「王妃ギネヴィア」が画面で身にまとっている中世風の衣裳は、もともと「陽気なキャンペーン」の仲間たちが壁画のテーマであるアーサー王伝説の諸場面を描くためにデザインしたものである。ロセッティ自身、同じような衣裳を着せたジェーンを、「聖杯の幻影を見る騎士ランスロット」の構図のなかの王妃ギネヴィアのモデルに使っている。そのための習作スケッチのひとつは、画面の右端に立木にかけられた武具を描き、中央やや左寄りのところに、両手を拡げて立つジェーンの姿を描き出している。最終構図では、この立木の根元のところに、脚を投げ出し、樹の幹に背をもたせかけて眠るランスロットの姿が描かれることになっており、そのランスロットを描き出した別のスケッチも残っているが、王妃ギネヴィア（つまりジェーン）だけを描き出したこの習作は、モリスとジェーンとの関係を辿る上で、特に興味深いものがある。というのは、その同じ画用紙の裏に、やはりロセッティの手になるモリスとジェーンのカリカチュアが、クロッキのような速い筆遣いで描かれているからである。そのカリカチュア（挿図）では、画面向かって右手の方にモリスがいてじっとジェーンのほうを見つめており、ジェーンは手にはめた指環をじっと眺めている。つまりここでは、モリスはすでに未来の妻への婚約のしるしを贈っているのである。

このカリカチュアがいつ描かれたか、正確なところはわからない。しかし、表のスケッチとほぼ同じ頃と考えて大きな誤りはないであろう。ところで表のスケッチ、すなわち両手を拡げて立つ王妃ギネヴィアは、ロセッティの担当した壁画のための部分習作である。ということは、そのスケッチは、ロセッティが実際に壁画制作を手がけていた頃、つまり彼がエリザベスに呼ばれてオックスフォードを去る一八五七年末より以前に描かれたということである。とすれば、ジェーンをモデルとして使い出してから、まだ二カ月とは経っていない。その同じ時期に裏面のカリカチュアも描かれたとすれば、モリスはジェーンが登場してひと月かふた月の間に婚約するまでに至ったということになる。内気なモリスにしては、随分早く事を運んだということになるであろう。

だが実際に二人のあいだに婚約が成立するのは、一八五八年の春のことである。ロセッティのカリカチュアは、実際にモリスが指環を贈ったという事実を示すものではなくて、最初からジェーンの魅力の虜になっていた生真面目なモリスをからかうための、文字どおりの戯れ絵であったと言うべきであろう。もしかしたら、「陽気なキャンペーン」の仲間たちは、このようなカリカチュアを皆のあいだで廻して、早くプロポーズしろとモリスを冷やかしたりしたかもしれない。特にロセッティのように遊び慣れていた先輩にとっては、内気なモリスは恰好のからかいの対象であったろう。さらに言えば、大柄で神秘的な美しさを湛えたジェーンと、背が低く、髪をもじゃもじゃにしたモリスとのコントラストが、また冗談の種であったかもしれない。ロセッティのカリカチュアでも、モリスはジェーンよりも小柄に描かれていて、その点が強調されている。

D.J.ロセッティ「未来の妻に指環を贈るウィリアム・モリス」

もう一点、現在バーミンガム市立美術館にあるロセッティの「人物習作」スケッチも、当時の雰囲気をよく伝えてくれるものであろう。これもいわば手すさびのように一枚の紙に何人かの人物が描き込まれているだけのものだが、画面左端にすらりとした長身の姿を見せて立っているのは黒髪のジェーンであり、そのそばに、わざと対照的に小さく、せい一杯両脚をふん張って立っている背の低い男がモリスである。よく見ると、ぼさぼさの髪をしたモリスは、正面向きの姿勢で立っていながら、視線だけは頤に手をかけて物想いに沈むジェーンの方に向けられている。このスケッチには、DGRという頭文字署名の他に、「五七年十月五日」という日付けが書き込まれているから、モリスのジェーンに対する傾倒がきわめて早い時期から始まっていたことがわかる。なお、同じスケッチの右端には、両手を膝の上に組んで椅子に座っているジェーンの姿がもう一度描かれている。中央の幼児は、やはりラファエル前派の仲間であったアーサー・ヒューズの息子と考えられている。

モデルである「絶世の美女」との恋物語というのは、陽気な若者たちにとって適当な気晴らしではあっても、正式な結婚ということになれば、話はまた別である。イギリスでは今でも社会的階級意識が強いが、特にヴィクトリア朝時代においては、モリスのような良家の子弟がジェーンのような貧しい庶民階級出身の娘と結ばれるということは、普通なら考えられないことであった。彼の友人たちも、最初のうちはモリスがそれほど本気だとは考えてはいなかった。仲間の詩人スウィンバーンは、モリスが正式に婚約を考えていると知って、

「彼は自分の〈絶世の美女〉を眺めたりいっしょに話をしたりするだけで満足すべきだ。彼女と結婚

しようなどとは、まるで狂気の沙汰だ」と語ったという。おそらく婚約が正式に決まるまで時間がかかったのは、モリスが家族を説得する必要があったからであろう。

同じ頃、モリスは、中世のアーサー王伝説を主題としたロマンス詩『ギネヴィアの弁護』(一八五八年)を書いている。そのなかには、以前から書かれていたものもあるが、理想の女性を歌い上げた「わが心の女性への讃歌」はジェーンに捧げられたものと考えられている。

8

モリスとジェーンは、一八五九年四月二十六日、正式に結婚した。婚約から結婚までの約一年間、彼女がモデル以外に何をしていたかははっきりとわかっていない。しかし「身分違いの結婚」にそなえて、出来るかぎり必要な「社会教育」を受けたであろうことは想像に難くない。当時のイギリスには、結婚前の若い娘たちのために、行儀作法や料理、裁縫などから社交的会話に必要な基礎知識にいたるまで、つまり今日で言うならカルチャー・セミナーに似たようなさまざまの実用的技芸知識を教えるプライヴェートな学校ないしは塾のようなものがあった。またそうでなくても、若い娘や一家の主婦の心得などを説いた本が数多く出廻っていた。そのような学校や書物を通じて、娘たちは、スープやパイの作り方などとともに、例えば朝食の時にはいっさいアクセサリーを身につけてはいけないとか、友人たちとの会話の際に家庭内の悩みを語ってはいけないとか、特に夫の失敗の話は決して口外してはならないとかいったようなことを教えられたのである。

さらに、これは特にイギリスにおいて顕著なことだが、発音の練習ということも若い娘の必要な修業科目であった。下町の貧しい花売娘が正しい発音を身につけただけで貴婦人と思われるというあのバーナード・ショウの『ピグマリオン』が、この間の事情をよく物語っているであろう。ついでに言えば、ショウはモリス夫妻をもよく知っており、ジェーンのことを「私がかつて出会った最も無口な女性」と評している。事実、多くの芸術家や文学者たちの賑やかな、時には騒々しい集まりにおいて、彼女はいつも、その暗い眼の奥に神秘的な憂愁の影を湛えてじっと黙っているのがつねであった。だがそれが必ずしも彼女の本来の性格であったかどうかは疑わしい。結婚前の短期間の「花嫁修業」が、彼女の場合、花売娘のイライザのようにはうまく行かず、彼女が自分の話し方に引け目を感じていたということは充分考えられるし、あるいはまた、ある意地の悪い研究者が推測しているように、何か喋舌《しゃべ》ろうにも、彼女には語るべき内容が何もなかったという事情もあったかもしれない。

娘のメイが後に語ったところによると、ジェーンは必ずしもつねに「憂いに沈んで」いたわけではなく、ユーモアのセンスもあって、気のおけない人びとの間では、結構ふざけたりはしゃいだりもしていたようである。モリスと結婚して二人まで子供をもうけながら、ロセッティと熱烈な愛の手紙を交わしたり(もっとも、その手紙の最も重要な部分は、ジェーン自身の意志によって破棄されてしまった)、ロセッティの死後、その詩に傾倒するあまり彼の生涯について調べるためにケルムスコット・マナーのモリスの邸にやって来たウィルフリッド・ブラントと愛を交わしたりする大胆さも、彼女にはあった。このブラントは、本章の冒頭に登場して来た外交官、詩人で、当時は著名なアラビア学者で、急進的反体制派の思想家でもあり、そしてまた、よく知られた「遊び人」でもあった。ジェーンが、芸術家にとってのミューズとしてではなく、一人の女性としての自己を発見したのは、このブラントによってであったと言ってよい。彼の滞在中、ジェーンは、自分の意志を伝えるために、彼の部屋に三色菫を活けることにした。テーブルの上に可憐な花が置かれている日には、ブラントは夜になると彼女の寝室に忍んで行くのである。ブラント自身の語るところによると、モリスの部屋を通ってジェーンの寝室まで忍び足で辿り着くまでに時に床板がきしむことがあり、「深夜のこのような冒険はそれだけ魅力に富むものであった」という。

ジェーンとブラントとの関係については、二人の間で交わされた手紙やブラントの『日記』が残っていることでかなりはっきりしたことがわかるが、ロセッティとのあいだにどのようなことがあったかは、まだ多くの点が謎に包まれている。ジェーンを「発見」したのがロセッティであった以上、彼が彼女に惹かれていたのはたしかなことだが、壁画制作のモデルとして彼女を使っていた頃、すでにモデルに対する以上の感情を彼が抱いていたかどうかはわからない。すでに見たように、当時彼はエリザベスと婚約しており、ジェーンが登場してから一カ月半後には、エリザベスに呼ばれてオックスフォードを離れてしまうのである。その留守のあいだに、モリスがプロポーズして二人の婚約が成立することになるわけだが、このモリスとジェーンの結びつきも、ロセッティがお膳立てをしたとまでは言わないにしても、ロセッティがモリスの気持ちを察して、内気なモリスを励まし、いわばけしかけた節がある。（あの例のカリカチュアがその証拠のひとつである。）それはモリスのためと言うよりも、ジェーンを自分の身近にとどめておきたかったからだと解釈する研究者が少なくない。

いずれにしてもその翌年の夏、ロセッティは一時オックスフォードに戻って来る。表向きの理由は壁画の仕事を続けるためだが、実際には彼は壁画にはほとんど手をつけず、その代りジェーンの姿をいくつか描いた。しかもこの時モリスは大陸へ旅行中で不在であった。さらにその翌年、モリスとジェーンが結婚してからも、むろん友人として彼は若い夫婦と親しくつき合い、時にはいっしょに暮したりもしている。ロセッティ自身がエリザベスと正式に結婚するのは、モリスの結婚よりも後のことだが、二人の結婚生活は、二年後にエリザベスの死――おそらくは自殺――によって終りを告げる。亡き妻の葬儀の際に、ロセッティが自分の書きためておいた一連の愛のソネット――後に彼の代表的詩作となる『生命の家』――の草稿を、エリザベスの遺骸とともに棺に納めて埋葬してしまったという話は、前に触れたとおりである。

ところで、ジェーンは、ブラントに対して、『生命の家』のソネットの大部分は、実は自分に宛てて書かれたものだと語っている。事実彼女は、ロセッティの草稿そのものを持っていたから、それはあり得ないことではない。つまり、いつの時点からかはっきりはしないにせよ、少なくともエリザベスの死以前から、二人はきわめて親しくなっていたということになるであろう。そしてそうであれば、エリザベスの思い出に捧げられた「ベアータ・ベアトリクス」のベアトリーチェに、ジェーンの面影がはいり込んでしまったことも、納得が行くであろう。

その後の二人の関係についても、詳しいことは多く推測に頼るほかはない。一番親密であった一八七〇年代の二人の手紙は、大部分破棄されてしまっているからである。ジェーンは、そのことを、「自分の夫や子供の眼に触れさせたくないため」と説明している。

しかし、少なくともわれわれには、ロセッティの数多くの作品が残されている。それらは、直接的にではないにせよ、二人の間柄について、多くの暗示を与えてくれるであろう。

一八五七年、すなわち二人が知り合った最初の頃に、壁画制作関係とは別の作品として「王妃の部

上　D.J.ロセッティ「ラ・ピア・デイ・トロメイ」1868-80年
下　D.J.ロセッティ「王妃の部屋の騎士ランスロット」1857年

屋の騎士ランスロット」（挿図）が描かれている。これもアーサー王伝説の主題によるもので、王妃ギネヴィアの寝室にはいり込んだランスロットを誅殺するため、十二人の騎士たちが押し寄せて来る場面である。王妃は二人の秘かな恋が露見したことを知って、絶望のあまり気を失う。胸に手を組んで今倒れようとしている王妃のモデルがジェーンである。（その顔のためのデッサンも残っている。）道ならぬ恋というこの主題は、その後のロセッティとジェーンのことを考えると、何か暗示的と言わなければならない。二人は、モリスに対して、まさしく王妃とランスロットの立場に立つことになるからである。

ジェーンをモデルとしたそれ以後のロセッティの作品にも、濃厚な中世趣味を背景とした「憂いに沈む女」がしばしば登場する。シェークスピアの『以尺報尺』に登場する「マリアナ」は、恋い慕う人に棄てられてなお諦め切れずに思い悩む女であり、『神曲』煉獄篇に想を得た「ラ・ピア・デイ・トロメイ」（挿図）は、故なくして夫の疑いを受け、塔に幽閉された女である。ロセッティがジェーンに見たのは、まさしくそのような女性であった。そしてわれわれに残された彼女のイメージも、そのようなものだったのである。

ジェーンがバースの湯治場で世を去ったのは、一九一四年一月の末のことである。七十四歳であった。彼女の死を報じた『タイムス』紙（一月二十八日号）は、「彼女は、そのたぐい稀な、きわめて目立つ美しさの故に、ほとんど自分の意志に反して有名になった」と書いている。まさしく、彼女は、美神となるべく運命づけられていたと言ってよいであろう。

VII

詩人の娘・詩人の妻

ジューディット・ゴーティエ

1

一八六二年三月二十七日、ある晩餐会の席でゴーティエに連れられて来ていたジューディットとその妹に会ったゴンクール兄弟は、彼女たちの印象を次のように『日記』に書き記している。

ゴーティエの娘たちは不思議な魅力を持っている。東方的な物憂さとでも言おうか、その物腰動作に見られるやや投げやりなリズムは父親から受け継いだものだが、しかしそれは、女性的な優しさによってすべて優雅なものとなっている。遠く何かを探し求めるようなその眼差しのもつ魅力は……、およそフランス的ではないが、そこにはあらゆるフランス的なものが混ざっている。

同じ年、ゴーティエたちの文人仲間であったモーリス・ドレフーもロンシャン街のゴーティエの家を訪れて、初めてジューディットの姿を眼にしたが、その時の印象はきわめて強烈だったらしい。ずっと後になってからもなお、彼はその出会いのことをよく憶えていて、こう書き残した。

彼女はこの世で見ることの出来る最も完璧な美しさを持った一人であり、その後も長いことそうであり続けた……。私が最初に彼女に会った時には、彼女は〈ノンシャランスの女神〉のような印象を与えたが、その感じはその後もずっと変らなかった。

一八六二年と言えば、ジューディットはようやく十七歳である。少しずつ綻《ほころ》びかけた蕾がいっきょに華やかな開花を迎える時期と言ってもよいであろう。昔から「甘美な十六歳、艶美な十七歳」と言う。大人になったばかりの彼女の美しさが、人びとを魅了したとしても不思議ではない。

しかし、後にヴィクトル・ユーゴーの最後の恋人となり、リヒァルト・ワグナーの最後の聖楽劇の霊感源となったジューディットの場合は、普通の「艶美な十七歳」とは違っていた。ゴンクール兄弟とドレフーとがともに的確に見抜いたように、彼女には、大人の世界に入り込んだばかりの若い娘に見られがちの物おじした態度や、あるいは気取り、気負いのようなものはまるでなかった。ゴンクール兄弟の言う「やや投げやり」な態度やドレフーの言う「ノンシャランス」(無頓着、無造作)は、彼女の天性であったようである。そのどこかに現実の世界を見放したような物腰と均整の取れた堂々とした身体とが、彼女を文字どおり古代の「女神」にふさわしいものとした。事実、多くの人びとが彼女の姿を古代の女神像にたとえている。あのボードレールも、まだラ・グランジュ゠バトリエール街に居を構えていた頃のゴーティエの家を訪れ、ちょうど修道院から帰って来たばかりのジューディ

ットに初めて会ったが、その時彼は、彼女こそ美の至高の姿であると感嘆し、ゴーティエに向かって、

「彼女はまるでギリシアの少女のようだ」

と語ったと言う。

身のまわりの日常的な世界をいつも冷ややかに突き放して見るようなジューディットのこの性格は、彼女が生まれてから物心がつくまで、父母の愛に恵まれることがなかったという事実と関係があるかもしれない。そのことが、彼女自身も気づかぬうちに、現実というものに絶望を覚えさせ、非日常的な珍奇なもの、平素見慣れない世界への偏愛と、そしてやがては遠い異国への憧れにまで育っていったと言ってよいであろう。すでに少女時代から、彼女は、同じ年頃の仲間たちとは大きく変っていた。

ゴンクール兄弟は、先に引いた『日記』の同じ日の項で、特にジューディットが母親に対しておよそ敬愛の念を欠いた乱暴な口のきき方をしていたことを書き記し、さらに、トカゲについての彼女の偏愛について語っている。


……彼女は私に、修道院時代の情熱、最初の愛について語ってくれた。それは、一匹のトカゲに対するもので、そのトカゲは、まるで人間同士のような親しみをこめた優しい眼付きで彼女を見つめていたという。そのトカゲは、それからいつも彼女といっしょに生活し、彼女の懐に抱かれて、

時々衣裳の隙間から小さな頭を出して彼女の方を見上げると、また素速く姿を消すのであった……。

この小さなトカゲは、しかしながら嫉妬に駆られた心ない一人の学友によって殺されてしまう。ジューディットはそこで、この哀れな動物のために墓を作り、その上に小さな十字架を建てて、それからは、ミサに行くこともお祈りすることもやめてしまったという。

普通なら大人でも気味悪がって顔をそむけてしまうような不気味な爬虫類に対するこのような偏愛は、彼女の心の中に、そうでもしなければ埋めることの出来ないような大きな空洞がひそんでいたことを推測させる。一般に虫や小鳥などに対する異常なまでの執着は、本来優しい愛情に満ちた、しかしその愛を親しい人びとと分ち合うことの出来ない、孤独で繊細な心の存在を物語るものである。ジューディットよりおよそ四〇〇年ほど前に、同じように、しかしもっとずっと大がかりに、トカゲのみならず蛇や蝙蝠や蝶などを部屋いっぱいに集めて、その不気味な姿を独りで熱心にスケッチしたという一人の少年がいた。伝記作者の伝えるレオナルド・ダ・ヴィンチがその人である。ある研究者は、不気味な小動物に対するレオナルドのこの偏愛は、彼が私生児であって、生まれてただちに生みの母親から引き離され、実の父親からもほとんど忘れられて育ったという幼年時代の不幸な体験に由来する無意識の心の傷跡を示すものと解釈している。

それがあたっているかどうかは別として、ジューディットの場合もきわめてよく似た環境で育てられた。彼女の父親は、言うまでもなく詩人のテオフィール・ゴーティエである。母親はパリのイタリア座で人気を集めていたエルネスタ・グリシスというイタリア生まれの歌手であった。もちろん、二人は正式に結婚してはいない。ゴーティエはジューディットをただちに自分の子供と認めたが、形式的には彼女は私生児であった。このあたり、ゴーティエをめぐる女性関係はかなり複雑である。彼はエルネスタの前にすでにウージェニーという愛人がいて――彼女とも結婚はしていない――、テオフィールという息子までもうけていた。(ジューディットにとっては異母兄弟にあたる。)しかも、ゴーティエ自身後に語ったところによると、彼にとっての「真の、唯一の恋」の相手は、エルネスタの妹のカルロッタであったというから、話はややこしい。姉のエルネスタが歌手であったのに対して、カルロッタは天才的なバレリーナであった。すでに十歳の時、ミラノのスカラ座で子供たちのコール・ド・バレエのプリマを踊っていたという。その彼女がパリでいっきょに名を挙げるようになるのは、一八四一年六月二十八日、オペラ座における『ジゼル』の初演でタイトル役を踊ってからである。たまたまこの日は、彼女の二十二歳の誕生日であった。

よく知られているように、バレエ史上屈指の名作であるこの『ジゼル』の台本を書いたのが、若いゴーティエであった。彼はただちにこの妖精のような踊り子の魅力の虜となった。しかしこの時、彼女は少なくとも二人の愛人を持っており、最初の愛人との間には一人の娘まで生まれていた。ゴーティエは彼女と生涯親しい交際を続けるが、それは純粋に友人同士のものであった。エルネスタは、いわばカルロッタの代りとして詩人の生活の中に入り込んで来たのである。

もっとも、ゴーティエにとっては結局その方がよかったかもしれない。エルネスタは、妹と違って、舞台での華やかさにもかかわらず、きわめて家庭的な性格で、その後二十年以上にわたって、事実上の妻の役割を果したからである。

だが、ジューディットが生まれた頃は、事情が違っていた。エルネスタはまだ舞台を退く気はなかったし、イタリア座の方でも、この美声のコントラルト歌手を必要としていた。一方ゴーティエの方は、当時三十四歳、すでに詩人として文人仲間に名を知られていたが、詩だけでは生活が出来ず、批評や紀行文などで生活の資を稼いでいた。特に彼の『スペイン紀行』は評判がよく、彼自身放浪癖があったことも加えて、絶えず旅に出かけていた。(実はジューディットが生まれた時も、彼は北アフリカのアルジェリアにいた。)今や最初の子供に加えて、(母親の違う)二番目の子供まで生まれて

ジューディット・ゴーティエ(ナダールの写真)

は、その養育費を確保するためにも、それまでよりいっそう執筆活動に追われることとなった。バルザックは、事業の失敗で背負い込んだ借金を返すために『人間喜劇』を書き続けたが、ゴーティエは、二人の子供を養うために、演劇・音楽批評や旅行記を書きまくったのである。

しかし、ということは、彼はつねに家を留守にしていることを意味した。ジューディットの世話をする人は誰もいない。彼女は、生まれて二週間目に、パリ近郊のさる大工の家に里子に出されることになった。おそらくそのためであろう。少女時代の彼女は両親に対して何の親しみも見せず、しばしば反抗的でさえあった。その後も、生涯を通じて彼女には、人生から何も期待しないという投げやりのところがあった。彼女自身の語るところによると、彼女は生まれ落ちる前からペシミストであった。何しろ、誕生の時に、彼女はこの世に生まれ出るのを嫌って、立ち会いの医者の指をしっかりつかみ、どうしても離そうとしなかったという。医者は強引にその手をふり放し、「何という小怪物だろう」と叫んだ。このエピソードを後に回想録『日々の首飾り』（一九〇二年刊）のなかで語った後、彼女はこう書き加えた。

「私は母にしばしばこの話を繰り返させた。それは私には予言的な出来事のように思われた。事実それは、後に私が人生に対して抱くようになった考えを明瞭に表明するものだったのである」

2

ジューディットが父親と母親から人並み優れた芸術的才能を受け継ぎながら、そして充分にその力があると人に認められながら、画家にも音楽家にもならなかったのは、彼女のその深いペシミスムと無縁ではなかったであろう。彼女は芸術家として世に出るために必要なたくましい欲望、生ぐさいまでの野心を持ち合わせていなかった。その優れた感受性と理解力は、もっぱら他人の作品を、あるいは未知の世界を、理解し、判定し、紹介することに向けられた。彼女は、自らひとつの世界を創り出すことよりも、すでに世界を——それも彼女自身の感性によって選ばれた世界を——発見し、味わうことに、そしてさらには人びとにそれを知らせることに徹しようとしていたかのようである。あるいはそれが、彼女なりの自己表現であったかもしれない。

実際、父親の血を受けて豊かな執筆活動を見せたジューディットの著作目録の中心をなすものは、批評、紹介、随想であり、戯曲や小説は、大部分がペルシア、インド、中国、日本の説話や物語の翻訳であり、翻案である。特に極東の中国や日本の世界は、彼女を強く惹きつけた。時代はまさしく、西欧世界がアジアやアフリカなど、ヨーロッパ以外の世界の文化を驚異の念とともに見出しはじめた時である。ジューディットは、世紀末の異国趣味、特に東方趣味の重要な担い手の一人であった。

彼女自身の語るところによると、彼女が極東の世界に惹かれるようになったのは、一八六二年、ロンドンで開かれた二回目の万国博覧会を訪れた時からのことである。この年、ゴーティエは、他の多くのフランス人たちと同じように、エルネスタや娘たちを連れて万博見物に出かけた。その会場でジューディットは初めて、「国民的衣裳をまとった」二人の日本人を見る。彼らは、多くの見物客の好奇の眼にさらされながら、毅然とした態度を少しも崩さなかった。その二人がある建物に入って行った時、彼女も思わずつられてそこに入り込んだ。そこは、鼈甲《べっこう》や象牙などの見事な細工物を並べている店であった。

「私はすっかり魅了されてしまった……。それは私にとって、極東との最初の出会いであった。そしてその瞬間から、私はその世界に征服されてしまった」

と彼女は述べている。

事実、この時以後、日本に対する彼女の情熱は、生涯消えることはなかった。彼女は機会あるごとに日本や日本の文化について語り、『日本』という本まで出している。一八九二年、アシェット社が『世界の首都』という本を企画した時には、そのなかの「東京」の部を受け持って新橋から横浜まで走る汽車や、西洋風の建物の建ち並ぶ表通りの景観と、そこから一歩裏に入るとなお昔のままに残っている木造の小さな家などについて、まるで実際に見て来たかのような軽妙な文章を寄せた。だがもちろん、彼女は日本に来たことはない。日本どころか、中国もインドも知らなかった。彼女の行動範囲は、西はスペインから東はウィーンまで、つまりヨーロッパ世界のなかに限られていた。文学や音楽の分野においてと同様、異国趣味の領域においても、彼女は実地の探索者よりも、あくまでも批評家、あるいは紹介者の役割にとどまろうとしたのであろうか。

彼女の日本との関係のなかで、特に見逃してはならないのは、優美瀟洒な詩画集『蜻蛉集』(挿図)の刊行であろう。これは、『古今集』以下日本古来の和歌八十数首を仏訳紹介したもので、翻訳は、西園寺公望が直訳したものをジューディットがフランス語として完成させた旨明記してある。いわば共同訳である。挿絵を担当したのは、当時パリに住んでいた山本芳翠であった。芳翠は、ジューディットの知遇を得ることによって、彼女の周囲に形成されていた文芸サークルの仲間にはいることが出来た。彼がヴィクトル・ユーゴーと知り合ったのも、彼女の家においてであったという。

さらに興味深いことに、芳翠は、ユイスマンスの世紀末的耽美派小説『さかしま』の主人公デゼッサントのモデルとされるダンディ詩人ロベール・ド・モンテスキューとも、ジューディットを通して交渉があった。これは、最近刊行されたジョアンナ・リチャードソン女史の『ジューディット・ゴーティエ伝』のなかで明らかにされたことだが、パリの国立図書館蔵ロベール・ド・モンテスキュー文書のなかに、芳翠に触れたジューディットの手紙が残っているという。文面から察するに、挿絵画家

山本芳翠挿絵『蜻蛉集』扉絵

を求めていたモンテスキューの要請に答えて、彼女が芳翠を推挙したものらしい。引用されている手紙の全文は以下のとおりである。

親しい友よ
　山本は明日水曜日、二時頃にお宅に参ります。一枚につき二十フランというのが妥当な値段でしょう。あるいはもっと少なくても構いません……。

私の出発前にまたお会い出来るでしょうか。

今日はギュスターヴ・モローに会いに行って来ました。彼はまったく魅力的な人です。

「お喋舌《しゃべ》りばかりしています。さようなら——御手を」（マラルメ風に）

ジューディット・ゴーティエ

この手紙には日付けはなく、ただ「火曜日」と記されているだけだが、同じモンテスキュー文書のなかに芳翠自身のモンテスキュー宛の次のような手紙があり、それには「一八八四年六月二十五日」とあるので、時期がわかる。（引用は同じくリチャードソン女史の本からである。）

……あなたの御注文は、私がゴーティエ夫人から受けたものとほぼ同じ性質のもの、すなわち、単純で純粋に日本的な水彩画だと思っておりました……

これだけではよくわからないが、察するに、この挿絵の話はうまく行かなかったのではあるまいか。しかし、ジューディットをめぐってきわめて多彩な人間関係が展開されていることをうかがわせるには、充分である。文中、「ゴーティエ夫人から受けた」とある注文は、おそらく『蜻蛉集』のものであろう。

この芳翠の手になるジューディットの肖像と言われる油絵が、現在東京の芸術大学にある。「西洋婦人像」（挿図）と題されている横向きの肖像画で、画面に「一八八二年」の年記が記されている。二人の関係を考えてみれば、芳翠がジューディットの肖像を描いたというのは大いにありそうなこと

上　山本芳翠「西洋婦人像」1882年
下　J.S.サージェント「ジューディット・ゴーティエ」鉛筆デッサン

だが、しかしこの作品が果してジューディットその人であるかどうかということになると、簡単には断定できない。彼女は、写真で見ても、また他の肖像画で見てもどちらかと言えば豊頬の柔らかい感じの顔付きで、芳翠の描いたややきつい感じの婦人とはいささか印象が違う。この頃のジューディットの面影を最もよく伝えるものは、アメリカ人画家ジョン・シンガー・サージェントの描いた鉛筆デッサン（挿図）であろう。それは、机の上に肘をついてこちらを見ている彼女の姿をほぼ正面から捉えたもので、生彩に富んだ見事なデッサンである。横顔と正面向きとだから比較は必ずしも容易ではないが、サージェントの魅力的な女性が横を向いても、芳翠の婦人像にはならないように思われる。芳翠の作品がジューディットだとされるのは、昭和十五年に刊行された長尾一平編『山本芳翠』に、「先生の筆に係るゴーチエ女史の肖像は今美術学校に在る」とあるからだが、しばらくは疑問のままにとどめておきたい。

上　J.S.サージェント「ジューディット・ゴーティエ」1883年頃
下　J.S.サージェント「風」（ジューディット・ゴーティエ）

芳翠はサージェントとも親しかった。ある時、二人はともにジューディットの姿をデッサンして、互いに作品を交換し合ったという話が、前記長尾一平編の本に出て来る。先に触れたサージェントのデッサンに「山本君へ、サンテノガの思い出、ジョン・S・サージェント」という書き込みがあるから、これがその時のデッサンであろう。サンテノガは、ブルターニュ地方の海に面した小さな村で、ジューディットはここに、「小鳥の野」と名づけた別荘を持っていた。周囲は小鳥の歌声に囲まれた鄙びた別荘で、魅力溢れるフランス女性を間において、日本人画家とアメリカ人画家が、賑やかな芸術論議を交わしながら競作に励んでいる情景が眼に浮かぶ。ジューディットはその二人のミューズであった。

サージェントには、この時のデッサン以外にも、彼女を描き出したいくつかの油絵や水彩画がある。それらを調査したチャールズ・マウントは、二人の間に恋愛関係があったのではないかと推測しているが、本当のところはわからない。ジューディットは、芸術仲間との華やかな交友関係のため、しばしば愛多き女と思われてきた。例えば、ピエール・ロティも彼女の恋人に擬せられた一人である。だがいずれの場合も、実は友情以上のものではなかったと考えるべきであろう。しかし彼女がたしかに情熱を傾けた相手が、少なくとも二人はいた。二人とも十九世紀に君臨する巨人である。一人はユーゴー、もう一人はワグナーである。

3

山本芳翠のことについて、もう少し補足しておく。

芳翠が、ジューディット・ゴーティエの紹介でロベール・ド・モンテスキューと交渉を持ったことはすでに述べた。その際、パリの国立図書館に保存されているモンテスキュー文書のなかの芳翠の手紙の一部を、ジョアンナ・リチャードソン女史の『ジューディット・ゴーティエ伝』から引用しておいたが、その後、パリ留学中の三浦篤氏を煩わせて直接調査して貰ったところ、モンテスキュー文書のなかにたしかに芳翠の手紙が収められていた。ただし、原本ではなくコピーだという。未公刊のものであるので、以下にその全文を掲げておく。原文はもちろんフランス語である。(N.A. fr.15113; fr.225)

一八八四年六月二十五日

伯爵閣下

御要請にお答えするため、明日午後二時頃、お館にお伺い致します。この機会に、ゴーティエ夫人よりお聞き及びのはずの値段のことに関し、一言申し上げることをお許し頂き度く存じます。夫人のお話をよく理解しておりませんでしたので、私は、あなたの御注文は、私がゴーティエ夫人から受けたのとほぼ同じ性質のもの、すなわち、単純で純粋に日本的な水彩画だと思っておりました。しかしながら、私がしなければならないのは自然そのままの写生だということですので、改めて正当に御評価頂き、新しい値段をお決め下さるようお願い申し上げる次第です。

心よりの敬意をこめて御挨拶申し上げます

S・ヤマモト

この手紙が芳翠の手になるものであることはほぼ疑いない。署名が「S・ヤマモト」となっているのは、芳翠の別号「生巧」を用いたものと考えれば納得がいく。（芳翠がルーヴル美術館での模写研究のために貰った一八八三年八月十一日付の入館許可証には、「セコー・ヤマモト」のサインがある。ただし、「セコー」は Cécô である。）一八八四年六月という時点において、「ゴーティエ夫人」のために「単純で純粋に日本的な水彩画」を描いた「ヤマモト」と言えば、『蜻蛉集』の芳翠以外には考えられない。ただし、この芳翠と「世紀末の貴公子」モンテスキューとの出会いがどのような結果をもたらしたかは、今のところはよくわからない。上記の手紙は、国立図書館蔵の厖大なモンテスキュー文書のなかで、『蝙蝠』関連資料のひとつとして分類されているというが、それが果してこの詩集と関係するものであるかどうかは、簡単に断言出来ないからである。三浦氏の調査によると、モンテスキューの詩集『蝙蝠』は、一八九三年、ルコント・ド・リールの序文つき、「ヤマモトのデッサン二点」で飾られて限定三〇〇部で刊行されたが、この初版本は国立図書館にも残っておらず、挿絵を描いた「ヤマモト」が芳翠であるかどうかは未確認であるという。事実、『蝙蝠』出版の一八九三年という年は、上記の手紙から九年も後であり、芳翠がフランスを去ってから六年後のことである。一方、モンテスキューは、一八九〇年代にはもう一人の「ヤマモト」（山本春挙?・）とも交渉があった形跡があるので、このあたりのことは、今後のいっそうの調査にまたなければならないであろう。

だがいずれにしても、一八八〇年代中頃においては、芳翠は、ジューディットを取り巻く数多くの文人、芸術家の一人として、深くパリの芸術界の内部にはいり込んでいた。芳翠にとっては幸運なことだったが、ジューディットの存在がそれほど大きかったということであろう。彼がフランスの国民的大詩人ヴィクトル・ユーゴーの知遇を得て、その孫に日本画を教えたりするほど親しく交友することが出来たのも、もとはと言えばジューディットのおかげである。芳翠はユーゴーに傾倒するあまり、自分の息子に友悟という名をつけたりまでしている。

芳翠がジューディットの紹介でモンテスキューに会った翌年、一八八五年五月に、ユーゴーは世を去った。フランス全体が喪に服しているなかで、その葬送の日、芳翠は、葬列がパリの町を進む様子を、大きな水彩画に描いた。この作品は現在、ヴォージュ広場のヴィクトル・ユーゴー美術館に収められている。この大詩人と交友のあった芳翠にとって、それは単なる記録以上の意味を持っていたであろう。

だがジューディットにとっては、詩人の死はさらにいっそう感慨深いものだったはずである。彼女はユーゴーの死の床に駆けつけ、その顔を蠟の彫像に作り上げた。モンテスキューに宛てた日付けのない短いノートのなかに、「死んだヴィクトル・ユーゴーの小さな蠟像を作りました。あなたにお見せしたいと思います」という文章が見られる。この時、彼女は一人の偉大な詩人の姿を形にとどめただけではなかった。彼女の心の歴史のなかで大きな場所を占める一人の男の思い出に、ひとつの記念碑を捧げたのである。

レイモン・エスコリエは、『人間ヴィクトル・ユーゴー』（一九五二年）のなかで、ユーゴーとジューディットが最初に結ばれたのは、おそらく一八七二年の七月十一日の夜のことであったと述べている。そこまではっきり日時を特定できるかどうかは別として、この頃から以後数年間、ジューディットが『エルナニ』の作者にとって、いくつかの詩の霊感源になったばかりでなく、激しい情熱の対象ともなったことはほぼたしかである。一八七二年三月四日、ユーゴーは、ジューディット夫妻（彼女は当時すでに結婚していた）を招いて、ピガル街五十五番地のジュリエット・ドルエの家で夕食をともにした。（広く知られているように、ジュリエットは三十年以上にわたってユーゴーの愛人だった人である。）夕食後、彼はジューディットを伴って自宅へ戻った。この日の彼のノートには、「夕食の後、『恐怖の年』のなかの詩をいくつか読んで聞かせるため、ジューディット夫人とともに家に戻る。O」と記されている。そのなかの「O」というのは、ユーゴーが自分だけのために用いていた特殊な略号のひとつで、「接吻の段階」を表すものだという。

一八七二年と言えば、ユーゴーはすでに七十歳になっていたはずである。しかしエネルギーに溢れていたこの豊饒な言葉の天才は、もう一人の偉大な国民的詩人ゲーテの場合と同じように、最晩年にいたるまで若々しい情熱を失うことがなかった。この翌年には、彼は、ジューディットとの関係を続けながら、彼女が新たに雇った小間使いブランシュをも愛人の列に加えることになるのである。

一方ジューディットは、一八七二年には二十七歳である。もちろん、彼女はこの時にはじめてユーゴーを知ったわけではない。それどころか、テオフィール・ゴーティエの娘にとっては、ユーゴーは単に偉大な詩人というばかりではなく、小さい時からきわめて身近な、親しい存在であった。第二帝政の時期、ナポレオン三世に反対するユーゴーが自ら進んで亡命していた間にも、彼女は彼のもとに自分の作品を送ったり、文通を交わしたりしている。そして、普仏戦争の敗北の結果、皇帝が虜となって帝政が崩壊し、ユーゴーが国民的英雄としてパリに戻って来た時、パリの北駅で彼を出迎えたのもジューディットであった。彼女自身の語るところによると、駅頭に多勢の群衆が押しかけ、二人はほとんど押しつぶされそうになったところをようやく逃れて、駅前の小さなカフェの二階に辿り着いた。そこで彼女は、なおも英雄の姿をひと目みようと群がる人びとを、ドアを閉ざして必死になって支えていたという。つまり彼女は、ユーゴーのほとんど身内のような存在だったのである。

そのジューディットが、帰国後の詩人とやがてただならぬ関係を持つようになるのは、むろんユーゴーの方から積極的な働きかけがあったからだが、しかし彼女の方にも、それなりの理由はあった。詩人に対する深い敬愛の念に加えて、六年間にわたるカテュール・マンデスとの結婚の、事実上の破綻がそれである。

ジューディットより四歳ほど年長のマンデスは、きらびやかな才能と強烈な野心をあわせ持った美貌の文学青年であった。彼の一家はユダヤ人の家系で、先祖はポルトガルからやって来たという。祖父のアブラハムが熱心なラテン文学の愛好者で、そのため、ローマの詩人に因んだカテュールという珍しい名前が与えられた。その祖父の期待を担って、文壇を制覇するため彼がトゥールーズからパリにやって来たのは、一八六〇年、彼が十九歳の時のことである。

驚いたことに、地方から出て来たばかりのこの無名の青年は、時をおかずに『ルヴュ・ファンテジスト』と題する文芸雑誌を自ら創刊して、たちまち芸術家仲間にその名を知られるようになった。この雑誌は、フランスにおいて最初にワグナー擁護の旗幟をはっきりと掲げたという歴史的栄誉を担っているが、それもマンデスの鋭敏な感覚の賜物であった。事実、一八六一年、ナポレオン三世のお声がかりで「タンホイザー」が初めてオペラ座で公演された時、後年のワグナー熱とは正反対に、観客

「カテュール・マンデス」(デムーランの版画)

は激しい非難と嘲笑を舞台に投げつけた。ワグナーは、この冷たい反応と、フランスの作曲家たちのむき出しの敵意にうちのめされて、公演をわずか三回で切り上げ、失意のうちにパリを去ることになる。後年、ワグナーは当時のことを回顧して、少数の熱心な讃美者がいたことだけが救いだったと述べ、特にマンデスの名を挙げている。まだ二十歳にもなっていなかったマンデスのこのワグナーへの傾倒は、生涯を通じて変ることがなかった。

ということは、彼は、偉大な文学者とは言えないにしても、時代の動向を敏感にキャッチする特異な才能を持っていたということであろう。その上、批評家としてのみならず、ボードレール風の詩を書き、都会的な小説ものするなど、きわめて多面的な才も具えていた。しかしそれと同時に、彼のもう一方の特徴である頽廃趣味、放蕩好みも、早くから明らかであった。彼が『ルヴュ・ファンテジスト』誌上に発表した戯曲「一夜のロマン」があまりにも赤裸々であったため、彼は風俗壊乱の罪に問われ、サント・ペラジー監獄に一カ月間の禁錮と五〇〇フランの罰金刑の宣告を受けた。このスキャンダルの結果、『ルヴュ・ファンテジスト』は廃刊に追いこまれることになる。

彼の頽廃趣味は、文学上のことだけではなかった。どこにいても人目を引くその美貌が、彼本来の性行をいっそう強めたらしい。当時の人びとは彼のことを「アポロン神その人」とか、「美しいブロンドのキリスト」などと呼んだ。しかしその美しさには、どこか暗い不吉な影がまとわりついていることも、人びとは感じ取っていた。あるジャーナリストは、「彼はたしかに一種のキリストであったが、しかし偽キリストであり、いかがわしいキリストであった」と述べている。別の批評家は、「彼は堕天使のように美しい」とまで言った。若いジューディットが心を奪われた相手は、このような人物であった。

4

ジューディットがマンデスを知るようになったのは、パドルー音楽会の会場においてであったという。やがて彼は、ヌイイにあるゴーティエの家の客となるようになった。三度目に訪れた時、彼は友人のバルベイ・ドールヴィリを連れて来て、ゴーティエの相手はもっぱらこの友人にまかせ、ジューディットと二人だけになる機会を見つけて単刀直入に愛を打ち明けた、と彼女は後に回想している。

マンデスのこの申し込みに対して、ゴーティエはいったんは了承したものの、彼についての「穏やかならぬ話」（ジューディット）を聞いてから急に態度を変え、結婚に反対するのみならず、マンデスの出入りも拒否してしまった。ジューディットは、それ以上詳しくは語っていないが、「穏やかならぬ話」というのは、疑いもなくマンデスの派手な放蕩のどれかについてであったろう。ゴーティエは、批評家としての彼の才能は高く買っていたが、娘の結婚相手ということになれば二の足を踏むのは当然であった。若いマンデスは、強引に事を運ぼうとして、新聞記者たちに対して「ゴーティエ嬢との婚約」を発表してしまった。怒ったゴーティエは、早速訂正記事を出させている。

しかし父親の反対にもかかわらず――あるいはそのために自由に会うことができなくなったためにいっそう――、ジューディットは強くマンデスに惹かれるようになった。家に招くことができなくなった今となっては、音楽会か文学者仲間の集まりがわずかに二人の出会いを可能ならしめてくれる機会であった。平素はどちらかと言えばいつも醒めていて、ゴンクールに言わせれば、何ごとにも「投げやり」のようにさえ見えた彼女が、この時期だけは、恋する者の心の昂ぶりと不安をあからさまに見せる多くの手紙をマンデスに宛てて書き連ねている。

あなたとお別れしてから、私はあなたとかかわりのないことは何ひとつ言葉にしていません。私には、あなた以外の話をすることは不可能です。もし出来ることなら、私と同じくらいあなたのことを愛している人がそばにいてくれたら良いと思います。そうすれば、あなたがいらっしゃらない時でも、心のままにあなたのお話をすることができます。しかしもし本当にそういう人がいたら、私はその人を殺してしまうでしょう……

私は、あなたがお留守の間にお部屋にはいり込んで、机の抽出や壁のひび割れや隙間のひとつひとつにきいてみたいと思います。あなたが本当に私を愛しているのかどうかと。彼らなら本当のことを知っているはずですから。しかし彼らはやはりあなたの仲間であって、何も本当のことは語ってくれないでしょう……

もしあなたが地獄におちたら私はついて行かないだろうなどと、あなたがほんの少しでもお考えだとしたら、それはあんまりです。どうか御心配しないで下さい。たとえ身体が八つ裂きにされようとも、私はあなたの行くところならどこへでもついて行きます。今日は本当に物狂おしい思いです。できることなら、警官たちを動員して、私たちの幸福を盗む者を全員逮捕させたいと思うほどです……

何ごとにつけても積極的なマンデスは、このような状態に堪え切れず、彼女に家を出るようにとまで言ったらしい。しかしさすがに彼女はそれは断った。「……あの古めかしい手に手を取って駆け落ちなどという考えは、恐ろしいものです」と書かれた手紙も残っている。だが彼女の方もただ漫然と日を過ごしていたわけではない。彼女は、一八六六年の八月に結婚しようと、日まで決めて彼を説得している。この日、ジューディットは成年に達する。そうすれば父親の許可なしに、正式に誰とでも結婚できるのである。彼女は、遠足の日を待ち焦がれる子供のように、カレンダーの数字を一日ずつ、心を躍らせながら消していった。

ゴーティエは、マンデスを遠ざけるためにあらゆる影響力を駆使したが、この娘の心だけはどうすることも出来なかった。その時がくれば、自分がどんなに反対しても結婚するという彼女の固い決心を知った彼は不承不承結婚を認めることにした。というよりも、もはや他に手の打ちようがなかったという方があたっている。一八六六年四月十七日、二人は正式に結婚した。マンデスの証人となったのはヴィリエ・ド・リラダンとルコント・ド・リールであり、ジューディットの方の証人の一人はフロベールであった。「文学者マンデス氏とゴーティエ嬢との結婚」は、当時の新聞にも報じられた。しかし、二人の当事者以外、どれほどの人がこの結び付きを本当に祝福していたかは疑問である。ゴーティエはもちろん、苦い思いを噛みしめていた。フロベールも、ひそかに、「悲しむべきことだ」と語ったと伝えられている。ゴーティエの危惧した通り、結婚生活はうまくいかなかった。マンデスは、ジューディットと知り合う前から親しかった女たちが何人もいて、ジューディットは、後になってからそのことに気づかされたのである。そのなかには、リストの愛人の一人として知られている金髪のピアニスト、オーギュスタ・オルメスもいた。彼女は一八六〇年代の第二次ロマン派の時代を華麗に彩った大輪の花のような女性で、「人間の女というよりは女神」と言われた。マラルメの友人であったアンリ・ルニョーが一八六六年のコンクールに提出したローマ賞作品のなかのミネルヴァの姿は、彼女をモデルとしたものであったという。

結婚生活六年目、ユーゴーとの出会いは、マンデスとはっきり別れる契機となったといってよい。この年以後、彼女は、マンデス夫人から、「マダム・ジューディット・ゴーティエ」となった。一方彼女との結びつきは、溢れるほどの詩想を湛えていたユーゴーにとって、新たな霊感を燃え立たせたようである。「J…夫人に」と題された詩のなかで、彼は彼女の「清らかな額」や「誇らしげな白さ」を讃え、彼女を「星の住む大理石の女神」と呼んだ。もうひとつの別の詩のなかでは、彼女こそは「純白の肌の奥に／陶酔と、幸福と／そして炎がひそんでいることの／生きた証《あかし》」だと歌い、その「火と燃え上る雪の姿」に讃辞を呈している。このような詩句は、彼女と詩人との間柄を雄弁に物語っている。

だが十九世紀芸術界のもう一人の巨人、ワグナーとの関係については、それほどはっきりした証拠は残っていない。もちろん、広く知られているとおり、ワグナーの最後の楽劇「パルシファル」の霊感源のひとつとして、ジューディットの存在があったことはたしかである。彼女はマンデスと同じように早くから「タンホイザー」の作者に心酔していたし、「パルシファル」を構想していた頃、ジューディットに宛てたワグナーの情熱的な手紙も残っている。一八七六年の夏、ワグナーに招かれてバイロイトに赴いた時のことは、彼女自身がこう書き残している。

彼は、ベネディクトゥスと私の間に自分の席を確保しておいた。彼は私の左隣に座るようになっ

ジューディット・ゴーティエ

ていた。幕が上って客席のライトが消えると、彼はすぐ座席に戻ってきた。そして私の手を、そして腕を激しい力でつかんだので、暫くの間私は身動きも出来ないほどだった……　彼は低い声で私に囁いた。「自分の音楽をいつもこのようにして聴いていたい、あなたの腕のなかで……」

ワグナーの手紙のなかには、さらに二人の間の「激しい接吻」のことも語られている。しかしそれ以上のことはよくわからない。コジマとも親しかった彼女は、どうやら自制を保ち続けたように思われる。おそらくジューディットは、ワグナーにとって文字通り永遠の女神のままにとどまっていたようである。

ワグナーの音楽を愛し、それ故にドイツを愛していたジューディットにとって、第一次世界大戦勃発のしらせは、大きな衝撃であった。戦火を避けてブルターニュに引きこもった彼女は、かつて芳翠やサージェントも訪れたあの「小鳥の野」の別荘で、大戦中の一九一七年十二月二十六日の夜、七十二歳で世を去った。

VIII

無冠のイギリス女王

エレン・テリー

1

世紀末のヨーロッパにおいて、舞台の上から世界を征服した三人の大女優がいた。

一人は、言うまでもなく、サラ・ベルナールである。ミュシャのポスターによって世紀末芸術のなかにも忘れ難い思い出を残したこのフランスの女優については、今さら多くを述べるには及ぶまい。彼女は生前から、その名前につねに divine（神の如き）という形容詞がつけられていたと言えばそれで足りる。

二人目は、サラより十五歳若いイタリアのエレオノーラ・ドゥーゼである。ベルナールが「神の如きサラ」と讃えられたのと同様に、ドゥーゼも、「神の如き女優」と呼ばれた。それだけに、二人の女神たちのあいだのライヴァル意識も激しかった。一八九七年、エレオノーラがはじめてパリで公演した時には、サラの好意によってサラが出ていたルネッサンス座の舞台を借りることができたにもかかわらず、エレオノーラは、そのレパートリーのなかに敢えてサラの当り役であった『椿姫』を加えて、新聞種になったほどである。このドゥーゼは、また詩人ダヌンツィオとの熱烈な恋によっても知られている。

フランスとイタリアのこの二人の偉大な「女神たち」に比べれば、三人目のイギリスのエレン・テリーはいささか威圧感に欠けるところがあるかもしれない。事実、サラとエレオノーラが、その圧倒するような強烈な個性によって、いかにも「大女優」というにふさわしいイメージを後世まで残したのに対し、エレンにはいつまでも、愛らしいという感がつきまとっている。どこか人間界を越えた巨大な存在を暗示する「神の如き」という形容詞は、可憐なエレンにはふさわしくない。彼女はやはり、野性的な活力に輝く地上の野の花であった。

もちろん、半世紀にわたってイギリスの舞台で活躍を続けたエレンは、紛れもなく大女優であった。一九〇六年、彼女の舞台生活五十年を記念した祝祭公演が催された時、愛好者たちは、ドルリー・レイン劇場の前に前日から行列をつくっていたという。新聞はその彼女の人気を、「無冠のイギリス女王」と讃えた。しかし彼女のその人気を支えたのは、ベルナールやドゥーゼの場合のように、たった一人ですべての観客に畏怖を与えるような演技の力強さというよりも、誰にでも親しまれるような愛らしい魅力であった。『コロンビア・ヴァイキング百科事典』(一九六八年版)は、サラ・ベルナールについて、「その至高の演技によって〈神の如きサラ〉と讃えられた」と述べ、エレオノーラ・ドゥーゼの項目では、「単純さ」と「情動表現の力強さ」を特色に挙げているが、エレン・テリーの特質は、「魅惑的で優美」と規定している。

このようなエレンのイメージは、むろん、女優としての彼女の性格に由来するところが大きいであろう。エレンは、九歳の時から子役として舞台に立っていたにもかかわらず――あるいはそれ故に――、一人で舞台をさらうというよりも、優れた相手役がある時に最もよくその本領を発揮できるような種類の女優であった。彼女は、後にサージェントが見事にその姿を描きとどめたように、マクベス夫人（挿図）のような役も演じているが、彼女の当り役は、何といっても、『ヴェニスの商人』のポーシャ（挿図）や、『十二夜』のヴァイオーラのように、どこか子供っぽさを残したいたずらっ子のような、あるいは妖精のような快活怜悧な若い女性の役であった。彼女は、五十歳になってもなお、オフィーリアを演ずることが出来た。近年浩瀚《こうかん》な『エレン・テリー伝』（一九八七年）を出したニーナ・アウエルバッハは、その著書のなかで、

ドゥーゼやベルナールやヘンリー・アーヴィングのような人間離れのした特異な俳優たちは、その異様なまでに強烈な個性によって自国の同時代の演劇に自己の刻印をしるし、その代表となった。だが他方、エレン・テリーは、他人によって与えられる自分の姿をつねに意識していた。卓越した相手役がいなければ自分は不完全だという彼女の自己認識は、賢明なものであったと同時に、謙虚なものであった。

と述べている。

しかしながら、それと同時に、いやもしかしたらそれ以上に、後世のわれわれにとってのエレンの

イメージは、彼女がまだ十七歳にもならない時に、父親と言ってもおかしくはない年上の男と結婚したという事実に大きく規定されていることも否定出来ないであろう。ましてその夫が画家で、「幼な妻」の彼女の愛らしい姿をカンヴァスの上に残してくれたとしたら、なおのことそうである。今日、ロンドンのナショナル・ポートレート・ギャラリー（国立肖像美術館）で最も人気のある作品のひとつに数えられるG・F・ワッツの「花選び」（挿図）がその作品である。

ジョージ・フレデリック・ワッツと言っても、今ではそれほど広く知られた名前とは言えないかもしれない。しかしヴィクトリア朝時代のイギリスにおいては、彼は最も高名な芸術家の一人であった。晩年には、ロンドンにいるとあまりに多くの社交にわずらわされるので、コンプトンという人里離れた小さな村に住居を移した程である。少し古い美術書をひもといてみれば、「花選び」か、あるいはテート・ギャラリー所蔵の「希望」（挿図）の複製図版が、容易に見つかる筈である。地球（天

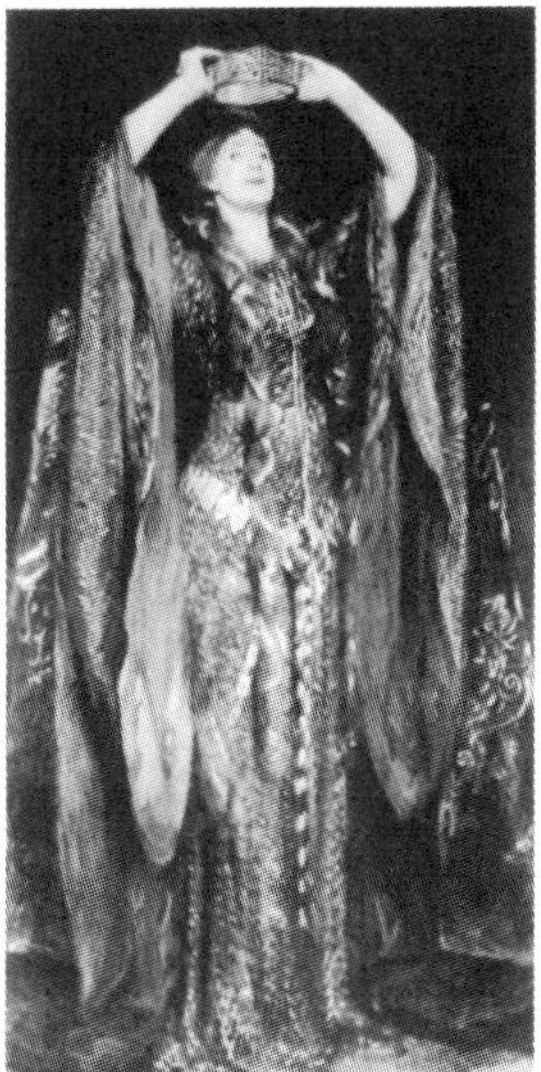

上　J.E.ミレー「ポーシャ」
下　J.S.サージェント「マクベス夫人に扮したエレン・テリー」

球?）の上に座って力なくうなだれた目隠しをされた女性が、一本だけ残してすべての絃の断たれてしまった竪琴をかかえて、その最後の絃のかすかな音色に必死になって耳を傾ける姿を描き出したこの「希望」は、ワッツのなかでもおそらく最も成功した傑作であり、また最も人気のあったものである。ワッツの二度目の妻メアリー夫人は、この絵の複製写真を壁に貼って毎日眺めることによって逆境を乗り越えたという人のエピソードを語っているが、たしかに、深い絶望の底にあってなお最後の「希望」を失わないこのひたむきな女性像のなかには、何か見る者を勇気づけるものがある。そのためであろうか、一九六七年、中東戦争でイスラエル軍に完全に打ち破れたエジプトの兵士たちに、この「希望」の複製が大量に配られたという。

ワッツは、ひとつの作品の構想にしばしば長い時間をかけ、またいくつものヴァリエーションを試みた。「希望」の場合も例外ではない。現在テート・ギャラリーにある作品は一八八六年に描かれたものだが、一九七四年にロンドンのホワイトチャペル・アート・ギャラリーで開かれた『ワッツ展』のカタログによれば、最初の構想は一八六五年頃にまでさかのぼるという。（寓意像の着想自体は、もっと早い時期だとも言われている。）もしそうだとしたら、一八六五年というのは、ワッツがエレンと結婚してわずか一年足らずで破局を迎えたその年である。誰が見ても、それは「希望」どころか、「絶望」の表現に違いないと思うだろうと、G・K・チェスタートンに言わせたこの作品の構想に、当時のワッツの心境が何らかのかたちで反映していなかったと言い切ることは出来ないであろう。

もっとも、それは単に推定の域を出ない。だが、もうひとつの名品「花選び」の方は、意味も内容もずっとはっきりしている。画面いっぱいを占めるように大きく描き出された豊かな金髪の若い娘は、紛れもなくエレンである。彼女が身にまとっている服は、ワッツとの結婚式のために特にウィリアム・ホルマン・ハントがデザインしたものだという。(事実、この作品は、一八六四年、二人の結婚の年に描かれた)。

画面では、愛らしい横顔を見せるエレンが、豊麗な赤い花に顔を寄せて、その香りをかごうとしている。しかし、あでやかな色彩を示すその花は、香りのない椿の花である。一方、彼女のちょうど心臓のあたりに引きつけられた左手には、目立たない、しかし香り高い菫の花が、しずかに握られている。差し当たって今のところ、彼女は眼の前の椿の花に心を奪われているようだが、やがて、自分の本当の「心」に気づくことであろう。「花選び」という暗示的な題名も、画家の伝えようとするものをよく示していると言えよう。

上　G.F.ワッツ「希望」
下　G.F.ワッツ「花選び」

一見華やかな姿で人眼を奪う椿の花が、ここで何を表わしているのかは、容易に推察することが出来る。ワッツは一八六二年、まだようやく十五歳のエレンとはじめて出会ってから間もない頃に書いた（と推定されている）ある手紙のなかで、彼女を「舞台の誘惑と汚濁から救い出し、適切な教育を与え、そして現在彼女が私に対して感じている感情をなお保ち続けて行くようであるなら、彼女と結婚しようと決心した」と述べているからである。

実際、エレンは、結婚するまでのあいだ、演劇の舞台以外の世界をほとんど知らなかった。彼女の父親は、ロンドンよりは旅廻りの巡業の方が多いような役者で、エレンも巡業中にコヴェントリーで生まれた。母親も女優で、一度は、十九世紀におけるシェークスピア「復活」に重要な役割を果したマックリーディの『ハムレット』で王妃ガートルードを演じたこともあったが、次ぎ次ぎと生まれる子供たちの世話に追われて、いつしか舞台から遠ざかるようになった。このような両親の許では、子供たちも生まれた時から演劇人として運命づけられていたと言っても過言ではないであろう。特に十九世紀中葉のイギリスにおいては、役者たちは、健全な市民とは違ってどこかいかがわしいところのある流れ者というイメージが強かったから、役者の子が別の世界に出て行くことはきわめて困難であった。エレンの兄弟も（早く亡くなった子供は別として）九人のうち五人までが役者になったという。姉のケイトは、すでに三つの時に舞台に出たと伝えられるし、エレン自身も、九歳の時に、シェークスピアの『冬物語』の王子マミリアス役で初舞台を踏んでいる。芝居のなかで、例えばオリーヴィアやポーシャが男装することがあるように、当時女の子が少年役を演ずるのは珍しいことではなかった。(逆の場合もある。) 特にエレンには活発な男の子らしさがあったから、この役は彼女によく似合ったであろう。エレンにとってまさしく、——シェークスピアのせりふをもじって言うなら——「舞台こそ世界」にほかならなかったのである。

2

とすると、生まれながらの舞台児であったエレンと、すでに二十年以上にわたってロイヤル・アカデミー展に出品を続け、多くの公式の注文を受け、社交界の名士や芸術界の大物たちと交じわっていたワッツとのあいだには、ほとんど何の共通点もないように見える。事実ワッツは、当時友人のソビー・プリンセプの宏壮な邸宅リトル・ホランド邸に特別に広いアトリエまで作って貰って住んでいたが、このプリンセプ邸は、特に洗練された人びとの社交場であった。そこには、グラッドストーンやディズレリのような政治家もやって来たし、サッカレーやブラウニングのような文学者たちの姿も見られた。桂冠詩人のテニスンが家族を連れて何日も泊り込むこともあった。もちろん、ラファエル前派の画家たちも常連である。邸館の女主人、プリンセプ夫人サラは、これら有名人たちの集まりの中心として、完璧に客人たちをもてなしていた。このサラの姉妹たちもまた、それぞれに「尊敬すべき」名士たちと結婚して、家族ともどもこの社交に加わっていた。例えばその一人、ジュリア・マーガレットは、法律家のチャールズ・カメロンと結婚してしばらくインドに行っていたが、この時期には、イギリスに戻っていて、リトル・ホランド邸によく顔を出していた。ヴィクトリア朝の女流写真家として知られるジュリア・カメロン夫人が彼女である。もう一人の妹ヴァージニアは姉妹のうちで最も美しいと言われていたが、ソマーズ伯爵夫人となって、やはり仲間に加わっていた。ついでに言えば、まだ彼女が結婚する前、ワッツはひそかに彼女に強く惹かれていたという。現在コンプトンのワッツ・ギャラリーに所蔵されている彼の代表作のひとつ、「パオロとフランチェスカ」の画面のフランチェスカの顔は、このヴァージニアの面影を写し出したものである。

それはエレンにとっては、まったく未知の、眩いほどの輝きに満ちた世界であった。ずっと後になって、彼女はその『回想録』のなかで、ほとんどまだ少女と言ってもよい「幼な妻」だった頃に出会ったこれら有名人たちの思い出を単純率直な口調で語っている。テニスンは、すでに高名であったにもかかわらず、少しも飾り気がなく、彼女に対してもきわめて親切で、夕暮時、いっしょに散歩をしては、野の花や鳥の名前などを彼女に教えてくれた。（もっとも、エレン自身は、詩や文学の話をするよりも、むしろテニスンの子供たちといっしょになってはしゃぎ廻るような少女であった。）ロバート・ブラウニングは、「丹念にブラッシをかけた帽子と、洒落たコートをまとって、一分の隙もない洗練された物腰を保っていた」が、どこか近寄り難く、「その詩よりもはるかに理解し難い人柄」であった。エレンが誰よりも惹かれたのは、明るい水色の派手なネクタイを締めた礼儀正しいディズレリである。ずっと後のことだが、彼女は、ピカディリー広場の雑踏のなかで偶然ディズレリの姿を見かけたことがあった。その時彼女は、懐かしさに惹かれて、わざとよろけたふりをして彼にぶつかったと告白している。

「私の肘が彼の肘に触れた。私は思わず震えた。彼は丁寧に帽子を取って、『失礼しました』と呟くと、そのまま行ってしまった……」

そして彼女は、その後に、いささか淋しげに、「もちろん、私が誰であるか、彼は気がつかなかった」と付け加えている。

ワッツとエレンの二人の境遇のこのような違いを考えてみれば、一八六〇年代、二人が出会って間もない時期に、ワッツが彼女との結婚を考えるようになったというのは、驚くべきことのように思われる。そもそも、二人の人生が同じ場所で交錯するということさえ、社会的階層意識の厳しかったヴ

J.M.カメロン「エレン・テリー」

ィクトリア朝時代のイギリスにおいては、普通なら考えられない。その考えられないことが実際に起ったのは、ワッツが画家だったからである。エレンは、姉のケイトとともに、最初はモデルとしてワッツのもとにやって来たのである。おそらく、彼女たちの舞台を見ていた友人の誰かが、ワッツにふさわしいモデルとして彼女たちを推薦したのであろう。(ワッツ自身がそれ以前にエレンの舞台を見ていたという話も伝えられているが、確証はない。)

一説によると——それもかなり広く一般に信じられている話であるが——、ヴァージニアに失恋した後、なお独身を続けているワッツのことを心配した友人たちが、結婚させなければいけないというので、モデルという口実で有望な候補者を送り込んだのだという。もしそうだとすれば、その場合、「候補者」はもちろん、姉のケイトである。エレンは、たまたま姉に付き添ってワッツのアトリエまで出かけたところ、周囲の思惑に反して、ワッツは妹の方に夢中になってしまったというのである。

新しいシンデレラ物語のようなこのエピソードは、たいていのワッツの伝記に語られているが、果して友人たちが——ワッツのことを気にかけていたとしても——どこまで本気で「お見合い」のつもりであったのかは、よくわからない。はっきりしているのは、一八六二年のある日、二人の新しいモデルたちが画家のアトリエを訪れたことである。そして、実際にワッツが彼女たちを描き出した「姉妹たち」という作品も、(未完成のままだが)残されている。当時ケイトは十八歳、エレンは十五歳、そしてワッツはすでに四十五歳であった。

つまりワッツは、彼女たちの父親であってもおかしくないほどの年齢である。彼が、それまでの自分の、高度に洗練されてはいるが格式ばった社交の繰り返される世界に、突然迷い込んで来た野生の蝶のような無邪気なエレンに強く惹かれたとしても、当時はむしろ、父親のような、あるいは保護者のような気持ちであったろう。先に引いたあの、彼女を「舞台の誘惑と汚濁から救い出し、適切な教育を与え」たいと願ったという彼の言葉は、その意味で正直なものであったに違いない。階層意識の強い時代環境であっただけに、時に上層社会の人びとは、哀れな貧しい少年少女を引き上げてやりたいという情熱に取り憑かれることがあった。とすると、それはシンデレラ物語というよりも、後にエレンの熱烈な崇拝者となるあのバーナード・ショウの『ピグマリオン』物語に譬える方が適切であるかもしれない。

事実、ワッツ・ギャラリーの館長でワッツの新しい伝記を書いたウィルフリッド・ブラントによると、ワッツは最初、エレンを自分の養子にしたいと考えて、ある友人に相談したという。その友人は、「彼女は歳を取り過ぎている」と答えた。養子にするなら、もっと小さい時からでなければ駄目だというわけである。そこでワッツはその考えを放棄したが、しばらくして、それなら結婚したいと思いついて、同じ友人にまた相談した。友人は、「彼女は若過ぎる」と答えたという。

しかし今度はワッツは諦めなかった。当初の出会いの裏にどのような事情があったにもせよ、ある時点からは、この結婚を強く望み、推進したのは、ワッツ自身であったように思われる。いささかの紆余曲折の後、一八六四年二月二十日、二人は、ケンジントンのセント・バーナバス教会で正式に結婚式をあげた。エレンは、あと一週間で十七歳になるという歳であった。

生活の場と言えば、大勢の兄弟たちといっしょに住んでいたスタンホープ街の貧相なアパートか地方巡業の木賃宿しか知らなかったエレンにとって、宏壮なリトル・ホランド邸は、文字通り夢の国であった。彼女はまさしく、不思議の国に迷い込んだアリスであった。(ここで付け加えれば、アリスの生みの親であるルイス・キャロルも、後にエレンときわめて親しく、おそらく本当ではないであろうが、彼が独身であったのはエレンのせいだという噂まで流れた。)

「それは私には、天国のように思われた。そこは、美しいものだけがはいることを許される世界であった。そこに集う女たちはすべて優雅であり、男たちは皆才能に恵まれていた」

と、後にエレンは回想している。

しかしながら、ワッツ夫人としてその「天国」にはいり込んだエレンにとって、そこは必ずしも住み易いところではなかった。毎日のように出会う大勢の名士たちを相手に、いったいどのような話をすればよいのか、彼女には見当もつかなかった。彼女は、気後れを感じて、いつも部屋の隅の方に引っ込んでいなければならなかった。彼女は、高名な画家の妻、それも、夫と親子ほど歳の違う舞台出身の幼な妻ということで好奇心を呼びさますだけの、まるで珍しい花かなにかのような存在であった。

そしてその点では、夫のワッツもあまり頼りにはならなかった。優れた芸術家として尊敬されていたと言っても、リトル・ホランド邸は彼の家ではなく、彼は単に客人の一人に過ぎない。サラ・プリンセプは、後に、「ワッツは当初は三日ほど滞在するつもりで家にやって来た。そして三十年間滞在して行った」と語っている。つまり平たく言えば、贅沢な身分ではあるが居候であった。邸内の実権はむろん、すべて女主人のサラの手の中にあった。そしてサラにとっては、エレンは、友人の妻というよりも、躾《しつけ》の悪い子供に他ならなかったのである。

3

「花選び」の画面を見ても明らかな通り、エレンは、柔らかくうねる豊かな金髪の持主であった。多くの人びとが、「熟れた小麦のような」彼女の髪の美しさについて語っている。そのエレンをリトル・ホランド邸に迎えたサラ・プリンセプが最初に命じたことのひとつは、「おそらくはその見事な金髪に嫉妬するあまり」(W・ブラント)、髪をすべて捲き上げてピンでとめることであったという。妖精のように自由奔放で無邪気なエレンにとって、この種の「躾」は、まったく未知のものである。しかし、すでにはっきりと明確な秩序を作り上げていたプリンセプ家にいわば子供としてはいり込んだエレンは、その命令に従う他はなかった。

しかし時に、彼女のなかの奔放な野生児が目覚める時があった。スペンサー・スタナップの姪であったスターリング夫人は、叔母が実際に目撃したという次のようなエピソードを伝えている。ワッツ一家が田舎の友人の家を訪れた時、昼食の後でエレンはスタナップ夫人およびサラ・プリンセプとともに応接間で暫し休息の時を過ごしていた。その時突然エレンが、退屈でたまらないという様子で座っていた椅子の背の上に大きくのけぞると、ゆっくり頭を左右に振りながら、髪をとめていたピンをひとつひとつ抜いて行ったというのである。

私の叔母〔スタナップ夫人〕は、少女がゆっくりと頭を左右に振るにつれて、その輝くような髪が彼女の身体を覆い、さらに床を掃くように揺れている美しさに、ただ見惚れるばかりであった。だがプリンセプ夫人は、驚きのあまり度を失って叫んだ。「エレン！　エレン！　すぐ髪をピンでとめなさい！」するとエレンは、一瞬この迫害者の方に怒りの眼差しを投げかけたが、やがてその波打つ金色の髪をつかむと、無造作にそれを頭の上に捲き上げ、ピンでとめて座り直した。叱られた茶目な子供のようなその様子は、前よりもいっそう愛らしく見えた……。

おそらくこの「子供」は、それ以外にも何度も「叱られた」に違いない。そしてそのような時でも、夫のワッツは何も言わなかった。結局、この「楽園」も、彼女にとって決して楽しいだけの場所ではなかったのである。

もっとも、結婚してから一年もたたないうちに、正確には十一カ月後に、二人が別居するようになったのは、必ずしも彼女の意志によるものではない。それはすべて、「大人たち」のあいだで取り決められたことであった。エレン自身は、後に自ら回想しているように、この短い結婚生活のあいだ、やはり幸福であったし、舞台の生活を棄てたことをただの一度も後悔したことはなかったからである。

一般に信じられているところによると、この別居のきっかけ、というか理由となったのは、エレンがたまたまエドワード・ゴッドウィンの家を訪れた時、ゴッドウィンが病気で苦しんでいたので、そのまま朝まで付き添っていて家に帰らなかったことであるという。当時ゴッドウィンは、最初の妻を亡くしたばかりで、独りで暮らしていた。エレンは、ゴッドウィンがまだブリストルにいた頃からの知り合いである。二人を近づけたのは、やはり、芝居であった。早い時期のジャポニスムの導入者の一人であり、後にオスカー・ワイルドの家を設計することになるこの天才肌の建築家は、また家具や衣裳のデザイナーでもあり、舞台の装置も手がけていたからである。

G.F.ワッツ「エレン・テリー」

その頃、彼はエレンのために、シェークスピアの『夏の夜の夢』のタイタニアの衣裳を、きわめて新鮮なやり方でデザインしている。それは、普通当時の衣裳がそうであったように、コルセットやクリノリンを使うのをやめて、たっぷりと襞《ひだ》をとった薄い布をまとわせただけという大胆なものであった。その襞の自然な流れを出すために、ゴッドウィンは布を水のなかにつけてから彼女の身体に巻きつけた。濡れた布は、身体の線にそって、ぴったりとくっつく。その形を壊さずにそのまま乾かして仕立て上げて舞台衣裳にしてしまったというのである。そこには、『夏の夜の夢』にふさわしい夢幻的な雰囲気と、世紀末的耽美主義の気配の濃厚な官能性への傾斜がうかがわれる。もっとも、まだ子供のようなエレンは、おそらくその新奇な衣裳を、ただ面白がって身につけて舞台いっぱいに躍り廻っていたに違いなかった。

エレンの「無断外泊」が別居の原因になったという話は、必ずしも完全に信用できるわけではない。後に彼女は、実際にゴッドウィンといっしょに住むようになるから、後からもっともらしい話が創作された可能性もある。しかしいずれにしても、生活環境も気質もまるで違うワッツとエレンの結婚は、遅かれ早かれ同じような結果をもたらさずにはいかなかったであろう。後にワッツは、破綻の原因は、結局のところ「気質の不一致」が原因であったと述べている。

かたちは「別居」であっても、実際にはそれは「追放」に他ならなかった。リトル・ホランド邸を追われたエレンには、スタンホープ街の両親の許以外に帰るところはない。そこは相変らず狭苦しく、しかも、彼女の留守のあいだにさらに弟が一人生まれていた。彼女は幼い弟妹たちの世話をしたり、靴下のつくろいをする生活に戻っていた。

　このあたり、エレンの立場は微妙である。形式的には彼女はなお「ワッツ夫人」であった。まだようやく十八歳になるやならずだというのに、昔のように「子供」のままでいるわけにはいかない。といって、ワッツ夫人という肩書は、実質的には何の意味もなかった。（もっとも、ワッツは別居に際して、「彼女が貞節を守るかぎり」、毎年三百ポンドの年金を支払うという約束をしている。）両親は彼女の帰宅を必ずしも歓迎しなかったらしい。ベンとサラは、もともと旅廻りの役者同士で、知り合ってそのままいっしょになってしまったような間柄であったにもかかわらず、あるいはそれ故になおのことそうであったのかもしれないが、ヴィクトリア朝時代の市民生活を厳しく規制していた世間の体面というものをひどく気にかけるところがあった。彼らは娘がワッツのような「尊敬すべき」立派な相手と結婚したことを大いに喜んだが、それだけに、彼女が「別居」という不名誉なかたちで帰って来た時には、失望を隠そうともしなかった。エレンは、彼女のよく知っていた世界、つまり舞台にもう一度戻るほかに道はなかったのである。

　とすれば、別居後二年ほどして、エレンがレオノーラ・ワイガン夫人の劇団に加わったのも、いわば当然の成行きだったかもしれない。だが、劇団主宰者のワイガン夫人がエレンに『じゃじゃ馬馴らし』のカタリーナの役をふったのは、単なる偶然だったのだろうか。言うまでもなく、シェークスピアのこの喜劇は、手のつけられないお転婆娘が次第に「馴らされ」て、模範的な人妻になるという話である。ワッツが有名であっただけに、エレンがあまりに「行儀が悪かった」ために追い出されたという噂は、虚実さまざまのエピソードをとりまぜて人びとの間で評判であった。したたかな興行師であったワイガン夫人は、どうやらその評判をあて込んだらしい。事実エレンは、そのプログラムには、昔ながらのエレン・テリーとしてではなく、彼女の抗議にもかかわらず、「ワッツ夫人」として名が出ているのである。

だがこの時点では、彼女は舞台に対してそれほど強い情熱を抱いていたわけではない。ただひとつ、相手役のペトルーキオを演じたのがヘンリー・アーヴィングだったということだけは、記憶にとどめておいてよい。それは、後にロンドンの演劇界に君臨する二人の初顔合わせだったからである。もっとも、稀代の名優と言われたアーヴィングも、この時はまだ無名である。彼はそれまで、もっぱら地方廻りの下積み役者で、文字通り苦節十年の辛酸を舐めていた。何しろ、それまでに彼が演じた役の数は、五八八にのぼるという。どんな端役でも我儘《わがまま》の言えない立場だったのである。

やがては彼女自身の生涯をも大きく変えてしまうことになるこの天才俳優との最初の出会いも、しかしその時はエレンには特に何の印象も与えなかったらしい。そもそも彼女は舞台よりも何か別のものに心を奪われているようであった。事実、『じゃじゃ馬馴らし』の後、『家庭の妖精』という、これは今では忘れられてしまった平凡なホーム・コメディのようだが、その舞台を勤めている最中に、彼女は何も言わずに、姿を消してしまうのである。

彼女が身を隠したのは、ワッツとの「別居」の直接の原因となったと言われるあの建築家ゴッドウインとの、恋の逃避行のためであった。二人は、ハートフォードシャーの田園に引き籠もり、誰にも知らせずに、ひっそりと二人だけの生活を始めたのである。

それは、二十歳の娘の無思慮な行動と言えるかもしれない。しかしエレンは、本気で何もかも棄てるつもりであった。公演中であったにもかかわらず、劇団の仲間にも家族にも、何も告げずに姿を消したのがその証拠である。だがその後、信じ難いようなエピソードが続く。まるでまさにヴィクトリア朝の大衆小説のなかでもなければ起り得ないような偶然の出来事が重なって、エレンの逃避行は簡単にばれてしまうのである。

4

ヴィクトリア朝盛期のこの時代、殷賑《いんしん》をきわめる大都市ロンドンで、不幸な女たちの辿り着く最後の場所は、ほぼ決まっていた。テームズ河である。当時の社会風俗をあらゆる面から描き出した多産な版画家ジョージ・クルークシャンクの広く知られた彩色版画「哀れな娘」は、若い娘がウォータールー橋から身を投げた瞬間をまるで映画の一駒のような構図で描き出している。その正式題名は、「父は精神を冒され、兄は刑の宣告を受けて、いなくなってしまった――家もなく、友達もなく、見棄てられ、おちぶれて、ジンに身を持ち崩した哀れな娘は、自殺を図る」というものである。

テームズ河の数多い橋のなかでも、どういうわけか、このウォータールー橋が最も自殺が多かった。この橋から身を投げる者が、毎年平均三十人にものぼったという。そのほとんどが若い女である。そのため、この橋は、ヴェネツィアの有名な橋に倣ってイギリスの「嘆きの橋」と呼ばれ、詩人のトーマス・フードによる詩まで作られた。その「嘆きの橋」や、あるいは現代版オフィーリアと言ってもよい犠牲者たちを描き出した版画や油絵も多い。自ら歴史画家をもって任じていたワッツでさえ、まだエレンと結婚する前のことだが、「水死体で発見」という、まるで新聞の社会面見出しのような題の、しかしなかなか力のこもった風俗画の力作を残している。

つまり当時の社会には、不幸な娘の末路について、美術や文学によって増幅された一種の定型的パターンが通念としてあった。その社会通念が逆にまた、現実の娘たちの行動を導いたことも否定出来ない。自殺にもファッションの要素があるのである。

とすれば、エレンの突然の失踪が、人びとに当時の多くの不幸な娘たちの運命を連想させたとしても不思議ではない。少なくとも、家族は最悪の事態を予想したようである。そうとでも考えなければ、次に起った一連の出来事は説明がつかない。

エレンが失踪してから数日後、また若い娘の水死体がテームズ河から引き揚げられた。彼女は、背丈も姿かたちも、エレンそっくりであった。知らせを受けて駆けつけた父親は、驚いたことに彼女は娘に間違いないと断定したのである。たちまち、寄宿舎に入っている妹たちに知らせるやら、葬儀の準備をするやらという騒ぎになったが、たまたま所用で少し遅れてやって来た母親は、さすがに少しおかしいと感じた。しかし、そのサラでさえはっきりと否定することができず、もし本当にエレンなら、左の腕に苺大の痣《あざ》があるはずだと主張した。(実は、痣はエレンの「左の腕」でなく、「左の膝」にあったという。このあたり、話は多少混乱している。)調べてみると、その遺体にはどこにも痣などなく、やっと別人だということになった。

この騒ぎは、物見高いロンドン児たちの話題となり、ハートフォードシャーの田舎まで伝えられた。自分の「自殺」のニュースを知らされたエレンは、吃驚《びっくり》してただちにロンドンに飛んで帰った。それによって彼女の健在は確認されたわけだが、それとともに、彼女の「駆落ち」もばれてしまったのである。

しかしながらそれでも、エレンはなお六年間、ゴッドウィンといっしょに生活を続ける。翌年にはイーディス（エディ）という女の子が生まれ、さらに三年後、エドワード（テディ）という男の子が生まれた。このテディが、後に二十世紀演劇の偉大な革新者となるエドワード・ゴードン・クレイグである。

この間、エレンは、はっきりと舞台から縁を切って、「家庭」に引っ込んでしまったように見えた。もっとも、友人たちの話によると、やはり舞台でかなりの評判を得た後、思い切りよく結婚して模範的な主婦となった姉ケイトとは違って、エレンには家政の才はまったくなかったらしい。料理をすれば必ず調味料の分量を間違えたし、暖爐に火を入れようとすると灰で一杯で掃除もしていないという具合いであった。それでもなお彼女は、子供の世話をする傍ら、ゴッドウィンの仕事の手伝いをするなど、せい一杯努めた。ゴッドウィンは、「家族」のために新たに日本趣味豊かな家を設計し、その中でエディは、日本風のキモノを着せられてはしゃぎ廻っていた。それはエレンにとって、六年間のいわば牧歌的な間奏曲の時代だったのである。

この間、彼女は法律的には、むろん「ワッツ夫人」である。一八七六年、「別居」後十年以上もたってから、彼女がワッツに正式に離婚してくれるよう申し出たのは、何よりも二人の子供のためであったろう。当時、離婚はいろいろと面倒な手続きが必要であったらしいが、ワッツは快く応じてくれた。正式に離婚が認められたのは、翌年の三月、そしてそれが、有効となったのは十一月のことである。

天下晴れて自由の身となったエレンは、間髪を入れずという感じで、ただちに再婚した。ただし相手はゴッドウィンではない。チャールズ・ウォーデル、舞台名をチャールズ・ケリーというやはり役者であった。

エレンが、二人の子供までもうけたゴッドウィンと別れた理由はよくわからない。彼女の方にやはり舞台に対する未練が残っていたのかもしれないし、ゴッドウィンのような芸術家肌の人間には——ワッツの場合と同様——エレンは結局どうしても向かない性格であったということも考えられる。ゴッドウィンの方も、その後間もなく、ベアトリス・フィリップという当時二十一歳の学生と結婚した。このベアトリスは、エレンとは逆に控え目で家政がうまく、まさに芸術家の妻として申し分なかった。ゴッドウィンの死後、彼女は今度は、ホイッスラー夫人となる。なお、余計なことだが、ラファエル前派の画家のJ・E・ミレーがラスキンの妻ユーフェミアと恋仲になって、後に正式に結婚するなど、この時期の芸術家たちの人間関係は、なかなかややこしい。

エレンの再婚によって、二人の子供も形式的にはウォーデルを父親とすることになったが、しかしいずれもその名前は継がなかった。その間の事情もいかにもエレンらしい。彼女はある時スコットランドを訪れて、「エルサ・クレイグ」と呼ばれる峨々たる岩山の劇的なたたずまいに深い感動を覚えた。その思い出に基づいて、ウォーデルの死後のことだが、子供たちが堅信礼の儀式を受ける時、勝手に名前を変えてしまったのである。その結果、娘はイーディス・ジェラルディン・エルサ・クレイグとなり、息子はエドワード・ヘンリー・ゴードン・クレイグとなった。

再び舞台に戻った彼女は、やがて大女優としての輝かしい道を歩み始めるようになる。そのきっかけとなったのは、ヘンリー・アーヴィングとの結びつきである。アーヴィングは、エレンがゴッドウィンと田園生活を過ごしていた間に、妖しいまでの魔力を持った俳優としての名声を確立し、その上、ライシアム劇場を買い取ってその主宰者として、その黄金時代を築きつつあった。

ニーナ・アウエルバッハの『エレン・テリー伝』によると、エレンが残した多くの舞台台本の『ハムレット』のひとつに、オフィーリアの名前のわきに、彼女自身の筆跡で「一八七八年十二月三十日、月曜日、ライシアムへの私の最初の出演」という書き込みがあり、さらに、その第三幕冒頭、例の「尼寺へ行け」の場面に、アーヴィングからのメモがはさみ込まれているという。そのメモには、「最も美しい——最も麗しい／最も愛らしいわがオフィーリアへ／この一言を／君のハムレットより」と書かれていた。

一八七八年と言えばエレンはすでに三十歳である。決してオフィーリアにふさわしい年齢とは言えない。(もっとも彼女は、その後二十年間、この役を演じ続ける。)この記念すべき再出発の公演の夜、彼女は自分の演技におよそ自信がなかった。芝居が終った後、絶望した彼女は、舞台衣裳のまま一人劇場から抜け出し、オフィーリアそのまま、身投げするためにテームズ河のほとりまで歩いて行った（と、彼女自身語っている）。幸い、彼女の不在に気がついた仲間の一人が後を追って来たので、彼女は救われた。この話は、いささかメロドラマめいているが、少なくともその気持ちは、彼女にとって正直なところであったろう。その夜、アーヴィングが彼女を慰めるためにやって来た。「激しい感動のとりこになって、彼女は彼の愛人となった」と、ある伝記作者は語っている。

アーヴィングは、観客のみならず、舞台の仲間をも、まるで催眠術にかけるように圧倒的に支配してしまう強烈な個性の持主であった。決して派手に動き廻るというのではないが、まるで神秘的な呪術の司祭ででもあるかのように凝縮された動きを見せるその演技は、不気味な緊迫感を湛えて、ほんのわずかの身振りでも、見る者に強い印象を刻みつけずにはいなかった。彼のシャイロックなど、ほとんど悪魔的な妖気を漂わせていたという。

一方エレンの方は、それとは対照的に、明るく華やかな魅力を舞台に与えた。子供の頃、妖精のように奔放に飛び廻っていた彼女は、今や成熟した落着きを見せて、穏やかな暖かい雰囲気で観客を惹きつけるようになった。ヴィクトリア朝のイギリスは、ヘンリー・ジェームズが激しく攻撃したように、演劇においても絵画趣味流行の時代で、舞台をあたかも一幅の絵画のように構成することが好まれたが、その画面の主調色を定め、華やかな彩りを与えたのは、エレンであった。それはもちろん、アーヴィングの演技を引き立てるためのものであったが、同時にまた、それを補うものでもあった。

ライシアム劇場の黄金時代は、この対照的な二人の絶妙な組合わせによってもたらされたと言ってよい。アーヴィングがサタンのような魅力で観客を陶酔させたとすれば、エレンは、ラファエルロのマドンナのように人びとの讃美を集めたのである。事実オスカー・ワイルドは、彼女を「ライシアムの聖母」と呼んだ。

エレンの熱烈な崇拝者であり、晩年の彼女に安らぎの場所を与えた作家のグラハム・ロバートソンは、『ヴェニスの商人』の舞台で見た二人の思い出を、きわめて的確に次のように語っている。

夫人〔エレン〕のポーシャの思い出は、あたかもさまざまの金色の諧調が互いに融け合う美しい絵画の夢のようである。金色のガウン、金色の髪、金色の言葉、これらすべてが、幻想的で愛らしい金色のヴィジョンを作り出している。一方、アーヴィングのシャイロックは、ひとつひとつの動作や口調が、今でも生ま生ましく甦って来るように思われる。

とすれば、もし優れた画家が彩管を振えば、エレンの舞台姿は美しい一幅の絵となるであろう。だが、アーヴィングの持っているような魅力は、実際に舞台を見た者でなければわからない。現在残されている彼の写真や肖像画は、いずれも彼の真の姿からは程遠いものだという。そのなかで、多少ともその雰囲気を伝えているとアーヴィング自身、および仲間たちが認めたのは、フランスの画家ジュール・バスティアン＝ルパージュの描いた肖像〔挿図〕だけであった。エレンはこの肖像画を大切に保存し、後にナショナル・ポートレート・ギャラリーに寄贈した。

同じ美術館の同じ部屋に、アメリカの画家サージェントの手になる「マクベス夫人に扮したエレン・テリーの肖像」も並べられている。絵としての迫力から言えば、こちらの方が圧倒的に強い。縦長の画面一杯にあたりを睥睨《へいげい》するように直立して、自らの頭上に冠をかざすエレンの姿は、異様な美しさと近より難い威厳を湛えて、邪悪な野望の化身そのものになり切っている。

妖しい異教の神像を思わせるこのような独立像を構想したのは、サージェントの手柄と言うべきである。もともとシェークスピアの舞台には、このような「戴冠」の場面はない。サージェントも、最初は舞台からヒントを得て、多勢の侍女たちに囲まれたマクベス夫人を描くつもりであった。そのための構図スケッチも、いくつか残っている。しかし舞台におけるエレンの迫力をどうしても表現することができないと感じたサージェントは、シェークスピアも思いつかなかったような大胆な発想を試みた。『マクベス』というあの壮大な悲劇の原動力は、一にも二にも、マクベス夫人の飽くことない権力欲である。その恐るべき執念を凝縮して示す象徴的ポーズとして、これ以上のものはない。

もしかしたら、サージェントはこの時、ノートル・ダム大聖堂での戴冠式の際、教皇ピウス七世の手から冠を奪い取って自ら頭の上に載せたというナポレオンの有名なエピソードを思い出していたかもしれない。だが当時の版画を見てみると、ナポレオンは片手で冠をつかんで「戴冠」している。燦然と輝く王冠を、何か貴重な宝物のように両手で高く捧げ持つというこのポーズによって、「戴冠」は単なる現実の出来事を越えた儀式としての重みを得ることになった。それはまさしく、天才の閃きと呼ぶべきであろう。他の登場人物を一切排除して、この威圧的なマクベス夫人ただ一人を画面一杯に描き出すという構図を決めた時、サージェントの成功は約束されたと言ってよい。

随所に金の縫取りを散りばめた濃い青と緑の豪奢な衣裳も、マクベス夫人の神像のような異様な雰囲気を強めている。この衣裳は、実際に舞台で用いられたものだが、従来のシェークスピア劇とはまったく違ったイメージを出したいというエレンの強い要望によって、アリス・コミンズ゠カーが特にデザインしたのだという。このマクベス夫人は、「自分の買物をする時だけは、コンスタンティノープルまで出かけて散財して来るらしい」とオスカー・ワイルドが評したように、そこには、どこか異

J.バスティアン゠ルパージュ「サー・ヘンリー・アーヴィング」

国的な豪奢な頽廃の影がまとわりついている。アリスは、この特別の衣裳をデザインするにあたって、そこに「柔らかい鎖帷子《かたびら》のような感じと同時に、どこか蛇の鱗を思わせる外観を与えたい」と望んだ。事実、冷たく湿った爬虫類の鱗の輝きを出すため、そこには、緑色の甲虫の羽根が何百枚も縫い込まれていたという。このドレスをまとってすっくと立つエレンは、半ば異邦の女王、半ば戦闘的な騎士であり、何より不気味な悪蛇の化身である。サージェントは、その衣裳の奥に隠されたマクベス夫人の本質を的確に見抜くことによって、単なる舞台の挿絵を越えた新しいイコンを創り出したのである。

エレンは、この肖像画に対して、「これこそ私が目指していた姿だ」と言って、大いに喜んだ。専制的なアーヴィングの圧倒的な支配下にありながら、彼女のうちには、いつしか、「女王」としての自覚が育って行ったようである。

この肖像が描かれてから十年後、ライシアム劇場は火災に遭い、アーヴィングは破産を宣告されて、彼の黄金時代は終った。イギリスの俳優で初めて「サー」の称号を与えられたこの稀代の名優も、その後遂に再起することが出来ず、一九〇五年、ほとんど野垂死にのような姿で淋しく世を去った。

だがエレンは、なおたくましく生き続けた。彼女の舞台生活五十年を記念する祝祭が華々しく催されたのは、アーヴィングの死の翌年のことである。彼女が世を去ったのは、それから二十年余り後、一九二八年、彼女が八十歳の時であった。

参考文献

以下の文献リストは、執筆にあたって直接参照したものに限った。ただし、一般の美術史、文学史、百科事典の類は除いた。いくつかの章に重複するものは、最初の章のみに記載してある。

ハリエット・ベルリオーズ

Jacques Barzun, *Berlioz and His Century*, Cleveland, 1956; 1966.
Hector Berlioz, *Mémoires*, Paris, 1870; 1969.（丹治恒次郎訳『回想録』白水社、一九八一年）
Berlioz and the Romantic Imagination, exh. cat., Victoria & Albert Museum, 1969.
Harold Schonberg, *The Lives of the Great Composers*, New York, 1970.
Hector Berlioz, Cauchemars et passions（Textes réunis et présentés par Gérard Condé）, Paris, 1981.
Fantin-Latour, Toute la lithographie, cat. d'exp., Musée d'Art et d'Histoire, Genève, 1981.
Peter Raby, *Fair Ophelia : Harriet Smithson Berlioz*, Cambridge University Press, 1982.
Hector Berlioz, *Correspondance générale*, 4 vols., Paris, 1972-1984.
Guy de Pourtalès, *Berlioz et l'Europe romantique*, Paris, 1984.

ミシア・ゴデブスカ

André Gide, *Feuilles d'automne*, Paris, 1946.
Misia Sert, *Misia par Misia*, Paris, 1952.
A. B. Jackson, *La Revue Blanche*, Paris, 1960.
Jean Renoir, *Renoir*, Paris, 1962.（粟津則雄訳『わが父ルノアール』みすず書房、一九六四年）

George D. Painter, *Marcel Proust. A Biography*, 2 vols., London, 1959-1965. (岩崎力訳『マルセル・プルースト――伝記』筑摩書房、一九七八年)
Michel Larionov, *Diaghilev et les Ballets russes*, Paris, 1970.
Roland Penrose, *Picasso; His Life and Work*, London, 1958; 1971. (高階秀爾・八重樫春樹訳『ピカソ、その生涯と作品』新潮社、一九八〇年)
John Russell, *Vuillard*, Greenwich, 1971.
La Revue Blanche. Paris in the Days of Post-Impressionism and Symbolism, exh. cat., Wildenstein, New York, 1983.
Arthur Gold & Robert Fizdale, *Misia*, New York, 1981. (鈴木主税訳『ミシア――ベル・エポックのミューズと呼ばれた女』草思社、一九八五年)
Mir iskusstva—il mondo dell'arte, cat. d. mostr., Napoli, 1981-82.
G. Guicheteau et J. C. Simoën, *Histoire anecdotique de la Belle Epoque*, Paris, 1984.

コンスタンス・ワイルド

St John Ervine, *Oscar Wilde. A Present Time Appraisal*, London, 1951.
Stanley Weintraub, *Beardsley. A Biography*, New York, 1967. (高儀進訳『ビアズリー』美術出版社、一九六九年)
Desmond Hall, *I Give You Oscar Wilde*, 1965; 1968.
James Laver, *Whistler*, London, 1930; 1976.
Christopher Wood, *Victorian Panorama. Paintings of Victorian Life*, London, 1976.

Richard Aldington & Stanley Weintraub (Edited by), *The Portable Oscar Wilde*, Revised Ed., Harmondsworth, 1981.
Anne Clark Amor, *Madame Oscar Wilde*, Paris, 1983.
Hesketh Pearson, *The Life of Oscar Wilde*, New York, 1946; 1985.
平井　博『オスカー・ワイルドの生涯』松柏社、一九六〇年。

アルマ・マーラー

Alma Mahler-Werfel, *Mein Leben*, Frankfurt-am-Main, 1960; 1981. (Ed. fr., *Ma vie*, Paris, 1985.)
Carl Schorske, *Fin-de-Siècle Vienna—Politics and Culture*, New York, 1961; 1981.（安井琢磨訳『世紀末ウィーン』岩波書店、一九八三年）
Harold Schonberg, *The Great Conductors*, New York, 1967.
Oskar Kokoschka. Die frühen Jahre, Ausst. Kat., Kestner Gesellschaft, Hannover, 1983.
Karen Manson, *Alma Mahler. Muse de tous les gênies*, Paris, 1985.
Eckhard Neumann (Hrsg.), *Bauhaus und Bauhäuser*, Köln, 1985.
Gustav Mahler, cat. d'exp., Musée d'Art Moderne de la ville de Paris, 1985.
Traum und Wirklichkeit—Wien 1870-1930, Ausst. Kat., Künstlerhaus, Wien, 1985.
Frank Whitford, *Oskar Kokoschka. A Life*, New York, 1986.
国際建築協会編『ワルター・グロピウス』美術出版社、一九五四年。

カミーユ・クローデル

Albert E. Elsen, *Rodin*, The Museum of Modern Art, New York, 1963; 1967.
Jacques de Caso & Patricia B. Sanders, *Rodin's Sculpture*, exh. cat., The Fine Art Museum of San Francisco, 1977.
Anne Delbée, *Une femme*, Paris, 1982.
Reine-Marie Paris, *Camille Claudel*, Paris, 1984.
Camille Claudel, cat. d'exp., Musée Rodin, Paris, 1984.
La Sculpture française au XIXe siècle, cat. d'exp., Le Grand Palais, Paris, 1986.
Jacques Cassar, *Dossier Camille Claudel*, Paris, 1987.
『ロダン展』図録、国立西洋美術館、一九六六年。
渡辺守章『ポール・クローデル』中央公論社、一九七五年。
『カミーユ・クローデル展』図録、朝日新聞社、一九八七年。

ジェーン・モリス

Graham Reynolds, *Victorian Painting*, New York, 1961.
Victoria & Albert Museum, *Victorian Painting*, London, 1963.
Renato Barilli, *I Pre-Raffaeliti*, Milano, 1967.（高階秀爾訳『ラファエル前派』平凡社、一九七四年）
David Sonstroem, *Rossetti and the Fair Lady*, Wesleyan University Press, 1970.
Duncan Crow, *The Victorian Woman*, London, 1971.
G. H. Fleming, *That Ne'er Shall Meet Again. Ressetti, Millais, Hunt*, London, 1971.
Virginia Surtees, *The Paintings and Drawings of D.G. Rossetti*, 2 vols., Oxford, 1971.

Marina Henderson, *D.G. Rossetti*, London, 1973.
Strangeness and Beauty. An Anthology of Aesthetic Criticism 1840–1910, vol. 2, Cambridge, 1983.
The Pre-Raphaelites, exh. cat., The Tate Gallery, London, 1984.
Richard D. Altick, *Paintings from Books. Art and Literature in Britain, 1760–1900*, Ohio State University Press, 1985.
John Marsh, *Jane and May Morris : A Biographical Story 1839–1938*, London / New York, 1986.
Letters from Jane Morris to W.S. Blunt and Blunt's Diary, London, 1986.
Lynda Nead, *Myth of Sexuality. Representations of Women in Victorian Britain*, Oxford, 1988.

ジュ－ディット・ゴーティエ

Judith Gautier, *Collier des jours. Souvenirs de ma vie*, Paris, 1902.
Raymond Escholier, "Victor Hugo, l'homme", *Les Œuvres Libres*, mai, 1952.
Charles Mount, "John Singer Sargent and Judith Gautier", *The Art Quarterly*, Summer, 1955.
Philippe Jullian, *Robert de Montesquiou. Un prince 1900*, Paris, 1965.
Robert Snell, *Théophile Gautier. A Romantic Critic of the Visual Arts*, Oxford, 1982.
Carter Ratcliff, *John Singer Sargent*, New York, 1982.
Joanna Richardson, *Judith Gautier. A Biography*, London, 1986.
Patricia Hills, *John Singer Sargent*, Whitney Museum of Art, New York, 1987.
長尾一平編『山本芳翠』（非売品）、東京、一九四〇年。
『明治十五年・パリ』岐阜県美術館開館記念特別展図録、一九八二年。

エレン・テリー

G. K. Chesterton, *G.F. Watts*, London, 1904.

Mary S. Watts, *George Frederic Watts, the Annals of an Artist's Life*, 3 vols., London, 1912.

David Loshak, "G. F. Watts and Ellen Terry", *Burlington Magazine*, November, 1963.

Cornelia O. Skinner, *Madame Sarah*, New York, 1966; 1968.

Ellen Terry, *Ellen Terry's Memoirs* (*The Story of My Life*), New York, 1969.

G. F. Watts. A Nineteenth Century Phenomenon, exh. cat., The Whitechapel Art Gallery, London, 1974.

Wilfrid Blunt, *'England's Michelangelo' A Biography of G. F. Watts*, London, 1975.

Susan P. Casteras, *The Substance or the Shadow : Images of Victorian Womanhood*, Yale Center for British Art, 1982.

Cesare Molinari, *L'attrice divina. Eleonora Duse nel teatro italiano fra i due secoli*, Roma, 1985.

Nina Auerbach, *Ellen Terry. Player in Her Time*, London, 1987.

あとがき

本書に登場する女性たちは、普通の家庭の主婦から女優、芸術家、文人、芸術保護者など、さまざまである。その彼女たちに共通するものは、——いずれも美女の誉れ高かったということの他に——、十九世紀から二十世紀にかけての近代芸術の黄金時代に、当時の優れた芸術家たちの生活に深く入りこみ、彼らに霊感を与えるミューズとなって、絵画、彫刻、音楽、文学などの名作にその思い出を残したということである。その意味では本書は、フランセス・ボーゼッロ女史の才気に満ちた本に倣って、『芸術家のモデル』と題してもよかったかもしれない。

だが、彼女たちは単なる「モデル」ではない。少なくとも、ボーゼッロ女史の著書で扱われているような、美術学校の人体デッサン教室や芸術家のアトリエで一定の時間ポーズするだけの「モデル」ではない。職業としてのモデルの歴史的変遷とその役割も、芸術、特に美術の歴史にとってきわめて重要な興味深いテーマではあるが、本書が目指したものは、モデルの社会史ではなく、それぞれに強い個性を持った生きた人間の物語りである。

事実、本書の主役となっている女性たちは、彼女たちとかかわりを持った芸術家にとって、単なるモデルである以上に、協力者であり、伴侶であり、そして女神であった。そこには、喜びや悲しみの日々があり、愛の陶酔もあれば激しい葛藤もあった。その多彩な人間的ドラマのなかで、彼女たちは、いずれもせいー杯生きていたのである。芸術家たちは、そのような彼女たちの姿に惹かれ、魅せられ、刺戟されて、さまざまの作品のなかにその忘れ難い肖像を刻み上げた。芸術家の生活と創造活動に深いかかわりを持つこのような女性たちの存在そのものが、近代の大きな特色と言ってよいであろう。多くの魅力に満ちたこれらの美神たちの生涯を辿りながら、近代芸術の歴史において果した彼女たちの役割を跡づけ、検証し、その祭壇に後世のオマージュを捧げようという試みが本書である。

本書の内容は、最初は「世紀末を生きた女たち」の題名の下に、雑誌『陶藝の美』に一九八四年四月から一九八九年三月まで、二十九回にわたって発表された。一冊に纏《まと》めるにあたっては、誤記の訂正と若干の補筆を行なった他は、なるべく当初のかたちを保つように努めた。

この企画を最初に立案されたのは、『陶藝の美』の編集長の水野暢子氏である。水野さん、ならびに長い間雑誌の紙面を提供して下さった京都書院に、まず御礼を申し上げたい。また、本書の刊行を快諾された相賀徹夫氏、美神たちにふさわしい見事な装幀をデザインされた畏友田中一光氏、実際上の制作にあたってお世話して下さった集英社の山崎隆芳氏と綜合社の斎藤厚子さん、そして霊感の幾分かを与えてくれた妻菖子にも、心より御礼申し上げる。

一九八九年三月

高階　秀爾

新装版へのあとがき

本書に収められたのは、十九世紀のさまざまな芸術——音楽、美術、建築、文学など——の巨匠の作品のなかにその姿をとどめている女性たちの物語である。平たく言えば芸術家のモデルたちの話だが、絵画教室や画家のアトリエで一定時間注文通りにポーズする職業モデルや、あるいは現実の事件に基づいてそれを文学の世界に転換させるいわゆるモデル小説の言うモデルとはまったく違う。それは時には保護者、支配者として、時には家族や弟子として芸術家の生活領域に深く入り込み、さらには愛や崇拝の対象となって、深い歓喜と苦悩を伴う霊感源にまで昇華した存在である。

私が敢えて「詩神たち」と名付けたのも、そのためにほかならない。そしてまた、私が本書の執筆を思い立ったのも、当初の「あとがき」に記したように、これら魅惑的な美神たちの生涯を辿りながら、近代芸術の歴史における彼女たちの役割を検証し、位置づけることで、その祭壇に後世のオマージュを捧げるためであった。

本書の成立に関しては、以上述べたことで足りる。だが復刊の機会に改めて読み返してみて、自分で言うのも変な話だが、詩神に魅せられた芸術家たちにも多くのページをさいていることを思い出して、一種の感慨に捉えられた。

例えば、ロマン派音楽の十全の体現者であり、代表と見なされるベルリオーズが、音楽家としてはかなり特異な資質の持ち主であったことや、ロダンを彫刻史上の巨人たらしめている表現技法の特質の分析、あるいは平凡な田舎娘を神秘的女神に仕立て上げたD・G・ロセッティの鋭敏な詩心と卓越した技倆などがそうである。つまり本書は、それぞれの芸術家の特質を論じたものでもある。だからと言って、それが芸術家論でもあるなどと言いたいわけではない。ただ、もし本書を通じて偉大な芸術家たちへの関心を深める読者がいたら、望外の幸せである。

個人的にかなり思い入れの深い四十年前の旧著が、装いを新たにして復刊されることは、何よりも有難く、嬉しいことである。復刊の労をとって頂いた青土社には、心から御礼を申し上げる。

二〇二〇年 三月

高階秀爾

世紀末の美神たち（新装版）

2020 年 5 月 20 日　第 1 刷印刷

2020 年 5 月 30 日　第 1 刷発行

著者——高階秀爾

発行人——清水一人

発行所——青土社

東京都千代田区神田神保町 1-29　市瀬ビル　〒 101-0051

電話　03-3291-9831（編集）、03-3294-7829（営業）

振替　00190-7-192955

印刷・製本——ディグ

装幀——中島かほる

ISBN978-4-7917-7277-3　　Printed in Japan

高階秀爾の本

肖像画論

モーツァルトの肖像をめぐる15章
この人はだれか——。
天真爛漫さ、横溢する才能、
あるいは成功者の自負心の表象なのか。
われわれに残された、
幼少から晩年までの
モーツァルトの肖像画15点——。
古典から現代まで
数々の傑作肖像画に籠められたものから、
美術とは何かの核心に迫る。

西洋の眼 日本の眼

日本は西洋に何を見、
西洋は日本に何を見たのか。
激動の日本美術史——。
近代美術と文学、西洋のジャポニズム、
現代デザイン、写真論から
和洋居住空間の対比まで、
芸術家たちの知られざるエピソードをまじえ、
西洋と日本の美意識の差異を
複眼的かつ大胆に説き起こす。